下一波全球金融危機
揭露權勢階級的大陰謀

詹姆斯・瑞卡茲——著
吳國卿——譯

The Road to Ruin
The Global Elites' Secret Plan for the Next Financial Crisis

by James Rickards

謹以本書紀念

經濟學家、我的導師兼至友馬晉（John H. Makin）

我們從未像此刻這般迫切需要他

目次

台灣版序 009

前　言 013

第一章　**這就是結束** 031

控制一個金融扼制點

九重冰：足以毀滅全球

暫停營業

金融暴動

第二章　**一種貨幣、一個世界、一套秩序** 077

世界貨幣

世界稅制

新世界秩序

震撼主義

第三章　**心智的荒城** 119

洛斯阿拉莫斯國家實驗室

資本和複雜性

複雜性
反饋

第四章 **前震撼：一九九八年** 149
賺錢機器
專家聚集
貪婪高漲
金融渦流
沒有學到的教訓
後果

第五章 **前震：二〇〇八年** 195
新危機
後果（續篇）

第六章 **地震：二〇一八年** 217
「沒有臉孔的人」
黃金的力量
美元短缺
動盪二〇一八年

第七章 **菁英的篝火** 249
牛羚和母獅
蘋果與貓
債務帝國
死路

第八章 **資本主義、法西斯主義和民主** 279
重新評價熊彼得
新禁衛軍
新法西斯主義
貨幣連結

第九章 **注意一匹黑馬** 319
倒數計時
不連貫：貨幣世界無基準
科隆納宮：懂得持盈保泰的舊富

結　論 347
感　謝 359
參考資料 368
註　解 382

台灣版序

在過去二十年，世界上很少國家在安然度過數次金融危機上，比台灣更成功。

當馬來西亞、印尼和南韓在一九九七至一九九八年的亞洲—俄羅斯金融危機中，發生社會動盪時，台灣經濟只受到輕微影響，儘管成長暫時減弱，卻未引發恐慌或技術性衰退。

面對二〇〇七至二〇〇八年的全球金融危機，台灣與世界大部分國家一樣陷入嚴重衰退，但不像美國、日本和歐洲，台灣很快強勁回升。二〇〇九年衰退結束以後，美國僅創造不到二％的年成長率，台灣在危機後立即創造出接近四％的平均成長率，且整個二〇一一年維持強勁成長。此後台灣的成長轉弱，但仍遠超過歐洲和日本。

最重要的是，台灣躲過一場流動性危機和大銀行倒閉。美國的許多大銀行在二〇〇八年瀕臨倒閉邊緣，包括貝爾斯登（Bear Stearns）和雷曼兄弟等數家銀行未能逃過劫難。二〇一〇至二〇一五年的歐洲金融危機造成賽普勒斯和希臘銀行體系完全停擺，數家義大利銀行真正破產，並讓德意志銀行等全球大銀行承受重大壓力。對照之下，台灣的銀行體系沒有出現堪與比較的壓力。

這有一部分要歸功於政府、央行和金融監管機構健全的金融管理。台灣政府的債務對ＧＤＰ比率維持在安全的低水準三一．二%，相較於美國的一〇五%，和經濟合作發展組織（OECD）主要國家如日本和義大利更高的比率。

台灣的外匯存底超過四千三百五十億美元，包括近四百二十五公噸黃金。兩個數字相對於台灣的經濟規模都很高，更強化了台灣有強健的金融管理且無懼於內部或外部金融壓力的印象。

但不管如何，台灣與全球經濟緊密相連，因為它扮演一個高附加價值製造業產品大出口國和能源進口國的角色。台灣經濟也與中國大陸緊密相連，而大陸正經歷一個將導致台灣經濟減緩的調整期。

因此，儘管擁有優勢，台灣無法自外於未來可能發生的金融傳染和外溢的傷害。

《下一波全球金融危機》描述即將到來的金融恐慌的動態，而它將遠比過去數世紀以來世界曾發生的恐慌都更嚴重。這場恐慌即將到來是因為，造成一九九八年和二〇〇八年恐慌的金融亂象從未妥善地解決。

主要經濟大國並未容許金融公司倒閉並注銷呆帳，反而只是以公共債務來取代私人債務，寄望經濟成長將消弭過度負債的威脅。但成長並未出現，債務卻已增加，為一場更大的恐慌搭架了舞台。

下一場危機不但會比過去二十年的危機更大，而且政策反應的作用將更難發揮。在一九九八年的恐慌中，華爾街銀行聯手紓困避險基金長期資本管理公司（LTCM）以化解危機。到二〇〇八年，全球央行聯手紓困華爾街。在下一場恐慌，將不會有紓困。

為了執行二〇〇八年的紓困，各國央行降低利率並大幅擴大資產負債表。問題是利率和資產負債表從那次恐慌以來的九年間都未曾正常化。央行已沒有餘力在恐慌再度來襲時援救金融體系。在下一場危機，也許是在二〇一八年，誰將來紓困央行？

下一場恐慌中唯一的流動性來源將是國際貨幣基金（IMF），動用它印製的稱為特別提款權（SDR）的世界貨幣。這將削弱世人對其他準備貨幣的信心，例如美元、日圓和歐元。大規模發行ＳＤＲ也將證明會引發高通貨膨脹。

此外，由ＩＭＦ利用ＳＤＲ來救援體系在最理想的情況也要花數個月籌畫。在此同時，監管當局將關閉銀行、交易所和債券市場，以便凍結體系，等待解決方法發揮作用。

沒有實體現金或實體黃金和白銀的一般民眾，將被迫接受自動提款機吐出預設的，每天只有三百美元的零用金，以支付汽油和雜貨支出，同時等待全球緊急金融會議達成一套救援計畫。

儘管體質強健，台灣將無法倖免這場危機和這種規模的反應效應。台灣版《下一波全球金融危機》將讓你一窺這場即將發生的恐慌，並指引你現今如何採取保全財富，和保護自己與家人的措施。

前言

索馬里（Felix Somary）可能是二十世紀最偉大的經濟學家，但他肯定最不為人知。一八八一年出生於當時稱為奧匈帝國的德語區。索馬里在維也納大學研讀法律和經濟學，與熊彼得（Joseph A. Schumpeter）是同學，與奧地利經濟學之父孟格（Carl Menger）同獲博士學位。

第一次世界大戰期間，索馬里在被占領的比利時擔任央行官員，但他大部分職涯是為富人和機構擔任私人銀行家。一九三〇年代他遷居蘇黎世，在那裡生活和工作直到一九五六年去世。索馬里在二次大戰期間大多數時候住在華盛頓特區，擔任瑞士的金融事務特使，向戰爭部提供金融事務建議。

索馬里被公認是世界最傑出的貨幣專家，經常被各國央行徵詢有關貨幣政策的建言。遺憾的是，這些央行大多時候因為政治理由而忽視他睿智的建言。

他因為具有在別人自滿時預見金融災難的特異能力，而被稱為蘇黎世渡鴉（the Raven of Zurich，渡鴉喻為智者）。渡鴉在希臘神話中與預言之神阿波羅有關。在《舊約聖經·列王紀》，渡鴉奉上帝之命服事先知厄里亞（Elijah）。索馬里稱得上是自古以來最偉大的經濟先知之一，他的回憶錄英文翻譯本書名為《蘇黎世渡鴉》（*The Raven of Zurich*）。[1]

索馬里不僅比別人早預見第一次世界大戰、大蕭條（Great Depression）和第二次世界大戰，他還精確地警告這些大禍事會帶來通貨緊縮和通貨膨脹的後果。他活著見證古典金本位制之死、兩次大戰期間的貨幣亂局，以及新的布列敦森林（Bretton Woods）體制。他死於布列敦森林體制結束前的一九五六年。

索馬里成功預測極端事件的基礎，類似本書所使用的分析方法。他沒有使用和我們現今使用的名詞；在他參與市場時，複雜理論（complexity theory）和行為經濟學（behavioral economics）是多年以後才出現的。不過，他的方法可從他的著作中看到。

舉一個明顯的例子，就是他回憶錄中稱為「桑札克鐵路」（The Sanjak Railway）的一章，描述發生在一九〇八年的一段插曲，牽涉索馬里想籌辦一筆聯合商業貸款。[2] 貸款將用來興建一條從波士尼亞到希臘港市塞薩洛尼基（Salonika，現今的Thessaloniki）。鐵路本身是一項不重要的計畫，索馬里受維也納贊助者所託，想試驗該計畫在財務上的可行性。

提議的路線經過奧圖曼帝國一個叫桑札克新市場（Sanjak of Novi Bazar）的省份。這條路線必須由維也納向奧圖曼政府申請許可。

接下來發生的事讓維也納大為震驚。從莫斯科到巴黎的各國外交部長都激烈反對。索馬里寫道：「俄國－法國聯盟對奧匈申請興建一條鐵路特許的反應，是史無前例的激烈抗議——並且反過來採取政治性的反制，提議興建一條從多瑙河到亞得里亞海的鐵路。」[3]

這起鐵路事件恰好在一九一二至一九一三年的巴爾幹戰爭之前發生，比第一次世界大戰爆發早六年。但光從法俄聯盟的反應判斷，索馬里正確地推論世界大戰已無法避免。他的分析是：如果一個無關緊要的事件就能刺激地緣政治緊張達到沸點，那麼無可避免會發生的較大事件勢必導致戰爭爆發。

這個推論是貝氏統計學（Bayesian statistics）的完美例子。事實上，索馬里從一個有關世界大戰可能性的假說出發，在沒有任何資訊的情況下，猜中的機率即為五十比五十。當發生桑札克鐵路這種事件，它們會被加入貝氏定理數學形式的分子和分母，進而升高戰爭的機率。當代的情報分析師稱這種事件為「跡象和警訊」。到了某個時點，這個假說的強度會使戰爭看似無可避免。貝氏定理可以讓分析師比一般人提早獲得結論。

桑札克鐵路事件類似現今從裏海（Caspian Sea）到歐洲天然氣管的對峙，其中一部分管線可能穿過奧圖曼時代的桑札克。參與的國家——土耳其、俄羅斯和德國——和當年一樣。我們這個時代的索馬里在哪裡？誰是新渡鴉？

索馬里也使用熊彼得偏好的歷史－文化方法。一九一三年，當時七個強權國家要求索馬里重建中國的貨幣體系。但他拒絕這項工作，因為他感覺歐洲有一場更急迫的貨幣危機即將發生。在一九二四年到一九三九年一場拖累全世界的嚴重通貨緊縮發生之前十年，他寫道：

> 歐洲人認為中國人拒絕紙幣和寧可用秤子量金屬貨幣重量很好笑，大家以為中國人落

> 後我們五個世代，事實上他們比歐洲先進一個世代。在蒙古帝國時代（指中國元朝），他們經歷一波經濟榮景，並發行龐大數量的紙幣來支應軍事征服和大規模公共工程，結果卻招來痛苦的通貨緊縮下場。這些慘痛教訓的印象在隨後許多世紀都未曾被遺忘。[4]

索馬里也把他精通的行為心理學，應用在分析一個從一九一四年七月發生的事件，當時英國國王喬治五世（King George V）向德意志皇帝的弟弟（也是喬治五世的堂兄）保證，英國和德國不可能發生戰爭。索馬里寫道：

> 無疑的國王告訴他堂兄的是實話，但我不確定國王對情況的了解有多深入。我六年前就見過更有能力的統治者卻對情勢一無所知；內部人獲得的資訊，而且正是那些位居最高位的人，經常是錯誤的。我更依賴《泰晤士報》（*The Times*）的判斷，勝過國王的判斷。我代表委託我管理資產的朋友，把銀行存款和證券轉換成黃金，並投資在瑞士和挪威。幾天後戰爭爆發。[5]

換成現今，國王錯誤的看法會被行為心理學家描述為認知失調（cognitive dissonance）或確認偏誤（confirmation bias）。索馬里並沒有使用這些術語，但他了解當時的菁英生活在與世人隔絕的泡泡裡；他們經常是最後知道危機已迫在眉睫的人。

索馬里的回憶錄一九六〇年在德國出版，英文翻譯本直到一九八六年才出現。兩個版本很早都已絕版，現在只有在古書店還可看到少數幾本。

一九八七年十月十九日，英文版出書一年後，道瓊工業指數一天內跌掉逾二〇%，揭開了金融複雜性和市場脆弱性的新時代。我們忍不住認為，要是索馬里活更久些，他就能預見一九八七年股市崩盤以及後來更多事件的到來。

本書使用索馬里的方法——病因學、心理學、複雜性和歷史——重新拾起蘇黎世渡鴉遺落的金融愚行線索。

經濟學是科學嗎？是的，而問題就出在這裡。經濟學是科學，但大多數經濟學家不是科學家。經濟學家的行為像政客、布道家或宣傳家，他們忽視不符合他們樣板的證據；經濟學家喜歡科學的名聲，但不喜歡那麼嚴格。現今疲弱的世界成長可以追溯到這種假科學。

科學牽涉知識和方法；健全的方法是獲得知識的方式；這種方法是透過歸納而達成，基本上是直覺的方法，或者透過演繹，即從資料做推論。歸納或演繹的方法都可用來形成假說，假說就是一個嚴格的揣測。假說藉由實驗和觀察來測試，而實驗和觀察得出來的是資料。假說可以用資料來證實，這時假說變得更廣為接受；或者假說被資料推翻，這時假說就被排斥，並由新假說取代。當假說經過反覆測試和觀察後，它可以變成理論，也就是條件式的真理。

科學方法很容易應用在經濟學。常聽到像物理學等硬科學以及像經濟學等軟科學的差異，其實是騙人的。現今的學界把特定的科學分支分為最適合解釋特定部分宇宙的類別，例如天文學是了解銀河系的好方法，生物學是了解癌症的有用方法，經濟學是了解資源配置和財富創造的絕佳方法。天文學、生物學和經濟學是應用於明確知識領域的分支。它們都是科學，而且可透過科學方法精益求精。

儘管如此，大多數學界的經濟學家不是科學家；他們是教條主義者。他們抱殘守缺，不肯接受新觀念，並且揚棄與教條抵觸的資料。這種具有破壞性的情況不局限於學界，因為經濟學家占據了央行和財政部等具有很大影響力的職位，他們使用過時的理論不僅影響學術，也摧毀國家的財富。

在下一次金融危機發生前，這個主題值得我們深入探究，因為影響的層面極其廣大。從上次危機到寫作本書時，美國的經濟已持續成長七年，但速度仍然遲緩。從二〇〇八年以來的這個間隔，約略與一九八七年、一九九四年、一九九八年和二〇〇八年的間隔相當。危機之間差七年並非固定的間隔，短期內發生崩盤的可能性並非絕對，不過，如果發生的話不應該有人感到意外。

在金融體系如此脆弱和政策制訂者毫無準備的情況下，當災難發生時勢必需要極端的政策措施。本書的目的在於喚起當局重估風險的統計特性，開始應用新理論，並且在太遲前懸崖勒馬。

科學家了解，一切理論都是暫時的；比目前的觀點更好的解釋終究會出現。愛因斯坦提出對太空和天體運動更好的解釋，並不表示牛頓是錯的。愛因斯坦推進了知識的層次。遺憾的是，經濟學家表現出缺乏推進自己學術層次的意願。奧地利學派、新凱因斯學派，以及貨幣主義者，各自堅守他們的地盤，研究同樣少數主題的無盡變數。學者的停滯已持續七十年，膚淺的創新實際上只是模仿二次大戰前凱因斯（John M. Keynes）、費雪（Irving Fisher）、海耶克（Friedrich Hayek）和熊彼得的思想。這些原始的概念可以與時俱進，但戰後的變化都十分有限、陳舊，而且如果以教條的方式加以應用，十分危險。

奧地利學派了解自由市場比中央計畫優越，儘管如此，奧地利學派必須除舊布新，使用新科學和二十世紀的技術。哥倫布（Christopher Columbus）是有史以來最優秀的船位推算（dead-reckoning）航海家，但沒有人認為他會反對使用現今的全球衛星定位系統（GPS）。如果海耶克還在世，他會使用新工具、網絡理論和細胞自動機（cellular automata，又稱格狀自動機）來琢磨他的發現。他的追隨者應該也會這麼做。

新凱因斯學派的模式是主流信條，有趣的是，它們與凱因斯沒有多大關係。凱因斯以實用主義者著稱；頂著他名號的追隨者卻完全不是。凱因斯在一九一四年鼓吹黃金，在一九二五年建議提高金價，在一九三一年反對黃金，並在一九四四年提出一套修正的金本位。凱因斯的每一個主張都有務實的理由。

邱吉爾曾發一份電報給凱因斯，說：「我終於同意你的觀點。」凱因斯回覆：「很遺憾聽你這麼說，我已開始改變我的主意。」[6] 如果現今的經濟學家能有他思想開放的一半，那將令人耳目一新。

凱因斯的洞識，短暫的缺少民間總需求可用政府支出來取代，直到「動物精神」恢復為止。當政府沒有沉重債務，以及有財政剩餘來支應支出時，支出的效果最好。現今的經濟學家如克魯曼（Paul Krugman）和史提格里茲（Joseph Stiglitz）使用不恰當的均衡模式（經濟不是一個均衡體系），提議背負沉重債務的國家無限期採用更多赤字支出，以便刺激需求，好像已經擁有四台電視的人應做的就只是買第五台電視。這是愚蠢的行為。

貨幣主義者也差不多。傅利曼（Milton Friedman）的見解是：藉緩慢、穩定的貨幣供給成長，以便在價格穩定中獲得最大的實質成長。傅利曼希望增加貨幣供給以達成潛在成長——就像愛爾蘭敬酒語：「願馬路升高來迎合你的腳」那樣。

傅利曼採用的公式 MV = PQ（最早由費雪和他的前輩所提出），說貨幣（M）乘以速率（V），等於國內生產毛額（GDP，包括實質GDP〔Q〕，調整價格水準的改變〔P〕）。

傅利曼假設速率是常數，在理想狀況下不應該有通貨膨脹或通貨緊縮（隱含的 P = 1）。一旦估算出最大實質成長率（在成熟國家平均每年約三．五％），貨幣供給就可穩定增加，達到這個成長率而不會出現通貨膨脹。傅利曼的理論雖然對思考實驗有用處，在實務上卻一無是處。在真實的世界，速率不是常數，實質成長受限於結構（也就是貨幣）障礙，而貨幣供給很難界定。除此之外，還有更重要的事。

當前的主流理論在權衡風險的統計性質上，造成的傷害還更大。

現今大到不能倒的銀行龐大的資產負債表，可能接近一千兆美元，卻壓在十分微少的資本上。這種槓桿的內在風險是如何管理的？流行的理論稱為風險值（value at risk, VaR），這個理論假設多頭和空頭部位的風險是以淨值計算，價格波動的程度分布（degree distribution）是正常的，極端事件極其罕見，而衍生性金融商品可以用一個「無風險」（riskfree）比率來適當地定價。事實上，當美國國際集團（AIG）二〇〇八年瀕臨違約時，沒有交易對手在乎它的淨部位；當時ＡＩＧ幾乎是以其總部位對每一家交易對手違約。資料顯示，價格波動的時間序列沿著一條檢定力曲線（power curve）分布，而非一條正常曲線。極端事件一點也不罕見，它們每隔約七年就會發生。發行基準「無風險」債券的美國晚近遭遇一次債信評級下降，至少暗示了微小的違約風險。總之，風險值背後所有四個假設都是錯的。

如果新凱因斯學派、貨幣主義者和風險值操作者都使用老舊的工具，為什麼他們死抱住那些模式不放？要回答這個問題得先問另一個問題。為什麼中世紀相信地球為太陽系中心的人，在資料顯示與行星運動不一致時，不質疑他們的系統？為什麼他們寫新方程式來解釋異常現象，而不揚棄他們的系統？答案存在於心理學。

信仰系統令人很安慰，它們在不確定的世界提供確定。對人類來說，確定即使是假的也有其價值。虛假可能帶來長遠的影響，而安慰只幫助你度過一天。

這種安慰因素如果有數學模式的支持就能根深柢固。現代金融的數學複雜得令人讚嘆，花了好多年鑽研數學的博士因為既得利益而致力於維繫假象。數學支撐他們的資歷，把其他不熟悉伊藤微積分（Ito's calculus）的人排除在外。

金融數學也被執業者視為「優雅」的玩意。如果你接受現代金融典範，數學便能對困難問題提供許多輕鬆的解決方法，例如選擇權定價。沒有人停下來質疑這個典範。

這個金融假象由暴虐的學術進步所強化。在一個選人極嚴格的金融計畫裡，一位年輕學者當然很關心獎學金、出版研究和派任教職。如果你拿論文摘要找一位六十幾歲的論文指導教授，裡面卻反駁教授數十年來極力辯護的學說，那當然不是聰明的職涯晉階之舉。大多數人認為最好還是掰出動態隨機均衡模式的第一千個變形，用自動迴歸條件式異方差（autoregressive conditional heteroscedasticity）來解釋量化寬鬆對交換合約利差的影響。這才是力爭上游的方法。

但是，有一個簡單的慣性，像是寒冷的早晨會讓人躲在被窩裡一樣。學界也有他們的舒適區。新知識就像在冬季衝浪時潛入海中——讓你精神奮發、鬥志昂揚，但不是每個人都消受得了。

偏好「確定」勝過不確定、優雅數學的吸引力、心智封閉的學界心態以及慣性，都是有缺陷的典範得以持續存在的好解釋。

如果學術信譽是唯一的賭注，世界可以耐心等待。好科學終究會勝出。然而，賭注比這還高，世界的財富正受到威脅。當財富被摧毀，社會動亂將接踵而至。投資人再也不能縱容決策者，拒絕為已證明無用的方法，尋找更好的解決方案。

本書談論的是什麼方法有效。從一九六〇年代以來，新的科學分支不斷創立。從一九八〇年代以來，廉價的電算能力容許對無法在真實世界條件下測試的經濟假說進行實驗。醫學界常見的團隊科學（team science）崛起，促進了跨學科的發現，超越單一專業領域的界限。晚近有一項二百五十年歷史、但長期遭人輕視的法則再度受到青睞，開始被用來解決原本無法解決的問題。

在金融工具箱中，三種最重要的新工具是：行為心理學、複雜理論以及因果推論（causal inference）。這些工具可以個別使用以解決特定的問題，或結合起來建立更健全的模式。

所有三種工具在它們的預測力上似乎比目前央行使用的模式更不準確，但它們提供遠為正確的現實反照。約略的正確，好過精確的錯誤。

行為心理學已經被經濟學家了解和接受。行為心理學的主要理論家康納曼（Daniel Kahneman）在二〇〇二年獲得諾貝爾經濟學獎。把心理學用在經濟學的障礙不是認知，而是應用。風險值等金融模式仍然以理性行為和效率市場為根據，但康納曼和他的同事早已證明市場上的人類行為是非理性且無效率的（以經濟學家對這些詞的定義來說）。

例如，康納曼的實驗顯示，當實驗對象可以選擇一〇〇％確定獲得三美元，或八〇％確定獲得四美元時，他們大幅度地偏好第一種選擇。[7]簡單的乘法顯示，第二種選擇比第一種的預期報酬率高，也就是三．二美元比三美元。儘管如此，大家都偏好確定的事物，勝於有較高風險和較高預期報酬率、但有可能空手而返的選擇。

經濟學家會很快把第一種選擇歸為非理性，第二種選擇才是理性。這導致贊成第一種選擇的投資人被稱為非理性，但他們真的非理性嗎？

如果你玩這遊戲一百次，有八〇％機率獲得四美元的選項，確實獲得的錢可比一〇〇％落袋三美元還多。但如果你只玩這個遊戲一次呢？預期報酬率的公式一樣，如果你需要錢，一〇〇％可得的三美元確有著公式無法捕捉的獨立價值。

康納曼的發現必須與演化心理學併用，用來重新定義理性。想像你是上一次冰河時代的克羅馬儂人（Cro-Magnon），你離開棲身處，看到兩條通往獵捕遊戲的路徑，一條路有許多遊戲，但沿途有許多大岩石。第二條路有較少的遊戲，但沒有阻礙。以現代金融的說法，第一條路有較高的預期報酬率。

但演化偏好較少遊戲的路徑，為什麼？第一條路上每一塊大岩石後面可能有一隻劍齒虎（saber-toothed cat）。如果有，你就小命不保，你的家人就得餓肚子。當把所有成本納入考量時，較少遊戲的路徑未必是非理性的。劍齒虎是現代經濟學失蹤的哺乳類動物。學界往往量化一階（first-order）利益（即遊戲），而忽視二階成本（劍齒虎）。投資人可以利用本書看到劍齒虎。

金融工具箱裡的第二種新工具是：複雜理論。現今經濟學上的關鍵問題是：資本市場是不是複雜系統?如果答案為是，那麼每一種金融經濟學上使用的均衡模式都已經過時。

生理學提供回答這個問題的一個方法。一個動態、複雜的體系由自主的行為者構成，自主的行為者在一個複雜系統有什麼性質?廣泛說有四個：多樣性、連接性、互動性以及順應性。行為者低度展現這些特性的體系往往是停滯的；而行為者高度展現這些特性的體系往往是混亂的。行為者以最佳程度（不太高、也不太低）展現所有四種特性的體系，就是一個複雜動態體系。

資本市場的多樣性可從樂觀者和悲觀者、多頭和空頭、恐懼者和貪婪者的行為看到。行為的多樣性是市場的精華。

資本市場的連接性也顯而易見。應用道瓊指數、湯森路透（Thomson Reuters）、彭博（Bloomberg）、福斯商業（Fox Business）、電子郵件、聊天、傳訊、推特（Twitter）和電話，我們很難想像比資本市場更緊密連接的體系。

資本市場的互動性可從每天執行的數兆美元股票、債券、外匯、商品和衍生性金融商品交易來度量，每一樁交易都牽涉買方、賣方、經紀商或交易所的互動。沒有別的社會體系在以交易量衡量的互動上，比得上資本市場。

順應性也是資本市場的特性。一家部位虧損的避險基金會很快順應其行為，退出該筆交易或者可能加倍押注。這家基金會根據市場價格透露的其他交易者行為，來改變它的行為。

資本市場是可論證的複雜系統，資本市場是無與倫比的複雜系統。

主流風險模式的失敗是因為：複雜系統以完全不同於均衡體系的方式進行，這就是央行和華爾街的均衡模式在預測和管理風險上始終績效不佳的原因。如果每一次分析都從相同的資料出發，當你把資料輸入一個有缺陷的模式，你得到的會是有缺陷的結果。使用複雜理論的投資人可以揚棄主流分析，得到更好的預測結果。

除了行為心理學和複雜理論外，第三種工具是貝氏統計，這病因學的分支也稱作因果推論。兩個名詞都來自貝氏定理，也就是貝葉斯（Thomas Bayes）死後於一七六三年公布的一則公式。這個定理的版本之一，在一七七四年被法國數學家拉普拉斯（Pierre-Simon Laplace）較正式地加以演繹。拉普拉斯在後續的十年繼續研究這項定理。二十世紀的統計學家已發展出更嚴謹的形式。

包括經濟學在內的常態科學，組合大量的資料組，並使用演繹法從資料衍生可測試的假說。這些假說往往牽涉相關性（correlations）和回歸（regressions），用來預測被認為可能與過去事件類似的未來事件。類似的方法牽涉使用隨機（stochastics）或隨機號碼，以執行蒙特卡羅模擬（Monte Carlo simulations），也就是高產出版的丟銅板和擲骰子，用以推斷未來事件的可能性。

如果一開始沒有資料，或很少資料呢？你如何估計一小群央行官員間締結祕密協議的可能性？貝氏機率提供這種估算的方法。

主流經濟學家假設，在某一些由隨機分布定義的界限（bounds）內，未來與過去極為類似。貝氏定理在前端符合這個觀點。貝氏機率假定某些事件有路徑依賴（path dependent）性。這表示一些未來事件並不像隨機丟銅板那樣獨立，它們受到在之前情況的影響。貝氏定理一開始是一個健全的先前假說（prior hypothesis），由稀少的資料、歷史和常識的混合歸納而形成。

貝氏機率是扎實的科學，絕不是鬆散的揣測，因為先前假說經過後續資料的測試。新資料如果不是證實、就是駁倒該假說。這兩種資料的比率會隨著新資料的獲得而不斷更新。根據更新的比率，這個假說如果不是被揚棄（並形成一個新的假說），就是被以更大的信心接受。簡單地說，貝氏定理是在沒有足夠的初始資料以滿足正常統計的需求時，用來解決問題的方法。

經濟學家排斥貝氏機率是因為在初始階段要做麻煩的揣測工作。但它被世界各地的情報機構廣泛使用。我碰過在中央情報局（CIA）和洛斯阿拉莫斯國家實驗室（LANL）的機密環境下使用貝氏機率的分析師。當你的任務是預測下一次九一一恐怖攻擊時，你不能等再有五十次攻擊來建立你的資料組。你必須利用可得的任何資料立即展開研究。

在中央情報局，應用貝氏機率預測資本市場的潛力顯而易見。情報分析牽涉根據稀少的資訊來預測事件。如果資訊很充足，你就不需要間諜。投資人在選擇投資組合的資產類別時面對相同的問題，他們缺少正常統計方法所需要的充足資訊。等到他們有足夠資料來達成確定時，獲利的機會已經喪失。

貝氏定理看似一團雜亂，但它比什麼都沒有好。它也比華爾街會錯過新的和未預見情況的迴歸法更好。本書解釋如何使用貝氏機率，來達成比聯邦準備理事會（Fed）或國際貨幣基金（IMF）的預測更好的結果。

本書與「四大」學派——古典、奧地利、凱因斯和貨幣主義——分道揚鑣。當然，他們都曾做出許多貢獻。

包括亞當斯密（Adam Smith）、李嘉圖（David Ricardo）、穆勒（John S. Mill ）和邊沁（Jeremy Bentham）等古典派經濟學家很吸引人，部分原因是他們都沒有博士學位。他們是深入思考國家和社會經濟法則的律師、作家和哲學家。他們缺少現代的電腦工具，但對人性卻充滿深刻的洞見。

奧地利學派對選擇和市場的研究有極為寶貴的貢獻，但他們對貨幣解釋力（explanatory power）的強調似乎太過狹義。貨幣很重要，但是強調貨幣達到排除心理學的程度，是致命的錯誤。

凱因斯學派和貨幣主義學派近來已併入新自由共識（neoliberal consensus），而這是一道夢魘般的、把兩種最糟的東西摻雜在一起的海陸大餐。

在本書裡，我以理論家的身分，應用複雜理論、貝氏統計和行為心理學來研究經濟學。這是一個獨特的方法，還沒有形成經濟思想的「學派」。本書也運用「歷史」。當有人問我經濟思想中哪個既有學派最有用時，我回答：歷史。

歷史學派的著名作家包括：自由派的白芝浩（Walter Bagehot）、共產黨員馬克思（Karl Marx）和保守派奧地利天主教徒熊彼得。擁護歷史學派不會讓你變成自由派、共產黨徒或奧地利學派，它意謂你把經濟活動視為從文化衍生的人類活動。

經濟人（homo economicus）不存在於自然界。自然界有德國人、俄羅斯人、希臘人、美國人和中國人；有富人和窮人，或者馬克思所說的資產階級（bourgeoisie）和無產階級（proletarians）等多樣性。美國人不願意討論像資產階級和無產階級這些觀念，然而，把階級文化納入經濟學能帶來許多啟發。

本書將追尋這些線索——複雜性、行為心理學、因果推論和歷史——穿透二十一世紀資本市場的迷霧，進入一個從未有人見識過的未來世界。

| 第一章 |

這就是結束

讚，讚，很讚——這麼多不同的人用相同的裝置。

——出自馮內果（Kurt Vonnegut）

小說《貓的搖籃》（*Cat's Cradle,* 1963）[I]

控制一個金融扼制點

歐利歐（Aureole）是曼哈頓西四十二街一家優雅、有著挑高天花板、光鮮亮麗設計的餐廳；它座落在時報廣場（Times Square）和布萊恩公園（Bryant Park）的暖房之間、觀光客熙來攘往的中途。新古典風格的紐約公共圖書館入口那對大理石獅子耐心（Patience）和堅毅（Fortitude），就矗立在附近。

二〇一四年六月，我與三名友伴在那裡一張靠窗的桌子共度愉快的夜晚。我們從圖書館的演講廳走一小段路到歐利歐，稍早我在演講廳發表了一場有關國際金融的演講。

那場演講免費開放入場。在紐約市任何免費的活動保證會招徠各色各樣的聽眾，比我平常進行的機構演講更加多樣。一位出席的男士穿著橘色西裝、打蝴蝶結、戴墨鏡和一頂檸檬綠的帽子。他坐在前排，他的外表並未引人側目。

紐約人不僅穿著大膽，通常也很機靈。在演講後的問答時間，一名聽眾舉手問：「我同意你對系統風險的警告，但我卡在一家公司四〇一（k）計畫，唯有的選項是股票和貨幣市場基金。該怎麼辦？」我第一個建議是：「辭掉你的工作。」

然後我說：「說真的，建議你從股票轉向半現金。這讓你在低波動性時有一些優勢，而且隨著能見度改善，你會有更多選擇性。」他也只能這麼做。我在提出這項建議時心想，數百萬名美國人正卡在相同的股市陷阱。

在歐利歐，該是放鬆的時候了。一如往常的，賓客盡是市中心區的顯要人士和模特兒。三位聰明的女士陪伴著我，左邊是從巴克萊全球資本公司（Barclays Global Investors）退休的首席顧問波里修克（Christina Polischuk）。巴克萊在二〇〇九年被貝萊德（BlackRock）併購前，是世界最大的資產管理公司之一。這樁收購讓貝萊德變成一家獨大的公司，管理的資產接近五兆美元，比德國的國內生產毛額（GDP）還多。

餐桌對面坐的是我女兒阿莉（Ali）。她剛創立自己的數位媒體顧問公司，之前曾有四年擔任好萊塢A咖名人顧問的經驗。我是她的首批客戶之一。她很成功地把對千禧年世代的了解引進我的演講風格。

我的右邊是金融界最有影響力、但為私人工作的女性——擔任貝萊德執行長芬克（Larry Fink）的顧問。二〇〇八年金融崩盤後政府嘗試壓制金融體系時，她是貝萊德的代言人；當政府敲貝萊德的大門，開門的是她。

邊啜飲勃艮第葡萄酒，我們談到昔日共同的朋友和演講時的聽眾。我向聽眾說明複雜理論，並提出金融體系正邁向崩潰的明確資料。我右手邊的朋友不須聽任何系統風險的演講；她在貝萊德的角色就曾讓她親臨金融傳染的颶風眼。

在芬克帶領下，貝萊德在過去二十五年崛起成為資產管理界最強大的力量。[2] 貝萊德為世界最大的機構、共同基金，和大小投資人的其他投資工具管理帳戶；它也透過其 iShares 平台投資數十億美元的指數股票型基金（ETFs）。

芬克主導的收購案包括道富研究（State Street Research）、美林投資管理（Merrill Lynch Investment）和巴克萊全球投資，這些收購加上貝萊德內部的成長和新產品，使貝萊德躍升為頂尖的資產管理公司。貝萊德五兆美元的資產分散在股票、固定收益、商品、外匯和衍生性金融商品，跨越五大洲的市場。沒有其他資產管理公司比得上它的規模和寬廣度。貝萊德是一隻新金融怪獸。

芬克著魔地追求資產成長，以及隨之而來的金融力量。他通常很早起床，大量閱讀新聞，嚴格執行時間表，安排緊湊的工作午餐和晚餐，並在晚上十點半就寢，準備第二天重新來過。當他不是往返於曼哈頓東側的公寓和市中心的辦公室時，芬克經常出現在全球權力菁英圈中，包括一月的達弗斯、四月的ＩＭＦ會議、六月的俄羅斯聖彼得堡「白夜」（white nights）等地，馬不停蹄且遍及世界各地，與顧客、國家元首、央行官員和其他較不知名、但同樣位高權重的人物會面。

這麼大的影響力，當然看在華盛頓眼裡。美國政府運作的方式就像教父第二集（*The Godfather Part II*）裡描寫的黑手黨前身黑手組織（Black Hand）。如果你支付以競選獻金為形式的保護費，捐給正確的基金會，僱用正確的顧問、律師和遊說人員，並且不反對政府的目標，你就可以不受干擾做你的生意。

如果你不付保護費，華盛頓會打破你的窗戶做為警告。在二十一世紀的美國，政府會出於政治動機、以稅務、詐欺或反托拉斯的罪名起訴你。如果你不乖乖就範，政府會再回來燒掉你的店。

歐巴馬政府把政治起訴的藝術，提高到一九三四年以來僅見的最高境界；羅斯福政府在一九三四年控告甚受推崇的前財政部長梅隆（Andrew Mellon），梅隆唯一犯的罪是有錢且公然反對小羅斯福（Franklin D. Roosevelt）總統。最後對他的各項指控都宣告無罪；儘管如此，這是小羅斯福的左翼分子慣用的政治起訴技倆。

摩根大通（JPMorgan Chase）執行長戴蒙（Jamie Dimon）從他二〇一二年公開批評歐巴馬的銀行監管政策，學到這個慘痛教訓。在接下來兩年內，摩根大通支付超過三百億美元罰款與和解金，以解決一連串歐巴馬的司法部和監管機構提出的刑事與民事詐欺控告。歐巴馬政府知道攻擊金融機構比攻擊個人更有利可圖，小羅斯福的做法正是如此。在這個新黑手黨統治下，利害關係人必須付出代價，執行長如果保持緘默就能保住工作。

芬克玩政治遊戲的手腕比戴蒙更高明。正如《財星雜誌》（*Fortune*）報導：「芬克……是一個堅定的民主黨員……經常謠傳他準備接任重要政府職位，例如財政部長。」[3] 截至目前，芬克總是能躲過讓他的對手苦不堪言的攻擊。

現在芬克面對一個比蓄意起訴和《白宮風雲》（*West Wing*）式的敵意還險惡的威脅。這個威脅牽涉到白宮，但是從ＩＭＦ和主要經濟強權組成的二十國集團（G20）最高層投射出來，它被取了一個無傷大雅的名稱，目的在於混淆非專家。這個名稱叫 G-SIFI，代表「全球系統重要性金融機構」。簡單說，G-SIFI 意思是「大到不能倒」（too big to fail）。如果你的公司名列

G-SIFI 清單，它將獲得政府的支撐，因為萬一倒閉將傾覆全球金融體系。這張清單不僅限於大型全國性銀行，還包括稱霸全球金融的超大型業者。G-SIFI 甚至超越大到不能倒，它還包括大到不能不理會的一長串實體。G20和IMF不只是觀察 G-SIFI，還想控制它們。

每個主要國家有各自的次級清單，包括大到不能倒的系統重要性金融機構（SIFI），和系統重要性銀行（SIB）。在美國，這些銀行包括摩根大通、花旗銀行和一些較不知名的實體如紐約銀行（Bank of New York）——美國債券市場的結算神經中樞。

那天晚上我坐下來享用晚餐前已經知道這些背景。最新的發展是，現在政府已跨越銀行機構，把非銀行金融公司也納入它們的羅網中。

有些非銀行目標是很容易到手的獵物，包括在二〇〇八年幾乎毀掉金融體系的保險巨擘AIG，和在當時恐慌中信用操作無法展延商業票據的奇異公司（General Electric）。讓當時聯準會主席柏南克（Ben Bernanke）最感驚慌的不是華爾街銀行倒閉，而是奇異公司周轉不靈。奇異的信用凍結傳染到整個美國企業界，直接促成政府保證所有銀行存款、貨幣市場基金和企業商業票據。奇異的崩潰是一個驚險萬分的時刻，讓政府決心不再重蹈覆轍。

奇異和AIG被收拾後，接下來的問題是非銀行的網要撒多廣。保德信保險（Prudential Insurance）也落網了。政府不僅控制銀行和大公司，也控制世界最大的資產管理業者。大都會人壽（MetLife）接著上榜，貝萊德直接被列為目標。

我問晚餐同伴：「系統重要性金融機構這整件事怎麼發生的？妳們一定忙得不可開交？」

她的回答令我驚訝。她說：「比你想像的還糟糕。」

當時我知道政府努力想把貝萊德列入非銀行系統重要性金融機構名單。為了避免被列入名單，貝萊德管理團隊幕後抗爭已進行好幾個月。貝萊德的理由很直接，他們宣稱自己是一家資產管理公司，不是銀行。資產管理公司不會倒閉，它們的客戶才會倒閉。

貝萊德堅持規模大小本身不是問題。委託管理的資產屬於客戶的，不屬於貝萊德。事實上，他們堅稱貝萊德只是其機構客戶僱用的管理員，本身無足輕重。

芬克辯稱系統風險存在於銀行，不在貝萊德。銀行向存款人和其他銀行借短期資金，然後把資金以較長期條件借出當作抵押貸款或商業貸款。這種資產－負債到期日的不匹配，在短期放款人急著收回資金時，會使銀行處於險境。長期資產只能靠賤價求售才能變現。

現代金融技術使這個問題更加惡化，因為衍生性金融商品容許提高這種資產－負債不匹配的槓桿，並分散到難以確定身分的更多交易對手。當恐慌升高時，連願意扮演最終貸款者的央行都無法很快解開這個交易的網，避免銀行相繼出現骨牌式的倒閉。從二〇〇八年的恐慌就能看到無數這種例子，甚至在一九九八年避險基金長期資本管理公司（LTCM）倒閉就有前車之鑑。

貝萊德沒有這些問題，它是資產管理人，純粹而簡單。客戶委託它投資資產。資產負債表的另一邊並沒有負擔。貝萊德不需要存款人或貨幣市場基金融資它的營運。貝萊德在新奇的資產負債表外衍生性商品中，並未扮演以客戶資產當作槓桿的交易人。

客戶僱用貝萊德，透過顧問協議把資產交給它，並支付特定的顧問費。理論上貝萊德會發生的最糟情況是失去客戶，或獲得的費用減少。它的股價可能下跌。即便如此，貝萊德不會出現典型的銀行擠兌，因為它不仰賴短期融資來營運，且未利用高槓桿。貝萊德與銀行不同，而且比銀行安全。

我說：「我知道政府在做什麼。他們知道你們不是銀行，而且沒有融資風險。他們只想要資訊。他們希望把你們列入系統重要性金融機構名單，才能進來到處刺探，看看你們的投資，並在危機時向財政部提報資訊。他們會把這些資訊和其他來源的資源結合起來。在必須滅火的時候，資訊能讓他們了解整個局面。這是痛苦的決定，代價很昂貴，但你們辦得到，這只是另一項遵循的成本。」

我朋友湊近壓低聲音說：「不，事情不是這樣的，我們能夠忍受，他們想告訴我們不能賣出。」我回答：「什麼？」我很清楚她說什麼，但她話裡的意涵讓我大吃一驚。

「碰到危機的時候，他們希望能拿起電話，命令我們不能賣證券；就是要凍結我們。上週我在華盛頓處理這件事，下週我還得回去開更多會。你知道重點不在我們，重點是我們的客戶。」

我很震驚。我不應該感到震驚才對。貝萊德在全球資金流中是一個明顯的扼制點。監管當局可能命令銀行以特定方式行動並不令人驚訝，監管當局幾乎可以任意關閉銀行。銀行管理階層知道與監管當局對抗，銀行永遠是輸家，因此它們會配合政府的命令。但政府對像貝萊德這樣的資產管理業者沒有明顯的法規約束力。

然而，每天流過貝萊德的資金極其龐大，貝萊德就像荷姆茲海峽（Strait of Hormuz）一樣是一個戰略扼制點。如果你阻止流過荷姆茲海峽的石油，全球經濟將陷於停頓。

一旦爆發金融恐慌，每個人都會想拿回自己的錢。投資人相信股票、債券和貨幣市場基金只要在線上經紀商網站上點擊幾下，就能變換現金。在恐慌中，這未必是事實。在最好的情況下，價格將暴跌，「現金」就在你的眼前消失。最糟的情況是，基金暫停贖回，經紀商則關閉它們的系統。

廣泛地說，當每個人都想拿回自己的錢時，政策制訂者有兩種對策：第一種是讓錢很容易拿到，儘量印鈔票以滿足需求。這是典型央行扮演最終貸款者的功能，更貼切的稱呼是最終的印鈔機。第二種是說：「不」；鎖住或凍結體系。凍結牽涉關閉銀行、停止交易，和命令資產管理業者不得賣出。在二〇〇八年的恐慌中，政府訴諸第一種選項，央行印製鈔票，挹注流動性到市場，支撐資產價格。

現在，政府似乎預期會再發生恐慌，正準備採用第二種方法。在下一次恐慌時，政府會說：「不！你們不能拿回自己的錢，系統已經關閉，讓我們先解決問題，然後再告訴你們怎麼做。」

在貝萊德被凍結的並不是貝萊德的錢，而是客戶的錢。貝萊德為全世界最大的機構管理資金，如中國的主權財富基金中國投資公司（CIC）、加州公務員退休基金（CALPERS）等。

凍結貝萊德，意謂禁止中國、加州和世界其他管轄當局出售資產。美國政府沒有權力告訴中國不能出售證券，但因為中國委託資產給貝萊德，美國政府利用對貝萊德的權力來凍結中國人。中國人不知道美國政府會怎麼做。

藉由控制一個金融扼制點——貝萊德——美國政府控制了通常不在它管轄範圍的大型投資人資產。凍結貝萊德是大膽的計畫，顯然政府不能公開討論。謝謝我的晚餐同伴，這個計畫已經不是祕密。

九重冰：足以毀滅全球

在一九六三年的黑色幽默小說《貓的搖籃》裡，[4]作者馮內果（Kurt Vonnegut）創造一種他稱為九重冰（ice-nine）的物質，由物理學家霍尼克（Felix Hoenikker）博士所發現。九重冰是水的變形體，以H_2O分子重新組合而成。

九重冰有兩種屬性，使它與一般的水不同。第一種屬性是，融點為華氏一一四．四度（約攝氏四五．八度），這表示九重冰在室溫時會凍結。第二個屬性是，當九重冰的分子接觸水分子時，水會立即變成九重冰。

霍尼克在他死前把一些九重冰分子放在密封罐裡，交給他的子女。這本小說的情節是，如果九重冰被從罐子裡釋出，並與大容量的水體接觸，地球上全部的水供應——河流、湖和海洋——最後將凍結成固體，地球上所有生命將死光。

這是個世界末日情節，很適合馮內果寫作的時代。《貓的搖籃》在古巴飛彈危機後出版，當時的現實世界瀕臨核子滅絕，後來的科學家稱之為核子冬天（nuclear winter）。

九重冰是描述權力菁英因應下一次金融危機的好方法；菁英將不再挹注世界流動性，而是凍結它。體系將被鎖住。當然，九重冰將像一九七一年尼克森總統宣布暫時停止美元兌換黃金那樣，也被描述為暫時的做法。黃金的固定平價兌換性從此以後就被凍結，美國政府的黃金就成了九重冰。

九重冰符合金融市場是複雜動態體系的認知。一個小小的九重冰分子不會立即凍結整座海洋，它先凍結毗鄰的分子，那些新的九重冰分子會凍結愈來愈大圈的其他分子。九重冰的擴散將呈現幾何級數式，而非線性式；那將像是核子連鎖反應，從單一原子分裂開始，很快擴散到如此多的分子，釋放出巨大的能量。

金融恐慌以相同方式擴散。在典型的一九三〇年代版本，它從一家小鎮銀行的擠兌開始，直到恐慌擴散到華爾街，引發股票市場崩盤。在二十一世紀的版本，恐慌始於一項電腦運算法觸發程式化賣單，並引起其他電腦的連鎖反應，直到體系失去控制。賣出的連鎖反應在一九八七年十月十九日發生，道瓊工業指數一天內下跌二二%——相當於現今的指數下跌四千點。

風險管理人和監管當局使用「傳染」來描述金融恐慌的動態性。傳染不只是譬喻，傳染性疾病如伊波拉（Ebola）和九重冰、連鎖反應和金融恐慌一樣，以幾何級數方式擴散。一名伊波拉受害者可能感染兩名健康者，然後這兩名新病患再各傳染給兩個人，依此類推。最後造成一場大流行，必須嚴格隔離直到找到疫苗。在《貓的搖籃》沒有「疫苗」；九重冰分子被以密封的罐子隔離。

在金融恐慌中，印鈔票就是疫苗。如果疫苗證明無效，唯一的解決方案是隔離。這表示關閉銀行、交易所和貨幣市場基金，關閉自動提款機，和下令資產管理公司不能拋售證券。菁英正在為沒有疫苗的金融九重冰做準備。他們將隔離你的錢，把它鎖在金融體系直到停止傳染。

九重冰就藏在光天化日下，不尋找它的人就看不見。一旦知道九重冰在哪裡，你就到處看得到它。這就是我在與知道內情的朋友談到貝萊德的資產凍結後，所知道的情況。

菁英的九重冰計畫有極大的企圖心，遠大於二〇一〇年陶德－法蘭克法案（Dodd-Frank Art）裡所謂的生前遺囑（living wills）和清算機構（resolution authority）。九重冰計畫超越銀行，還納入保險公司、工業公司和資產管理公司；它超越有秩序的清算，且包括凍結交易；它將是全球性的，不只是針對個案。

近幾年菁英凍結顧客資金最有名的例子是：二〇一二年賽普勒斯（Cyprus）的銀行危機，和二〇一五年的希臘主權債務危機。還有比這些危機更早的先例，但賽普勒斯和希臘達到一個銀行阻止存款人提領存款的里程碑。

賽普勒斯向來以俄羅斯資金外流的管道著稱，有些資金是俄羅斯寡頭的非法所得。賽普勒斯危機中，兩家主要銀行：大眾銀行（Laiki Bank）和賽普勒斯銀行（Bank of Cyprus）的債務違約，引發銀行體系全面擠兌。賽普勒斯是歐元區成員，使用歐元當作貨幣，這導致賽普勒斯雖然經濟規模很小，卻釀成體系危機。由歐洲央行、歐盟和ＩＭＦ組成的三巨頭（troika），在二〇一一年的主權債務危機極力為保住歐元奮戰，不希望因為賽普勒斯而前功盡棄。

在談判中，賽普勒斯沒有強硬的本錢，必須以不利的條件接受任何可得的協助。三巨頭決定，銀行大到不能倒的時代已經結束，賽普勒斯就是它們畫出界線的地方——銀行被暫時關閉，自動提款機停止連線。於是全國爆發瘋狂的爭搶現金，有能力飛到歐洲大陸的人回來時行李箱塞滿一疊疊歐元。

大眾銀行被永久關閉，賽普勒斯銀行則被政府改組。大眾銀行超過十萬歐元上限的存款，被丟進一家「壞銀行」，未來能否領回難以確定。較小額的存款被轉移到賽普勒斯銀行。在賽普勒斯銀行，四七．五％超過十萬歐元的未保險存款，被轉換成這家新擴充資本銀行的股票。危機前的股票和債券持有人接受折價（haircut）條件，獲得一些該銀行的股票，以交換他們的損失。

賽普勒斯的模式被稱為「內部紓困」（bail-in）。三巨頭決定不藉外力紓困（bail-out）存款戶，而利用存款戶的錢來為倒閉的銀行進行資本重整（recapitalize）。內部紓困為三巨頭省下救援成本，尤其是德國。

世界各地的投資人對賽普勒斯的案子不以為意，認為是一次性的事件。賽普勒斯很窮。先進國家的存款人想忘掉這個事件，採取一種「那不可能發生在這裡」的心態。但他們錯得離譜了。二〇一三年賽普勒斯的內部紓困正是全球銀行危機的新樣板。

二〇一四年十一月十五日，就在賽普勒斯危機後不久，包括美國總統歐巴馬和德國總理梅克爾的G20領袖在澳洲布里斯本（Brisbane）集會，會後公報提到建立一個稱作金融穩定委員會（Financial Stability Board, FSB）的新全球組織。這是一個由G20建立的全球金融監管機構，不向任何成員國的公民負責。公報說：「我們歡迎金融穩定委員會的提議……要求全球的系統重要性銀行保有額外的虧損吸收能力……。」[5]

在這段溫和無害的文字之後，是另一篇二十三頁的金融穩定委員會技術報告，提供了未來銀行危機的範例。該報告說，銀行虧損「應該由……未擔保和未保險的債權人吸收」[6]。在這種情況下，「債權人」意指存款戶。然後報告描述「當局為了達成這個目標應該擁有的權力和工具，包括內部紓困……（和）注銷和轉換公司的未擔保及未保險負債部分成為股票的權力……達到吸收損失所需要的程度」。[7]

布里斯本的G20高峰會證明的是：用在銀行存款人身上的九重冰政策，並不局限於窮鄉僻壤的賽普勒斯。九重冰就是世界各大國家的政策，包括美國。

銀行存款人在二〇一五年希臘債務危機期間，又體驗另一次政府有能力關閉銀行的慘痛教訓。希臘主權債務是二〇〇九年開始持續存在的問題，幾年來危機時而緊急、時而舒緩。

這場危機在二〇一五年七月十二日達到高潮，當時德國對希臘人失去耐性，在布魯塞爾高峰會提出財政最後通牒，迫使希臘終於同意。

一般希臘市民可能沒有時時緊釘布魯塞爾進行的高賭注折衝，但衝擊是避免不了的。當時無法確定希臘銀行能否存活，或者存款戶是否根據布里斯本的原則獲得內部紓困。銀行沒有別的選擇，只能關閉現金和信用管道，直到它們的狀況明朗化。

自動提款機停止提供現金給希臘持卡人（使用非希臘簽帳卡的旅客可以在雅典國際機場取得一些現金）。希臘信用卡被商家拒絕使用。希臘人開車到鄰近國家，兌換整袋的大額歐元鈔票。希臘經濟幾乎一夕之間倒退到現購自運（cash-and-carry）和準以物易物（quasi-barter）的時代。

發生在賽普勒斯危機之後不久的希臘版九重冰，變成一則警世的故事。存款人現在知道，他們存在銀行的錢不是錢，而且不是他們的。他們所稱的錢實際上是銀行的負債，隨時可能被凍結。

布里斯本G20的九重冰計畫並不限於銀行存款。那只是個開端。

二〇一四年七月二十三日週三，美國證券管理委員會（SEC）以三比二票批准一項新規定，容許貨幣市場基金暫停投資人贖回。[8]這項證管會的規定把九重冰推到超越銀行、進入投資的世界。現在貨幣市場基金可以像避險基金一樣，拒絕還給投資人的錢。基金經理人盡責地在郵件和線上通知中附上漂亮的傳單，告知投資人這項改變。無疑的投資人會把傳單丟到垃圾桶，忽略這個通知。但這項規定是法律，通知也已轉達。在下一次金融恐慌中，不僅你的銀行帳戶會被內部紓困，你的貨幣市場帳戶也會被凍結。

九重冰更加惡化。

九重冰資產凍結的對策之一是持有現金和硬幣。這在一九一四年以前很常見，在一九二九年到一九三三年大蕭條的深淵時也是。在現代的版本，現金包含一百美元、五百歐元，或瑞士國家銀行的一千瑞士法郎紙鈔。這是既有的最高面額貨幣。

硬幣可能包括一盎司的金幣，如美國金鷹金幣、加拿大楓葉金幣，或其他廣為流通的硬幣，也包括一盎司的美國老鷹銀幣。以這種方式持有現金和硬幣讓市民可以安度九重冰帳戶凍結。全球菁英了解這點，也因此他們已經對現金發動一場戰爭。

從歷史經驗看，現購自運的「場外交易所」（curb exchanges）可以避免關閉市場，買家和賣家在街頭聚集，以紙股票交換現金。監管機構希望能壓制二十一世紀的數位場外交易所，以避免價格發現（price discovery），並維持恐慌前的價格神話。場外交易所可透過 eBay 的形式在線上進行，並以比特幣（Bitcoin）或面交的現金來結算。股票的所有權可以使用一個區塊鏈（blockchain）記錄在分散式分類帳（distributed ledger）。消滅現金有助於壓制另類市場，比特幣代表對菁英權力的新挑戰。

消滅現金的第二個理由是實施負利率。央行對抗通貨緊縮趨勢是一場必輸無疑的戰爭。打敗通貨緊縮的方式之一是以負實質利率促進通貨膨脹。

負實質利率發生在通貨膨脹高於借款的名目利率時。如果通貨膨脹是四％，而資金的成本是三％，那麼實質利率就是負一％（3－4＝－1）。通貨膨脹侵蝕美元價值的速度，比貸款產生利息的速度快。貸款收回的是價值變少的美元。負實質利率比免費資金好，因為銀行付錢給借款人。負實質利率是借款、投資和花錢的強力誘因，這三者能促進通貨膨脹的傾向，抵銷通貨緊縮。

你如何在通貨膨脹接近零時製造負實質利率？當通貨膨脹只有一％時，即便是很低的二％名目利率就會製造一％的正實質利率（2－1＝1）。

方法是制訂負利率。當名目利率為負時，永遠有可能製造出負實質利率，即使通貨膨脹很低或者為負值。例如，假設通貨膨脹是零，而名目利率為負一％，那麼實質利率也是負一％（－1－0＝－1）。

負利率在數位銀行體系裡很容易執行。銀行設定它們的電腦，向你的存款餘額收錢，而不支付你利息。如果你存款十萬美元，而利率是負一％，一年後你的存款是九萬九千美元。你一部分的錢不見了。

儲蓄者可以藉持有現金來對抗負實質利率。假設一名儲蓄者從銀行提領十萬美元，並把這筆現金存在安全的非銀行貯藏所。另一名儲蓄者把他的錢存在銀行「賺」負一％的利率。一年後，第一名儲蓄者仍然有十萬美元，第二名只有九萬九千美元。這個例子顯示為什麼負利率只在沒有現金的世界行得通。儲蓄者必須被強迫進入一個全數位系統，才能開始實施負利率。

對機構和企業來說，這場戰爭已經輸了。個人現在要取得十萬美元現金已經很困難，企業要取得十億美元現金幾乎是不可能。大存款戶沒有對抗負利率的方法，除非它們把現金投資在股票和債券，而這正是菁英希望它們做的事。

菁英反對現金和不遺餘力鼓吹負利率。

二〇一四年六月五日，歐洲央行總裁德拉吉（Mario Draghi）對各國央行和主要商業銀行存放歐洲央行的歐元計價存款實施負利率，這些銀行很快再對它們自己的顧客實施負利率。高盛（Goldman Sachs）、摩根大通、紐約梅隆銀行（Bank of New York Mellon）和其他銀行，都在負利率的大傘下向顧客帳戶收錢。

二〇一四年十二月八日，《華爾街日報》（*Wall Street Journal*）一篇以「銀行呼籲客戶把現金存在別處」的報導說，美國銀行（Bank of United States）已通知顧客，「將開始向過去不收費的大顧客帳戶收取手續費」。[9]當然，手續費和負利率是同一件事；長期下來你帳戶裡的錢將減少——只是換個名稱而已。

二〇一五年一月二十二日，瑞士國家銀行（央行）對瑞士銀行體系超過一千萬瑞士法郎的活期存款帳戶，實施負利率。

二〇一六年一月二十九日，日本銀行（央行）投票通過，對商業銀行存在央行超過準備金要求的存款，實施負利率。

二〇一六年二月十一日，聯準會主席葉倫（Janet Yellen）在國會聽證中表示，美國央行「正在研究」負利率。截至寫本書時，美國尚未實施正式的負利率政策。[10]

二〇一六年二月十六日，美國前財政部長桑默斯（Larry Summers）在《華盛頓郵報》（*Washington Post*）的專欄上，呼籲美國取消一百美元紙鈔。[11]

二〇一六年五月四日，歐洲央行宣布：將在二〇一八年底以前逐步廢除五百歐元鈔票。既有的五百歐元鈔票仍可合法繼續使用，但將供應短缺。這項宣布提高了買家以支付溢價的數位貨幣（例如五〇二歐元）購買可得的五百歐元紙幣。溢價購買等於是實體現金的負利率，這是以前從未聽過的做法。

二〇一六年八月三十日，哈佛教授兼IMF首席經濟學家羅格夫（Kenneth Rogoff）出版一本名為《現金的詛咒》（*The Curse of Cash*）的著作，宣告菁英正準備逐步消滅現金的計畫。[12]

對現金的戰爭和鼓吹負利率正同步進行，就如同一枚硬幣的兩面。

牛隻在被屠宰前，會先被趕進圍欄裡，以便可以輕易控制。儲蓄者的待遇也一樣，為了凍結現金和實施負利率，儲蓄者被趕進少數幾家超大銀行的數位帳戶。現今，美國最大的四家銀行（花旗、摩根大通、美國銀行和富國銀行）都比二〇〇八年時還大，控制美國銀行體系總資產的比率也升高。這四大銀行源自一九九〇年時的三十七家不同的銀行，到二〇〇〇年時已成為十九家不同的銀行。摩根大通是個完美的例子，它吸收了大通曼哈頓銀行（Chase Manhattan）、貝爾斯登（Bear Stearns）、化學銀行（Chemical Bank）、第一芝加哥銀行（First

Chicago）、第一銀行（Bank One）和華互銀行（Washington Mutual）等前身。二〇〇八年大到不能倒的銀行現今已變得更大，存款人的儲蓄現在集中在監管當局可以打幾通電話就實施九重冰計畫的銀行。儲蓄者已準備好可以被屠宰了。

九重冰計畫不只針對儲蓄者，也適用於銀行本身。二〇一四年十一月十日，G20建立的金融穩定委員會提出建議，要求全球最大的二十家系統重要性銀行，發行在金融危機時可以用契約方式轉換成股票的債券。[13] 這種債券無須監管當局額外的行動，就可自動讓債券持有人接受九重冰內部紓困。

二〇一四年十二月九日，美國銀行監管當局援引陶德－法蘭克法案條款，對八家美國最大的銀行實施更嚴格的資本要求，稱作「附加資本」（capital surcharge）。在大銀行符合附加資本要求前，它們被禁止以股利和股票買回等方式支付現金給股票持有人。這項禁令就是施加於銀行股票持有人的九重冰。

《貓的搖籃》裡的九重冰讓地球上所有的水分子陷於危境，金融九重冰也一樣。如果監管當局對銀行存款人實施九重冰，貨幣市場基金將出現贖回潮。如果九重冰也用於貨幣市場基金，贖回潮將傳染到債券市場。如果任何市場被留在九重冰網外，就會在其他市場凍結時立即變成拋售資產的對象。為了讓菁英的九重冰計畫奏效，它必須涵蓋所有市場。

連交易合約也逃脫不了九重冰。與倒閉的公司交易的各方，在這家公司聲請破產時通常得面對凍結，這項凍結規定稱為「自動中止」（automatic stay），目的在於避免爭奪現金和證券，造成部分人得利、部分人吃虧。破產程序中的自動中止，給法院時間安排公平的資產分配。

在一九八〇年代和一九九〇年代，大銀行發動一項全面遊說活動以改變法律，讓自動中止條款不適用於再買回協議和衍生性金融商品。當雷曼兄弟（Lehman Brothers）等公司二〇〇八年破產時，大銀行的交易對手利用它們提前中止的權利來脫售手中握有的擔保品，讓不夠精明的投資人（如地方小鎮）被迫緊握虧損的資產。

二〇一六年五月三日，聯準會宣布一項正式的法規制訂程序，這是一項四十八小時版的自動中止程序，適用於美國銀行及其交易對手的衍生性金融商品合約。[14]這項新立法的緣起是二〇一四年十八家全球主要銀行，在國際交換合約與衍生性金融商品協會（ISDA）架構下，達成放棄提早中止權的協議；而協議則是G20的金融穩定委員會施壓下的結果。重點是，放棄提早中止權擴大到銀行的交易對手，例如，債券巨擘太平洋投資管理公司（PIMCO）和貝萊德等財富管理公司。大銀行和機構投資人如今在實施九重冰時，將得到和小儲蓄戶一樣的待遇。它們將被凍結在原地。

九重冰方案不限於用在個人和機構，它甚至適用於國家。國家可以透過資本管制來凍結投資基金。一名美元投資人在一個非美元的經濟體，如果想抽回他的投資，必須靠該國央行提供美元。央行可以實施資本管制，拒絕讓該美元投資人把當地貨幣兌換成美元和匯到其他國家。

資本管制在一九六〇年代很常見，即使是在已開發經濟體。後來這類管制大致上已從已開發經濟體消失，在新興市場也大為少見，主要歸功於ＩＭＦ的鼓勵，一部分則是因為浮動匯率使新興經濟體較不容易發生銀行擠兌。

但在二〇一六年五月二十四日一場不尋常的演說中，ＩＭＦ的第一副總裁李普頓（David Lipton）為一項國際九重冰方案奠定了基礎：

> 重新檢驗我們全球架構的時機已經到來……這個架構的哪些元素值得重新檢討？我們應該考慮短期且波動劇烈的資金流動是否帶來問題……這些流動因為具有可逆性，對債務人可能是有用的節制力量，創造了積極改革的市場誘因。但當資金流突然停止時，這種可逆性也帶來成本。我們應該再度檢視資金來源國家的監管架構和稅務系統，是否不當地鼓勵短期的、會製造債務的資金流動。
>
> 我知道……這麼說有點離經叛道，但我們應該考慮，在資金目的國保證採取較協調一致的資金措施和總體審慎政策。[15]

略過這些術語，這是在呼籲資金「來源國」（主要為美國）和「目的國」（新興市場）要改變稅務和銀行法規，以阻礙短期債務，而鼓勵股票和長期債券投資。在流動性危機中，股票和長期債券可藉關閉經紀商和交易所來凍結。然後，其餘的短期債券可以藉國家的資本管制來鎖住。

在光譜上與大銀行、機構投資人和國家不同的一端，是不起眼的自動提款機。顧客被哄騙而相信，只要把銀行提款卡插進無所不在的提款機，就能取得現金。真的是這樣嗎？

自動提款機已經設定每日能提領多少錢。你可能每天只能領八百美元或一千美元，但是你試過領五千美元嗎？辦不到。如果每日限額是一千美元，銀行可以輕易修改機器的設定為上限三百美元，只夠加油和買雜貨。要關掉機器還更容易，就像二〇一三年賽普勒斯和二〇一五年希臘那樣。

自動提款機停擺之後，從銀行櫃員領現金也不是務實的替代選項。只要超過一個寒酸的數額，受到良好訓練的櫃員就會召喚他的主管來批准你的提款，這位主管將建議你向美國財政部提出「可疑活動報告」（SAR）。可疑活動報告目的在於辨識洗錢者、毒販和恐怖分子。你並不是這幾類人，但報告還是得提出。銀行畏懼監管當局勝過於得罪顧客。放你一馬對銀行並沒有好處。你的姓名最後將被列入財政部的檔案，和販毒卡特爾與凱達組織（Al Qaeda）並列。

即便這種自助式的取得現金方法也有限制，因為銀行分行只有很少量的百元大鈔。如果真的發生擠兌現金的情況，顧客遲早會被拒絕。因為有通貨膨脹，所以百元大鈔本身是一種遞耗資產（wasting asset）。

總而言之，股票交易所可能被關閉、自動提款機關機、貨幣市場基金凍結、實施負利率、不能提領現金，幾分鐘內就能全部做到。你的錢可能像卡地亞（Cartier）玻璃櫥櫃裡的珠寶那樣，只能觀看卻不能碰觸。一般儲蓄者不知道九重冰計畫已經準備就緒，只要一個行政命令和打幾通電話就能啟動。

暫停營業

一般人對九重冰概述典型的反應是這似乎太極端了。歷史證明剛好相反。市場關閉、銀行關閉和徵收對美國人來說是家常便飯。從一九〇七年的恐慌開始，過去一百一十年來的金融恐慌史顯示，銀行和交易所關閉造成存款人和投資人虧損是很常見的事。

一九〇七年恐慌源於一九〇六年四月十八日的舊金山大地震和大火。西部的保險公司出售資產以償付理賠金，因為拋售對東岸的貨幣中心會帶來壓力，減少紐約各銀行的流動性。到一九〇七年十月，紐約證交所（NYSE）指數已從一九〇六年的高點下跌五〇%。

一九〇七年十月十四日週二，利用銀行貸款炒作聯合銅業（United Copper）股票失敗的消息被公諸於世，在資金緊俏的情況下，放款銀行很快就破產。接著，一家由投機客控制的更大機構尼克伯克信託（Knickerbocker Trust）陷於危機，爆發典型的銀行擠兌。紐約和全國各地的存款戶大排長龍提領現金和當時仍是合法貨幣的黃金。

在恐慌高點的一九〇七年十一月三日週日，摩根（J. Pierpont Morgan）在他位居於曼哈頓三十六街和麥迪遜大道交口的住宅召集主要銀行家開會，據說摩根下令鎖門，把銀行家關在書房裡，並告訴他們除非想出一套救援對策，否則不准他們離開。

在摩根的同事監督下，他們很快檢討各家銀行帳簿，並且協議出一套分門別類的解決方案，體質健全的銀行將加入救援基金，無力償債的銀行將准予破產。介於兩者的是技術可以償債、但暫時欠缺流動性的銀行，他們被要求提供擔保現金的資產，以便應付存款戶的提領。當時從未考慮過要紓困紐約的每一家銀行。

當時的想法是，時間到了，恐慌就會止息，存款將回籠，擔保品可以收回，救援者將有獲利。實際發生的也是如此。到十一月四日，恐慌停息了。儘管如此，許多存款戶血本無歸。重要的是，恐慌獲得控制，並未擴散到紐約市的每一家銀行。這個過程和隔離伊波拉病患以阻止病毒擴散如出一轍。

這個由摩根使用的救援模式，在一百年後的二〇〇八年恐慌遭到揚棄。除了雷曼兄弟外，所有主要銀行都獲得財政部和聯準會紓困，不區分有能力償債或無力償債。

布里斯本G20的內部紓困樣板可被視為重回摩根原則。在下一次危機時，將有人流血。無力償債的機構將被永久關閉，而虧損將擴散得更廣。

一九〇七年恐慌後的七年，一九一四年恐慌接踵而至，就在第一次世界大戰爆發前。這場恐慌由七月二十三日奧地利對塞爾維亞下達最後通牒所觸發，而且新恐慌比一九〇七年的恐慌範圍更廣、持續更久。

歐洲人一致認為最後通牒前的幾個月是他們記憶中最快樂的時候。奧匈帝國王儲斐迪南大公（Archduke Franz Ferdinand）和他妻子蘇菲亞，一九一四年六月二十八日在塞拉耶佛（Sarajevo）遭到暗殺，一開始被認為是巴爾幹半島多年來動盪不安的不幸結果，而不是引發大戰的原因。

以馮赫岑多夫伯爵（Count Franz Conrad von Hötzendorf）為首的奧匈將領幕僚一直很想與塞爾維亞開戰，但被主和的斐迪南大公對他叔叔皇帝約瑟夫（Franz Josef）的影響力所牽制。暗殺事件對和平造成雙重打擊——它去除了溫和的影響力，並提供馮赫岑多夫打擊在巴爾幹半島野心勃勃的塞爾維亞人的理由。一九一四年七月二十三日，奧匈帝國向塞爾維亞下達最後通牒，而且預期塞爾維亞將不會接受。雖然倫敦和巴黎夏季豔陽高照，但是戰爭之犬已經放出。

七月二十四日，俄國下令動員陸軍和海軍以支持塞爾維亞。七月二十五日，塞爾維亞接受奧匈帝國最後通牒的部分條件、但不是全部，並下令總動員。維也納的回應是與塞爾維亞斷絕外交關係，並且也下達部分動員令。

一旦市場參與者看到戰爭已無可避免，他們機械式的反應就像將軍們擬訂他們的動員計畫和時間表一樣。古典金本位制實施的時期是在一次大戰前不久（一八七〇年到一九一四年），很適合被視為第一個全球化的時代，類似從一九八九年柏林圍牆倒塌後開始的第二個全球化時代。電話和電力等新技術把多樣的金融中心，連結成綿密的信用和交易對手風險網。在一九一四年，全球資本市場緊密連結的程度不亞於現今。戰爭爆發後，法國、義大利和德國的投資人都在倫敦拋售股票，並要求把換得的黃金以最快的可行方式運交給他們。根據當時的遊戲規則，黃金是最終形式的貨幣，為了戰爭必須儲藏黃金。全球流動性危機與政治危機同步發生。

倫敦市是當時首屈一指的金融首都，來自歐洲大陸的賣出對倫敦銀行帶來變賣資產以滿足贖回的壓力。緊接著發生的不是典型的銀行擠兌，而是更加複雜的流動性危機。倫敦銀行擔保的英鎊計價商業票據無法展延，新票據未發行。世界流動性最高的貨幣市場面臨流動性枯竭，這種流動性危機詭異地類似二〇〇八年美國商業票據市場的崩盤。

傳染效應擴散到紐約。正如法國銀行拋售倫敦股票以取得黃金，倫敦投資人為同樣的理由賣出紐約股票。全世界爭搶硬貨幣，由於投資人拋售紙資產而要求換回黃金，造成股票市場和貨幣市場崩跌。

一九一四年七月二十八日，奧匈帝國向塞爾維亞宣戰。到七月三十日，阿姆斯特丹、巴黎、馬德里、羅馬、柏林、維也納和莫斯科股市全部關閉，除了英國以外的主要國家都暫停貨幣兌換黃金。一九一四年七月三十一日星期五，倫敦做了無法想像的事，關閉了倫敦股市。會員入口掛了一面小告示，只簡單地說「暫停營業」。[16]

倫敦市場關閉後，全世界的賣壓都轉往紐約這個最後一個股票可以賣出以換取黃金的主要交易所。在倫敦關閉前，紐約的賣壓已經很沉重。一九一四年七月三十一日，就在倫敦關閉之後幾小時、紐約開盤前十五分鐘，紐約證交所也宣布關門，而這部分是應美國財政部長麥卡杜（William McAdoo）呼籲所做的決定。紐約證交所持續關門超過四個月，直到一九一四年十二月十二日。

第一次世界大戰剛開始時，美國仍然保持中立，所以能與所有交戰國貿易。雖然證交所關閉，銀行則是開張。出售各類資產——包括房地產或私募股權——的歐洲交易人仍可要求把出售的收入兌換成黃金，運送到漢堡、熱那亞或鹿特丹。

股票仍可在曼哈頓下城新街（New Street）冒出的非正式「場外交易所」，透過私下協商交易。在一九一四年八月三日週一，《紐約時報》刊登這則廣告：「我們準備以如下的條款和條件買進和賣出所有種類的證券：買進價必須附上平倉的現金；賣出價必須附上正確背書的證券。」[17]這則廣告署名的是「紐約場外交易所」（New York Curb）。

一些歷史學家做結論說，紐約證交所關閉是因為董事會認為，來自海外的賣壓會導致股價崩跌。席爾柏（William L. Silber）在他的經典著作《當華盛頓關閉華爾街》（*When Washington Shut Down Wall Street*）中的研究，透露另一個更有趣的解釋。[18]席爾柏說，美國買主原已準備搶進走投無路的歐洲賣家丟出的便宜貨，股票很快會穩定下來。

根據席爾柏，交易所被關閉和美國財政部涉入的真正原因不是股價，而是黃金。歐洲賣家有權利把賣出所得轉換成黃金，兌換的地點就在交易所隔著華爾街對面的美國國庫分庫大樓。財政部擔心美國的銀行很快會用光黃金，因此關閉股市交易以貯藏黃金。當時關閉交易所是九重冰法的早期應用。

大蕭條和第二次世界大戰之前的幾年，發生了二十世紀最激進的九重冰凍結。美國的經濟蕭條公認可追溯到一九二九年十月的股市崩盤，但全球蕭條還更早發生——英國在一九二〇年代整個後半都陷於蕭條。德國於一九二七年進入衰退。在美國，股市和工業生產從一九二九年開始重挫，失業率隨之飆升。最嚴重的蕭條情況，包括全球性的銀行恐慌，集中在一九三一年到一九三三年。

歐洲的銀行恐慌始於奧地利聯合信貸銀行（Creditanstalt）於一九三一年五月十一日倒閉。這很快引發歐洲各地銀行擠兌和倫敦的商業信用蒸發，其激烈程度有如一九一四年的恐慌。倫敦的銀行家通知英格蘭銀行（央行）和英國財政部，如果政府不採取救援措施，它們將在幾天內破產。

不同於一九一四年名義上仍維持兌換黃金的體系，這一次英國財政部決定脫離金本位並貶值英鎊。貶值貨幣舒緩了英國的金融情勢，把壓力轉移到美國，而美國在當時已有全世界最強的貨幣。美國變成全球通貨緊縮的磁鐵。

一九三〇年十二月，顧客主要是移民和小儲蓄者的美國銀行（雖然有很正式的名稱，卻是一家私人銀行）發生銀行擠兌而被迫關門。該銀行原本可能還有償債能力，但對該銀行猶太顧客和移民顧客的偏見，導致大型紐約結算銀行拒絕救援它。

結算銀行認為傷害可控制在僅限於美國銀行，但它們錯了。銀行擠兌像草原大火那樣擴散並且失控。美國許多地方實際上沒錢可用，社區被迫以物易物，和使用「木硬幣」來購買食物。超過九千家美國銀行在大蕭條期間倒閉，許多存款戶在銀行清算結束後血本無歸。

一九三三年冬季，胡佛總統和已當選總統的羅斯福協商，希望達成全面關閉銀行或免除債務的協議。但羅斯福拒絕與胡佛聯合，寧可等到一九三三年三月四日他宣誓就職。恐慌達到歷史的高點，全國各地的儲蓄者在銀行大排長龍領錢。他們把現金藏在咖啡罐或家裡床墊底下。

羅斯福採取果斷的行動，在他宣誓就職三十六小時後的一九三三年三月六日週一凌晨一點，發布第二〇三九號公告，關閉美國所有銀行。羅斯福沒指示何時會恢復營業。

接下來三週，銀行監管當局宣稱檢查被關閉銀行的帳冊，以判斷有償債能力的銀行可以重新開張。這過程類似財政部長蓋納（Tim Geithner）二〇〇九年因應另一場金融恐慌採用的「壓力測試」（stress tests）。

這些例子最重要的不是實際的銀行體質，而是美國政府有「批准認可」以紓解存款人憂慮的能力。事實上，銀行放了一週的「假」，在一九三三年三月十三日重新開張。信心恢復了，顧客再度大排長龍——這次不是為提領現金，而是為存款。

一九三三年四月五日銀行再度放假，這次是應惡名昭彰的第六一〇二號行政命令要求，除了少數例外，美國公民持有的所有黃金必須交給美國財政部，違反命令者將受監禁懲罰。羅斯福也禁止黃金出口。這些黃金禁令持續實施，直到一九七四年十二月三十一日福特總統發布一一八二五號行政命令，將之前的黃金行政命令撤銷為止。

在很短的時間內，第二〇三九號公告和第六一〇二號行政命令，就對所有美國的黃金和銀行裡的現金，實施九重冰式的凍結。這種行政權威也存在於現今的現行法律中，國會無法阻擋它。

全球金融體系在一九三三年後穩定下來，然後在一九三九年因為第二次世界大戰爆發而再度崩盤。參戰國家在英國帶頭下再度暫停它們的貨幣兌換黃金，並禁止黃金出口。由於當時黃金是貨幣，這些禁令代表凍結另一種體系。

全球金融體系開始在預期同盟國戰勝中解凍。一九四四年七月的布列敦森林會議揭開一個新紀元，該會議本身是兩年來美國和英國密集幕後協商的結果，兩國分別由懷特（Harry Dexter White）和凱因斯兩位經濟學家代表，整個過程在史代爾（Benn Steil）寫的《布列敦森林戰役》（*The Battle of Bretton Woods*）書中有生動的描寫。[19]

與定期恐慌和凍結相反的體系，是前後一致、控制良好且嚴格規範的體系。從一九四四年到一九七一年實施的布列敦森林體系就是個典型的例子。在這段二十七年的黃金時代，布列敦森林協議的簽署國把它們的貨幣以固定匯率釘緊美元。美元則以每盎司三十五美元的固定價格釘緊黃金。美元－黃金掛鉤意謂其他貨幣——主要為英鎊、法郎、德國馬克和日圓——透過美元間接釘緊黃金和彼此。美元是全球金融最普遍的基準貨幣，這正是懷特和他的上司財政部長摩根索（Henry Morgenthau）希望的結果。

布列敦森林體系最重要的莫過於固定匯率；這個體系將由ＩＭＦ管理，而ＩＭＦ則扮演準世界央行的角色；ＩＭＦ的治理結構是由美國對所有重要決定保有否決權。布列敦森林的參與國被允許利用資本管制來維持美元外匯準備，和限制變幻莫測的資金流動，以支持各國在固定匯率體系下的義務。主要西方經濟體的資本管制從一九五八年分階段解除，所有主要貨幣直到一九六四年才開放可完全兌換。

貨幣釘緊美元並非不可改變，會員國可在ＩＭＦ的監督下申請調整匯率，ＩＭＦ會先提供短期融資給貨幣面臨壓力的國家。目標是給該國時間以推動結構性改革，改善貿易收支和增加外匯準備，讓掛鉤的匯率得以維繫。一旦完成改革並提振外匯準備，借款國就可以償還ＩＭＦ，體系就能恢復正常運作。

在較危急的例子裡，短期措施證明效果不佳，ＩＭＦ會批准讓貨幣貶值。布列敦森林體系下最知名的貶值例子是：一九六七年的英鎊危機，英鎊匯率因而從兌換二．八〇美元調整為兌二．四〇美元，貶值一四％。不能調整的匯率是美元兌換黃金的價格，因為黃金是整個體系的基石。

由ＩＭＦ和美國監督的資本管制和固定匯率國際體系，因為一套金融壓迫體制而益形完備。在第二次世界大戰結束時，美國的債務對ＧＤＰ比率來到一二〇％。在接下來二十年，聯準會和美國財政部主導一套貨幣體制，以人為方式壓低利率，並允許溫和的通貨膨脹率，使利率和通貨膨脹無法上升到失控。這種通膨略微超過利率的金融壓迫讓大眾幾乎難以察覺，美國人對戰後的繁榮、股價上漲、新建設和適意的文化感到心滿意足。

金融壓迫是讓通貨膨脹略高於利率持續一段長時間的藝術。舊債務負擔因為通貨膨脹而減少，而新債務創造則受到低利率的抑制。只要通貨膨脹和利率差一個百分點，債務的實質價值二十年下來就減少三〇%。到一九六五年，美國的債務對ＧＤＰ比率下降四〇%，比一九四五年顯著改善。

美元價值減損的速度慢到公眾似乎沒有理由驚慌，那就像看著冰塊融化，它正在發生，但速度緩慢。

從一九四五年到一九六五年的平靜時期很少發生金融危機。俄羅斯和中國未與全球金融體系整合，非洲在全球舞台只是個渺小的角色，新興亞洲尚未興起，而印度仍在休眠狀態。拉丁美洲籠罩在美國霸權的陰影下。

只要石油流動，就只有歐洲、日本和加拿大能影響美國的經濟利益，而它們都鎖在布列敦森林體系下。沒有實施九重冰計畫，因為它已在實施中。布列敦森林體系是全球性的九重冰。美國控制逾半數全球的黃金，以及美元——全世界唯一重要的貨幣形式。

布列敦森林體系從一九六五年開始搖搖欲墜，受到美國通貨膨脹、英鎊貶值和美國黃金不斷被兌領的打擊。美國不願意進行它要求其他國家做的結構性調整。一九六五年二月，法國總統戴高樂（Charles de Gaulle）語驚世人地呼籲結束美元霸權，並恢復真正的金本位制。戴高樂的財政部長季斯卡（Valéy Giscard d'Estaing）形容美元在布列敦森林體系中，享有「過分的特權」。

英國、日本和德國願意照著美國戲碼假裝美元和黃金一樣好。英國已經破產，德國和日本依賴美國的核子傘以維持國家安全，沒有一個國家強大到足以挑戰美國。

其餘西歐國家在戴高樂的敦促下，採取一種不同的觀點。法國、西班牙、瑞士、荷蘭和義大利，陸續把它們的美元準備兌換成黃金，一場全面性的諾克斯堡（Fort Knox）擠兌緊接著爆發。

二十世紀最著名的九重冰計畫例子是：尼克森總統於一九七一年八月十五日關閉了黃金窗口。美國的貿易夥伴再也無法以固定價格把美元準備兌換成黃金，尼克森對全世界掛出了一面「停止營業」的告示。

金融暴動

從一九七一年到一九八〇年間，國際金融只能以混亂來形容，這不僅是字面上的描述，從科學意義上看也是如此。均衡已經被擾亂了，價值劇烈地搖擺。IMF會員國嘗試以新的美元兌換黃金平價重建固定匯率，但沒有成功。

貨幣主義者如傅利曼呼籲世界放棄以黃金做為貨幣標準。浮動匯率變成新常態。各國可以藉貶值貨幣讓它們的產品更廉價，而不必進行結構調整以提升生產力。

凱因斯學派擁抱新體制，因為貶值降低實質勞動成本推升通貨膨脹。工人不會再受薪資降低的痛苦，但他們的薪資卻因為通膨不知不覺地侵蝕而被盜走。貨幣主義者和凱因斯學派如今已在貨幣幻覺（money illusion）下合體。

在這個彈性貨幣和零黃金的美麗新世界中，已不再需要九重冰計畫。如果恐慌的儲蓄者想拿回他們的錢，也沒有必要關閉體系——你可以印鈔票給他們。

九重冰程序已被反轉。浮動匯率終結冰河時期，冰川融化了，世界浸泡在流動性的海洋中。這是金融版的全球暖化。沒有任何問題不能以低利率、寬鬆貨幣和更多信用來解決。

寬鬆貨幣並未終結金融危機；差得很遠。一九八二年開始有一場拉丁美洲債務危機、一九九四年有一場墨西哥披索危機、一九九八年的亞洲－俄羅斯金融危機，以及二〇〇七至二〇〇九年的全球金融危機。此外，還有偶爾發生的市場恐慌，包括一九八七年十月十九日道瓊工業指數一天內暴跌二二％。其他市場崩盤包括二〇〇〇年達康泡沫爆破，和九一一恐怖攻擊後的市場暫停交易。

不同以往的是，這些危機都未牽涉廣泛的銀行違約或關閉。沒有金本位後，現在貨幣變得很有彈性。央行可以透過印鈔票、擔保、交換額度（swap lines）和稱作前瞻指引（forward guidance）的承諾，無限地提供寬鬆的流動性。貨幣是免費的，或幾乎免費，而且可以無限量供應。

這個新系統並非永遠面面俱到。投資人在一九七〇年代和一九八〇年代蒙受本金實質價值減少的損失，但這套體系仍保持運作。拉丁美洲債務危機靠以美國財政部長布雷迪（Nicholas Brady）命名的布雷迪債券（Brady bonds）解決；布雷迪債券用美國公債來部分擔保償付用來再融資違約債務的新債券。當墨西哥在一九九四年無法展延積欠華爾街的債務時，財政部長魯賓（Robert Rubin）動用匯率穩定基金（ESF）提供貸款給墨西哥。匯率穩定基金利用小羅斯福總統一九三三年沒收黃金的獲利而成立，至今仍是財政部的祕密基金。匯率穩定基金是繞過國會的方法，因為國會拒絕救援墨西哥。

IMF和聯準會（而不是美國財政部）在一九九七至一九九八年的危機提供救援基金。這場危機始於泰銖在一九九七年七月的貶值，IMF在全球流動性緊縮的第一階段中，提供緊急貸款給南韓、印尼和泰國。

危機在一九九八年初的冬季和春季停息，但到了夏末卻爆出一團火球。俄羅斯在一九九八年八月十七日債務違約、盧布重貶。IMF在巴西圍起一道金融防火牆，因為當時巴西被視為下一張會倒的骨牌。

震驚全球的是：下一張骨牌不是一個國家，而是避險基金長期資本管理公司（LTCM）。IMF沒有權力紓困一家避險基金，這個工作落在紐約聯邦準備銀行肩上，因為它負責監管可能因為LTCM違約而倒閉的銀行。

在緊張的六天期間（一九九八年九月二十三日到二十八日），華爾街在聯準會的密切監督下湊出四十億美元的紓困資金以穩定這家基金。一旦紓困結束後，聯準會主席葛林斯班（Alan Greenspan）在一九九八年九月二十九日的公開市場操作委員會（FOMC）會議，宣布調降利率以協助銀行業者。

儘管如此，市場並未穩定下來，剛調整過資本的ＬＴＣＭ在幾天內又虧損五億美元。華爾街紓困一家避險基金，現在誰來紓困華爾街？聯準會再度干預。葛林斯班於一九九八年十月十五日罕見地臨時宣布降低利率，是過去二十二年來聯準會首次未在定期舉行的公開市場操作委員會會議中宣布改變利率。

市場收到了訊息。道瓊工業指數大漲四．二%，為歷來第三大單日漲幅。債券市場恢復穩定，ＬＴＣＭ的失血終於停止。聯準會臨時宣布調降利率，與二〇一二年六月歐洲央行總裁德拉吉描述為「竭盡全力」（whatever it takes）的政策如出一轍。因應當前危機的新方法以二〇〇八年秋季達到高峰，當時美國監管機構為所有美國的銀行存款和貨幣市場基金提供擔保，聯準會印製數以兆計的美元來支撐美國銀行，並與歐洲央行安排數十兆美元的外匯交換。歐洲央行需要美元來支撐歐洲的銀行。

無限量供應的流動性奏效了。風暴平息，市場趨穩，經濟開始成長，雖然速度緩慢，資產價格重新膨脹。到二〇一六年，以流動性淹沒世界的政策受到普遍的讚譽。

一九〇七年、一九一四年、一九三〇年代和布列敦森林時期的九重冰策略，是否現在已被一種可能引起颶風的貨幣暖化所取代？彈性貨幣的作用是否有其極限？在二〇一六年底，世界已瀕臨發現答案的邊緣。

二〇〇八年採用的非比尋常政策措施，到了二〇一六年仍然大部分未解除。央行的資產負債表仍過度膨脹，聯準會與歐洲央行締結的交換額度仍然有效。全球槓桿已上升。主權債務對GDP比率更高。主權債券、垃圾債券和新興市場的虧損逐漸逼近。衍生性金融商品的名目值（notional value）超過一千兆美元──為全球GDP的十倍多。

全球菁英漸漸發現，他們的貨幣寬鬆只是製造出新泡沫，而非建立一個穩定的基座，另一次崩潰已隱然成形，而且菁英們心知肚明。現在他們已加倍押注在相同的遊戲規則上。

截至二〇一五年，聯準會已把資產負債表從八千億美元擴增至四兆二千億美元，以壓抑二〇〇八年的危機。下一次它會怎麼做？類似比率的增加將使資產負債表增加到二十兆美元，與美國的GDP相當。

其他央行也面臨相同的困境，原本的希望是，經濟體會恢復潛在的產出，展開持續自給自足的成長，央行就能撤回政策支持，退出場外觀察。但這種結果並未發生，成長始終疲弱不振。市場期待央行繼續玩寬鬆貨幣的遊戲，七年的自滿已讓市場陷於昏睡，無視於槓桿和不透明的風險。

二〇一四年夏季，菁英開始發出警訊。在二〇一四年六月二十九日，國際清算銀行（BIS）發表年度報告，警告市場「太陶醉」，並說：「再三地……看似強健的資產負債表已遮蓋了未被懷疑的弱點。」[20]

繼國際清算銀行的報告後，二〇一四年九月二十日，在澳洲昆士蘭省肯因斯（Cairns）集會的G20財政部長又發出一項警告。他們在聯合公報中說：「我們正注意金融市場過高風險累積的可能性，特別是在低利率和低資產價格波動性的環境下。」[21]

短短幾天後，瑞士日內瓦一家很有影響力的智庫國際銀行及金融研究中心（ICMB），發表其年度世界經濟「日內瓦報告」。[22]

經過多年來政策制訂者不斷保證全球正在去槓桿後，國際銀行及金融研究中心提出一份震驚世界的摘要：「與普遍抱持的信念相反，從金融危機開始的六年後……全球經濟還未走上去槓桿的路，反而全球總債務對GDP比率……持續上升……創下新高紀錄。」這份報告形容過高的債務對世界經濟帶來「有毒的」影響。

警告持續不斷，日內瓦報告公布不久之後，IMF在二〇一四年十月十一日同時發出警告。IMF掌握大權的政策委員會說：「資本市場對遲早會發生的『金融伊波拉』毫無抵抗力。」[23]

美國政府也無法對發展中的風暴視而不見。財政部的金融研究辦公室在二〇一四年十二月二日給國會的年度報告中說：「金融穩定的風險已經升高，三個最重要的面向是：過度的風險承擔……與市場流動性減少有關的弱點，以及金融活動轉移到金融體系不透明和無彈性的角落。」[24]

二〇一四年十二月五日，國際清算銀行再度警告金融穩定問題。該銀行貨幣部主任波里歐（Claudio Borio）談到市場流動性極度波動和突然消失時說：「高度失常已變成令人不安的常態……當無法預料的事變成例行公事時，的確是令人深感不安。」[25]

這些警告在二〇一四年出現是因為情況愈來愈清楚，貨幣寬鬆無法恢復成長。繼第一波的警告之後，後續幾年的年度報告和會議也發出更明確的警訊：槓桿、資產價格膨脹和衍生性金融商品數量的擴增仍未減緩。

這些警告並不是說給投資人聽的，因為大多數投資人對牽涉的機構和使用的術語並不熟悉。這些警告是說給少數讀這些報告的菁英專家聽的。菁英並不是在警告一般民眾；他們是在警告彼此。

國際清算銀行、IMF、G20和其他國際貨幣機構，是對一小群財政部長、主權財富基金、銀行，和像貝萊德和橋水（Bridgewater）等私募基金發出警告。它們被給予時間以調整它們的投資組合，避免像小投資人般將蒙受的損失。

菁英也正在打基礎，以便危機發生時可以理直氣壯地說：「我們警告過你們。」儘管大多數投資人在警告發出時根本不知情。這個基礎將使執行九重冰計畫更加容易。由於投資人忽視了明確的警告，他們將無法怪罪任何人。

二〇一六年，舞台已經布置好。系統風險已升高到發出警報的水準。徵兆不只在美國金融體系可以看到，中國、日本和歐洲也明顯可見。九重冰機器已準備要攫取系統重要性金融機構銀行、凍結貨幣市場基金、關閉交易所、限制現金和下令基金經理人暫停客戶贖回。

在全球凍結之前，菁英已警告特定的親信並隔離自己以免遭到批評。只有一個問題：九重冰管用嗎？政府有實施九重冰的能力是無庸置疑的，但小市民會像一九一四年和一九三三年那樣默許政府的作為，或者天下會陷於大亂？

如果金融暴動爆發，當局也已做好準備。

布希總統已在二〇〇一年九月十四日的第七四六三號公告，宣布進入緊急狀態。這種緊急狀態從該年後每年由布希和歐巴馬更新，賦予總統額外行政權，包括實施戒嚴令。[26]這不是陰謀論者虛構出來的，緊急狀態和類似的權力是經過國會法案和行政命令授權而來，這類權力從杜魯門政府以來就不斷擴大，大幅地擴權是在甘迺迪和雷根總統主政下進行的，反映出冷戰的現實情況。

緊急狀態權歷經每個政府實際演練的考驗。在一九五六年的一次操演中，艾森豪總統下令根據截至當時的操演經驗，模擬對蘇聯進行核子攻擊。

雖然授權戒嚴令的法令創制時是以核子戰爭為假想，運用時卻不局限於這種情況，而可以用在任何緊急情況，包括發生金融體系崩潰和九重冰資產凍結引發的金融暴動。

除了適用任何緊急狀況的廣泛緊急狀態權外，國會也授予總統獨裁的權力，尤其是因應金融危機。這些權力從一九一七年的與敵國貿易法案（Trading with the Enemy Act）開始持續擴張數十年，直到一九七七年的國際緊急經濟權力法案（IEEPA）。

在國際緊急經濟權力法案授權下，如果因為與外國的關係而有國家安全威脅，總統可以凍結或沒收資產和機構。在全球化市場中，每一次金融危機都會牽連外國。如果未加制止，體系危機勢必威脅國家安全。因此使用國際緊急經濟權力法案沒收權的門檻很低。

財政部長鮑爾森（Hank Paulson）和聯準會主席柏南克再三表示，他們在二〇〇八年恐慌期間缺少接管雷曼兄弟的權力。這不是實情。根據國際緊急經濟權力法案，他們有充分的權力，因此若不是財政部的律師沒有想到它，就是財政部選擇不動用它。

運用這類緊急經濟權和戒嚴令是比凍結帳戶的九重冰計畫更強制的做法。九重冰的目的是爭取恢復秩序的時間，以便菁英擬定分配損失、和以IMF的特別提款權（special drawing rights, SDR）清算體系的計畫。如果事情失控的速度比菁英預期的快，可能需要更激進的措施。這類措施可能牽涉沒收財產。緊急狀態和國際緊急經濟權力法案讓國家可以直接行使沒收權。如果遭遇抗拒，戒嚴法在軍事化的地方警力、國民警衛隊和正規軍做為後盾下，將可執行總統的行政命令。

在一九九八年和二〇〇八年這類可控制的金融危機中，沒有使用緊急措施。但我們現在面對的危機不同於這種。下一場金融危機的規模將以幾何級數性擴大，若沒有非比尋常的措施將不可能控制。

當下一場危機開始、並且惡化時，此處描述的措施將相繼推出。第一個採用的是凍結資產和關閉交易所，然後是有武裝人員支援的沒收。問題出現了——一般公民會支持嗎？

這個問題自一九三三年小羅斯福總統沒收公民的金塊後就未曾出現。在大蕭條的最低潮和全國性銀行擠兌下，美國人接受沒收黃金做為恢復秩序所必須付出的代價。美國人對新選出的小羅斯福總統極有信心，並對於讓國家擺脫災難抱有一種使命感。

此後，未再發生像沒收黃金這麼戲劇化的事件。市場崩盤來來去去，虧損的投資人不計其數。不過，未曾下過大規模的沒收命令。美國對危機的反應向來是降低利率、印鈔票和清算體系。在必要時，特定的機構會遭到關閉，但沒有大規模凍結。九重冰方法對幾乎所有美國人將是頭一遭碰上。

國外的例子並沒有這麼樂觀，而是更為血腥。在一九九七至一九九八年的亞洲金融危機中，印尼和南韓的暴動造成許多人死亡，街頭濺血。從二〇〇八年的金融危機以來，希臘、西班牙和賽普勒斯都發生激烈的抗議示威，導致少數人死亡。

調查顯示，美國人對政府、銀行和媒體的信任度跌到歷來最低點。美國的政治兩極化已擴大到極端的程度，所得不平等達到一九二九年以來未曾見過的水準。對總統領導的團結感已經消失。在下一次危機採取沒收措施時，公眾的反應將較不可能是被動接受，而較可能是抗拒。

菁英們對這種情況也已做好準備。

維吉尼亞州韋瑟山（Mount Weather）和賓夕法尼亞州烏鴉岩山（Raven Rock Mountain）是兩個大多數美國人沒有聽說過的政府機構所在地，萬一發生全球戰爭、災難或大範圍的金融暴動，美國民間和軍方的領導階層將使用這個地點，依照緊急程序來維持政府運作。

韋瑟山座落在維吉尼亞州勞登郡（Loudoun County）下州高速公路、靠近藍脊山（Blue Ridge Mountains）區域。韋瑟山由國土安全部管理，是聯邦緊急事務管理署（FEMA）國家廣播系統的大本營，它在政府官員間以代號「高點特別設施」（High Point Special Facility）聞名。

韋瑟山包含一系列稱作B區（Area B）的地下碉堡，以區隔A區（Area A）的地上設施。在攻擊紐約和華盛頓的九一一事件後，國會的領導人搭直升機從國會山（Capitol Hill）遷移到韋瑟山的B區。

烏鴉岩山位於賓州亞當斯郡，距馬里蘭州界和總統度假地大衛營（Camp David）不遠。如果發生核子攻擊或其他干擾五角大廈正常運作的災難事件，烏鴉岩將是主要軍事作業中心。首要的指揮設施代號為R場（Site R），匿稱「岩石」（the Rock）。

烏鴉岩是韋瑟山的軍事版，萬一出現秩序崩潰的情況，民間領袖將疏散到韋瑟山，軍事領導階層則疏散到烏鴉岩。兩處設施相隔約三十哩，有緊密的通訊網路相連，它們將一起取代華盛頓特區，扮演政府權力的中心。

國土安全部進行機密級演習，以操練如何使用韋瑟山。二〇一六年五月十六日是最近進行的演習，稱作「鷹界二〇一六」（Eagle Horizon 2016）。過去數次鷹界演習包括髒彈（dirty bomb）、網路攻擊，和其他形式的恐怖攻擊。鷹界演習的具體假想情況屬於機密級資料，但可能包括一次全球銀行崩潰，導致世界各地的金融暴動。

韋瑟山和烏鴉岩山都根據一套高度機密的計畫運作，稱之為操作連續計畫（Continuity of Operation Plan）。這個機密計畫用以確保美國政府在遭受攻擊、金融崩潰或天災時，可以持續運作。小布希總統在九一一攻擊期間曾啟動操作連續計畫，然而當時社會大眾並不知道。

緊急應變設施和緊急權力的設計，是為了抵抗任何軍事、天災或金融的震撼。美國政府已為大災難做好準備，但美國人民還沒有。

一個遠比以往更嚴重的全球金融危機即將爆發，理由將如本書所解釋。類似一九九八年和二〇〇八年規模的流動性挹注將不夠，因為央行資產負債表已大幅膨脹。反應的時間將很短。九重冰式的帳戶凍結將被用來爭取時間，以便全球菁英召開國際貨幣會議。他們將嘗試使用IMF發行的特別提款權（SDR）來解救整個體系。

SDR可能奏效，但較可能的結果是，社會大眾將看穿以更多紙貨幣來解決紙貨幣危機的騙局。投資人將對九重冰愈來愈失去耐性。他們要拿回自己的錢，金融暴動將無法避免。

主權國家不會坐視不管，對金融暴動的因應將是沒收和暴力。掌管大權的菁英將安全地躲在挖空的山區指揮中心，民間菁英將避到遊艇、直升機，和有大門保護、且已改造成武裝堡壘的社區。

街頭濺血將不只是譬喻的說法，而是會實際發生。新法西斯主義將崛起，下令對脫序採取行動，不惜以自由為代價。

艾略特（T. S. Eliot）在一九二二年寫的詩《荒原》（*The Waste Land*）看到了現代的意象：

那一群蒙面人是誰
湧過莽莽的平原，跌進乾裂的土地
四周只是平坦的地平線

那山中是什麼城
破裂，重修，又在紫紅的空中崩毀
倒下的樓閣
耶路撒冷、雅典、亞歷山大、
維也納、倫敦
不真實的[27]

金融暴動看似不真實，但它們真的會發生。

| 第二章 |

一種貨幣、一個世界、一套秩序

拜危機所賜，過去五年來已出現重大的進步。
我個人希望，將不需要另一次危機來刺激更大的進步。

——拉加德（Christine Lagarde），IMF總裁／瑞士達弗斯，2015.1.22[1]

你絕不希望浪費一場嚴重的危機。

——伊曼紐爾（Rahm Emanuel），2008.11.21[2]

幽靈黨（Spectre）是作家佛萊明（Ian Fleming）虛構的犯罪陰謀。這個名詞是「反情報、恐怖主義、報復和勒索特別行動」（Special Executive for Counterintelligence, Terrorism, Revenge and Extortion）的字首縮寫。它首先出現在佛萊明一九六一年的小說《霹靂彈》（*Thunderball*），是間諜英雄、英國軍情六處（MI 6）〇〇七號情報員、有殺人執照的龐德（James Bond）的死對頭。[3]

雖然幽靈黨是犯罪組織，它的組織方式卻類似現代非政府組織（NGO）或IMF，是一個總部設在巴黎的跨國組織。幽靈有二十名來自世界各國代表組成的執行董事會（IMF的董事會有二十四名成員）；它不與任何一個國家或意識形態結盟。在《霹靂彈》中，幽靈黨的辦公室設在一個救助難民的門面組織。

最晚近的幽靈黨虛構故事，出現在二〇一五年由克雷格（Daniel Craig）飾演〇〇七的同名電影，在這部電影中，幽靈黨執行董事會圍坐在羅馬一間有著高挑天花板的會議室裡開會，董事會成員來自多樣的種族和文化，包括擔任重要領導角色的女性。董事會的議程包括主管報告不同業務單位的績效和獲利。在這些報告中，犯罪組織和合法企業的界線，似乎模糊到無法辨識。

思考現今全球金融菁英的操作時，幽靈黨的印象不由自主地躍入腦海中。它由上而下的存在論很適合陰謀論者。有時候人生好像模仿畢德堡集團（Bilderberg Group）菁英年度會議的藝術，它們都是在最好的地方召開祕密會議。但如果畢德堡集團真的存在，卻沒有跡象顯示有一個壓抑人性的中央委員會。此外，透過金融控制世界不需要由上而下的程序。真正的程序較為隱晦。

菁英在影響力圈裡運作，包括金融、媒體、科技、軍事，以及政治。每個圈圈的常客有各自最喜歡聚集的時間和地方。媒體菁英每年七月在愛達荷州的亞倫公司陽光谷會議（Allen & Company Sun Valley conference）聚集。央行官員八月在懷俄明州傑克森洞（Jackson Hole）開會，由堪薩斯市聯邦準備銀行當東道主。軍事和情報菁英在二月初的慕尼黑安全會議（Munich Security Conference）集合。思想界領袖和公眾知識分子，可以在瑞士達弗斯的世界經濟論壇（WEF）、比佛利山莊的密爾肯研究院全球會議（Milken Institute Global Conference），以及溫哥華的科技娛樂設計會議（TED conference）中對話。

這些超級菁英會議不是普通的產業會議，它們是只有邀請函才能出席、或符合申請和贊助條件的權力菁英才准參與。這類會議通常聚集國家元首、內閣官員、執行長和億萬富豪，一般民眾別想參加。

最排外、也最引起陰謀論揣測的集會是畢德堡會議，從一九五四年以來每年在不同的地點舉行。畢德堡有一個約四十名成員固定參加的核心集團，還有更大一群約一百名受邀參加者，每年人選不同，視主題的需要或政治權勢而定。核心集團大多數是金融和工業菁英；較大的集團多半是政策制訂者和公眾知識分子。

幾年前我私下在洛克斐勒中心向畢德堡集團的領袖簡報，他很客氣且對我關於歐元的看法極感興趣。當許多經濟學家高呼歐元即將瓦解時，我向在座者保證歐元會安然無恙。在我們談話結束時，他親切地送我一份禮物——一只瑞士花瓶，有著深藍半透明漩渦的設計，至今我還放在我的辦公室。他頭上並沒有長角。

在這些類似的會議中，意識形態的歧異會被擱在一旁。二〇一六年七月的陽光谷會議包括福斯（Fox）業主梅鐸（Rupert Murdoch）和MSNBC業主羅伯茲（Brian Roberts）。梅鐸和羅伯茲共有的菁英意識形態力量，勝過供大眾消費的政治咆哮比賽節目，後者只是娛樂，陽光谷牽涉的可是權力。

這些會議的重要菁英活動不發生在預定好的小組會談，而是在私下的晚宴，以及在主會場四周的平房裡穿著華服啜飲美酒時。在我出席密爾肯研究院全球會議時，最有意義的談話發生在距離主會場一個街區的半島酒店酒吧，而不是在講台上。

菁英圈飄浮且重疊，像互動、三維的文氏圖（Venn diagram）。交疊的部分浮現、融合，然後消失。在不重疊的地方，菁英會輸送權力到彼此的圈圈裡。陶德（Chris Dodd）是個好例子；身為五任的美國參議員，也是陶德－法蘭克法案的支持者，他是政治和金融圈的支柱。身為美國電影協會（MPAA）主席，他也是媒體圈的重要人物。當媒體菁英和政治菁英想要連結時，陶德就是管道。

各別的圈子、交集以及指定的管道，就是全球權力菁英統治的方法。這個模式的解釋權，比一些想像的緊密交織、由上而下的統治世界委員會還大。這樣的委員會如果存在，將很容易辨識、監視和曝光。比較之下，一個浮動圈的模式沒有固定的形狀，很難辨認。如果個別成員因為醜聞或運氣不佳而信譽掃地，他很快會被犧牲掉（可能日後再恢復名譽），而體系得以存活。媒體沒有興趣說明這個體系；記者無法想像它，而媒體執行長則是其中的一分子。

另一個陰謀販子偏愛的流行想法是：全球菁英是心懷惡意的。比菁英做壞事更嚴重的問題是：他們相信自己是在做善事。這個信念阻斷了菁英的自我反省。

雖然全球菁英沒有固定形狀，卻有個人，例如索羅斯（George Soros），可以通行無阻於金融和政治圈，扮演菁英計畫的超級航空母艦。雖然索羅斯不是權力菁英的非正式主席（沒有人是老大），他可以通達各處的菁英，而且他耐心地擁抱波普（Karl Popper）的點滴社會工程（piecemeal social engineering），使他變成菁英中的模範。[4] 其他菁英超級航空母艦模範包括拉加德、彭博（Michael Bloomberg）和巴菲特（Warren Buffett）。總統和總理並非不重要，但他們來來去去。菁英超級航母可以保持數十年的影響力。

菁英的目標是什麼？這個目標歷經許多世紀未曾改變，被凱撒和拿破崙所追求，在二十世紀則由洛克斐勒、羅斯福和布希等王朝接棒。這個目標在現今由取了無害名稱的機構發揚光大，例如聯合國和ＩＭＦ。這個目標很簡單：世界貨幣、世界稅和世界秩序。

世界貨幣

世界貨幣不是一個新概念，它存在於整個人類歷史。世界貨幣是黃金。菁英的目標是儲藏黃金，並以特別提款權取代之，做為世界貿易和金融的貨幣。

其他形式的貨幣，包括貝殼、羽毛和紙幣，已經在某些時期和地方被使用，獲得部落的同意或法律的保障。任何媒介都可能根據對它在未來交易的價值有信心而被當作貨幣，但黃金是唯一在所有時期和地方都被接受的好貨幣，因此是真正的世界貨幣。

在文藝復興時期以前，世界貨幣以非金屬硬幣或條塊的形式存在。羅馬皇帝和國王儲藏黃金，分發給他們的軍隊、為黃金而打仗，從別國強奪黃金。土地是自古以來另一種形式的財富，不過土地不是貨幣，因為不像黃金，它無法輕易交易，且沒有一致的等級。一個世紀前，摩根在他意謂深遠的話中總結這個古老的問題：「黃金是貨幣，其他都不是。」

在十四世紀，佛羅倫斯銀行家（銀行家稱為banker，因為他們工作時坐在佛羅倫斯和其他城邦市場的板凳上）接受黃金存款，並給存款者票據，承諾在需要時還給黃金。這種票據變成比實體黃金更便利的交易形式，可以長途運輸，並在倫敦或巴黎的佛羅倫斯家族銀行分行兌換成黃金。銀行票據並非未擔保的負債，而是黃金的倉庫收據。

文藝復興時代的銀行家發現，他們可以把保管的黃金拿來做別的用途，包括放款給王公諸侯。這導致發行的票據多於保管的實體黃金。銀行家憑恃的是票據不會同時被贖回，以及他們可以及時從王公諸侯和其他交易者收回黃金，以便應付贖回。於是「部分準備金銀行制」（fractional reserve banking）應運而生，在這種制度中，保管的實體黃金只占票據承諾的一部分。無盡的傷害由此造成。

儘管銀行業、票據和部分準備金制誕生，實體黃金仍然保有其做為世界貨幣的核心角色。王公諸侯和商人的荷包仍裝著金幣，地窖仍庫藏黃金。金塊和紙票據攜手並進。

白銀扮演類似的角色，在西班牙被稱為八里亞爾（eight-real）的硬幣西班牙銀元（Spanish dollar）即為一個成功的例子。西班牙銀元含〇・八八五盎司純銀，它是二十二K的銀幣，總重〇・九六盎司，添加了合金以增加其硬度。西班牙帝國鑄造這枚八里亞爾銀幣以便與神聖羅馬帝國的約阿希姆塔勒銀幣（Joachimsthalers）競爭，後者是在德國約阿希姆河谷鑄造。約阿希姆塔勒這個字後來被縮短成「塔勒」（taler），與英文裡的「元」（dollar）同源。

西班牙的八里亞爾和德國的塔勒，都是美國銀元的前身。西班牙銀元在一八五七年以前一直是美國的合法貨幣。一直到一九九七年，紐約證交所交易股票的單位仍以八分之一美元為單位，這是從原始銀幣以八分之一元為計價單位留下的傳統。

類似的銀幣在荷蘭勃艮第（Burgundy）也被採用（稱為「獅元」，leeuwendaalder，或 lion dollar），在十七世紀的墨西哥也是。西班牙銀元在世界貿易普遍被使用。直到十九世紀，白銀在中國幾乎是唯一被接受用來交換中國產品的商品。中國在西班牙銀元上打自己的戳記，當作在中國流通的貨幣。如果黃金是第一種世界通用的錢，那麼白銀就是第一種世界貨幣。

白銀做為一種貨幣標準大受歡迎是基於供給與需求。黃金永遠很稀少，白銀則較容易取得。查理曼大帝（Charlemagne）在第九世紀發明量化寬鬆（quantitative easing），用白銀取代黃金鑄造貨幣，以增加他帝國裡的貨幣供給。西班牙在十六世紀也如法泡製。

白銀有黃金的大部分吸引力。白銀具有統一的等級、延展性、相對稀少，而且賞心悅目。美國在一九三三年把持有黃金規定為違法後，銀幣仍可自由流通。美國鑄造九〇%的銀幣直到一九六四年。銀幣貶值從一九六五年開始，視特定銀幣而定——一角、二角五分或五角——含銀比率從九〇%逐漸降至四〇%，最後到一九七〇年代初為零。此後美國流通的硬幣只含銅和鎳。

從古代直到二十世紀中葉，即使是小康之家的大眾也有一些金幣或銀幣。現今已不再有流通的金幣或銀幣；現在金銀幣都以金銀塊形式存在，不拿出來使用。

黃金和白銀消失並不表示失去世界貨幣的地位，只是世界貨幣的形式已經改變。與黃金和白銀重要性降低同時發生的是，紙幣或法定貨幣（fiat currency，法幣）興起。

法幣批評者指出，一九七一年八月十五日是黃金不再是貨幣的日子。那一天尼克森總統暫時停止外國把持有的美元兌換成實體黃金。暫停命令本身不具有決定性，因為法國等國家希望以新平價恢復金本位。美國技術上仍採用金本位，在一九七一年十二月十八日，把美元從三十五美元兌一盎司黃金，貶值為三十八美元兌一盎司黃金。到一九七三年三月十九日，大多數主要貿易國改採浮動匯率制。一九七四年六月，IMF正式把黃金去貨幣化，並採用一套以特別提款權（SDR）為基礎的貨幣體系。（創立於一九六九年的ＳＤＲ原本與黃金掛鉤。到了一九七三年，ＳＤＲ變成只是另一種法定貨幣。）一九七六年，美國國會修改法令，把美元的定義除去所有提及黃金或白銀的部分。

但是，黃金做為貨幣的地位沒落比官方的記述更複雜和有趣。尼克森和ＩＭＦ是葬儀社，在黃金的墳上撒了最後一把土。在一九一四年七月二十八日，古典金本位制因為奧匈帝國對塞爾維亞下最後通牒、導致第一次世界大戰爆發而告終。從一九一四年到一九七四年的六十年期間，應可視為黃金的遺體化粧以準備下葬的過程。這段期間為菁英創造新形式的世界貨幣鋪路。

奧匈帝國發出最後通牒後，情勢很快失去控制。動員、侵略和宣戰接踵而至，到一九一四年八月四日，英國、法國和俄國（一九〇七年三國協約的成員）已和稱為中央同盟的德國、奧匈和奧圖曼帝國交戰。美國採取中立。

一九一四年的交戰國知道黃金是勝利的決定因素，它們立即停止票據兌換黃金。在戰爭期間，各國經濟藉由不能兌換黃金的紙幣運作，形同向大眾強迫借貸。密而不宣的默契是，會在戰爭勝利後恢復黃金的可兌換性。各國搶黃金的熱潮隨即爆發，市民被鼓勵把擁有的黃金用來交換戰時公債。這些措施不但未遭抗拒，反而廣被接受。

一九一四年暫停兌換黃金有兩個重要的例外——美國和英國——各為截然不同的理由。

一九一四年七月，倫敦無庸置疑的是世界金融中心。倫敦匯票是一種由英國大銀行擔保的英鎊工具，是貨幣市場的核心。英鎊匯票是世界貿易的潤滑劑。戰爭爆發後，金融恐慌繼之而起，債務被迫延期償付。

法國政府在倫敦出售證券以換取英鎊，並要求兌換成黃金和運送到巴黎。為了取得黃金，英國銀行在紐約出售證券，同樣的要求把美元收入兌換成黃金。賣壓導致歐洲和紐約的所有主要股票交易所全部關門，但對黃金的需求並未止息。

英國財政部官員和英格蘭銀行（央行）起先傾向暫停黃金兌換。當時財政部顧問凱因斯力勸英國應繼續支持黃金，他知道健全的貨幣是軍事勝利的關鍵。[5] 倫敦提供戰爭融資的能力取決於紐約對英國信用的信心。

凱因斯的見解證明是先見之明。一九一五年十月，皮爾龐特．摩根（Pierpont Morgan）之子傑克為英國和法國籌募一筆五億美元的聯合貸款，相當於現今的一百一十七億美元。摩根家族沒有為德國募集一毛錢。

美國銀行使出混身解數應付黃金的需求，德國在大西洋的 U-Boat 潛艇展開攻擊，讓運送黃金到倫敦更加困難。保險幾乎不可能買到，且潛艇攻擊也阻止農產品出口到英國，而那是美國賺回黃金的方法。在迫不得已下，英格蘭銀行在加拿大渥太華開了一家保管分行。黃金被從紐約藉由火車運送到渥太華，避免被德國潛艇攻擊的危險。

美國財政部以一套政府支持的保險計畫進行干預，以便跨大西洋的船運得以繼續。黃金流通到十一月時已恢復正常，紐約證交所也在一九一四年十二月五日重新開張。

儘管凱因斯提出建言和摩根的籌募資金，黃金在英國繼續維持可兌換大致說來只是為了好看。英國人民被告知，私藏黃金是不愛國的行為，他們應該把黃金存在銀行。同樣的，銀行也被威脅如果儲藏黃金而不供商業流通，可能面臨沒收的處罰。

金幣被從流通抽出，並重鑄成四百盎司的金塊，此後成為倫敦標準交割單位。銀行起先被鼓勵、後來變成被要求，把黃金運到英格蘭銀行，儲存在中央保管所。

這些金塊可能是私人擁有的，但已不像之前那樣以金幣形式流通。只有富人擁有這些黃金，因為四百盎司的數量不是一般人能擁有的。

由於戰時的壓力，沒有人抱怨黃金消失。到一九一八年戰爭結束，習慣已經改變。持有銀行票據的新習慣已經生根，不只在英國而是遍及歐洲各地，在美國也愈來愈被接受。黃金仍然大部分由私人持有，而票據仍以黃金擔保。然而改變已經發生。一九一八年以後，大部分實體黃金都是存放在銀行的金塊形式，看不到也不引人注意。

黃金保管中央化在一九三三年四月五日達到新高點，小羅斯福總統下第六一〇二號行政命令，要求美國公民把私人黃金交給財政代理人，否則可能面臨起訴。

必須遵守小羅斯福沒收黃金命令的不只是公民。由羅斯福總統於一九三四年一月三十日簽署立法黃金準備法案（Gold Reserve Act），要求所有美國的貨幣黃金，包括聯邦準備銀行持有的黃金，必須轉移給財政部。

位於從波士頓到舊金山的十二家私人擁有的地區聯邦準備銀行，持有最早從一九一三年該體系建立時就由銀行業主們貢獻的黃金。一九三四年的黃金準備法案命令把聯準體系的黃金轉移給財政部，以交換此後便留在聯準會帳冊上的黃金憑證。

到一九三六年，美國財政部持有的黃金已超過既有設施所能安全儲存的數量。肯塔基州諾克斯堡（Fort Knox）的美國金庫（U.S. Bullion Depository）於一九三七年啟用，做為儲存從一九三三年到一九三四年所沒收黃金的安全設施。當時興建的其他金庫還有美國鑄幣廠（U.S. Mints）和西點（West Point）的軍事堡壘。過去分散在全美國數百萬個保險箱和口袋裡的黃金，現在存放在美國陸軍保護的少數幾個金庫。

在一九一四年到一九三四年間的幾個階段，美國的黃金從私人手中流到銀行手中、到中央銀行，再到財政部。這個過程類似於英國和其他已開發經濟體發生的情況。政府讓黃金消失了。

一九三九年第二次世界大戰爆發，僅存的黃金兌換再度暫告停止，國家之間的黃金運送大多數也停止。

二次大戰期間唯一正式的大型黃金交易商是瑞士巴塞爾的國際清算銀行（BIS）。ＢＩＳ在扮演納粹黃金經紀商上生意興隆，包括取自猶太人和其他大屠殺（Holocaust）受害者的黃金。出售納粹黃金所得被用來資助納粹進行戰爭，殺害美國人及其盟軍。ＢＩＳ在戰爭期間由美國人麥屈奇克（Thomas McKittrick）經營。現今ＢＩＳ仍是主權國家和主要銀行間黃金交易的最重要經紀商。

到二次大戰結束，黃金已停止以貨幣流通。一九四四年七月的布列敦森林協議重新引進一套金本位，至少實施於國家間，但未實施於民眾間。四十四個參與國的貨幣價值都以一套固定匯率與美元掛鉤；美元則以三十五美元兌換一盎司與黃金掛鉤。黃金仍然是世界貨幣，但它並未流通，不像美元。

在接下來數十年，美國的貿易夥伴賣各式各樣的東西給富裕的戰後美國人，從電晶體收音機、福斯金龜車（Volkswagen Beetles）到法國酒應有盡有，以賺進美元。在大多數情況下，黃金並不運送出美國，而留在紐約曼哈頓下城自由街紐約聯邦準備銀行的金庫。法律上的所有權則視情況而可能由美國改變成日本，但黃金仍留在美國不動。唯一例外是法國；法國要求把實體黃金運送到巴黎保管。

到一九六八年，布列敦森林體系已逐漸解體。類似銀行擠兌的情況發生，但此處的銀行是指諾克斯堡的金庫。瑞士和西班牙加入法國，要求提領它們的黃金。尼克森關閉黃金窗口以阻止擠兌，留住僅剩的美國黃金準備。

一九七一年到一九七四年是一段混沌期，主要經濟強權都不確定是否要以新平價恢復金本位，或實施排除黃金的固定匯率或浮動匯率。

布列敦森林協議瓦解恰好與芝加哥大學經濟學家傅利曼的影響力同時達到最高點。傅利曼與施瓦茨（Anna Jacobson Schwartz）在共同著作的《美國貨幣史一八六七－一九六〇年》中，以不朽的研究為他建立了學術地位，他提供一種根據貨幣量化理論（該理論稍早由費雪

〔Irving Fisher〕和其他人提出）擬訂的貨幣政策。傅利曼的假說是，大蕭條是因為一九二九年股市崩盤前後，聯準會貨幣政策過度緊縮造成的。[6]

傅利曼的解決方法是有彈性的貨幣。他的意思是，央行要有能力在必要時創造貨幣，以抵銷衰退和產品與服務需求暫時減少的效應。彈性貨幣意謂放棄黃金和固定匯率，因為兩種體系都限制央行擴張貨幣供給的能力。傅利曼的觀點，在二〇〇八年全球金融危機及後續的影響中，對柏南克和葉倫的政策反應很有影響力。

傅利曼的學術研究和貨幣理論令人印象深刻。他在一九七六年贏得諾貝爾經濟學獎。但傅利曼的假說卻有嚴重的瑕疵，根據他的研究提出的政策建議證明有缺失。傅利曼相信效率市場和理性預期，這兩個假說已被數據和行為科學的進步所推翻。特別是傅利曼和在他之前的費雪，認為貨幣的速率（或周轉率）是常數。傅利曼未能看出速率起伏不定是因為市場行為者的順應行為產生遞歸作用。如果沒有穩定的速率，貨幣的量化理論就是無用的政策工具，雖然理論對許多國家進行思考實驗和測試結果有其用途。

為這個盲點而怪罪傅利曼當然有失公平。在傅利曼職涯過程（一九五〇－一九九〇年）的主要期間，已知速度都保持穩定。一直到一九九八年的全球金融危機時，速度才開始不穩定，而且這種情況因為二〇〇八年的危機而變本加厲。然而速率在一九三〇年代初也曾大幅下降，且傅利曼一定知道。傅利曼太過狹隘，並且最後錯誤地把一九三〇年代的速率大幅下降，歸咎為黃金和固定匯率，根據傅利曼的說法，因為這兩個因素限制了聯準會採取貨幣寬鬆刺激的能力。

在傅利曼的美麗新貨幣世界中，消滅黃金和固定匯率使開明的央行官員得以審慎地校準貨幣供給，以瞄準最大的實質成長與低通貨膨脹的組合。一九七一年，尼克森說：「現在我在經濟學上是凱因斯學派。」這句話是更廣為人知的傅利曼名句的變形：「現在我們都是凱因斯學派了。」尼克森大可這麼說：「現在我們都是傅利曼學派了。」

凱因斯對財政政策的影響，和傅利曼對貨幣政策的影響，變成經濟學上傲慢的來源。沒有任何已開發國家的總體經濟問題不能利用支出和印鈔票的方法來解決。在現今，凱因斯和傅利曼攜手合作，製造出一種稱作「直升機灑錢」（helicopter money）的混種理論。

傅利曼的觀點對ＩＭＦ的黃金去貨幣化有決定性的影響，對主要經濟體片面放棄固定匯率也是如此。到一九七四年，金本位制的最後遺跡早已消失。浮動匯率成了新常態，貨幣不再以黃金為基準；貨幣甚至不再以其他貨幣為基準。貨幣不再有基準；在經濟學家眼中，它不需要任何基準。

一九七四年後，貨幣的定義就由央行來決定。一套準美元本位制於一九八〇年到二〇一〇年崛起，由兩位聯準會主席沃克（Paul Volcker）和葛林斯班，和兩位財政部長貝克（James Baker）和魯賓（Robert Rubin）掌管。美國在一九八〇年代和一九九〇年代在雷根、老布希和柯林頓總統主政下，實施這一套強勢美元政策而得以成長強勁。在二〇一〇年，在小布希的戰爭支出和歐巴馬的赤字壓力下，美元本位制崩解成貨幣戰爭，且迄今戰火日趨白熱化。

從一九一四年到一九七四年短短六十年間，黃金從大眾的貨幣演變成銀行的貨幣、變成主權的貨幣，然後變成不再是貨幣。從世界歷史的觀點看，最後一種情況是反常的。法幣的部分基礎是傅利曼有瑕疵的假說，我們至少應該有所保留。

世界貨幣七十年的一段空白即將結束。從一九七四年來以法幣取代黃金都十分仰賴裝扮央行官員的學者、順從的貿易夥伴和信任的人民。這三個基礎現在已經瓦解。停滯的成長、資產泡沫、所得不平等、金融恐慌，以及貨幣戰爭，是少了世界貨幣可以預見的後果。全球菁英偏好秩序。

下一次崩潰將看到世界貨幣的復興。菁英的計畫是重寫國際貨幣體系的「遊戲規則」，就像一九二二年、一九四四年和一九七四年做過的那樣。被選中的工具既非美元、也不是黃金，而是特別提款權（SDR）。

ＳＤＲ是ＩＭＦ一九六九年創造的，用以補救對美元信心的滑落。當時從出口產品賺進美元的國家紛紛拋售美元、買進黃金。美國沒有足夠的黃金來以每盎司三十五美元固定價格支持世界貿易，解決方法是不管黃金短缺、重訂金價，或者放棄黃金。當時每項選擇都面對一、兩個主要經濟強權反對。於是第四個選項被擬訂出來：ＳＤＲ。目標是創造一種不是美元、不是黃金，而是混合的準備資產。ＳＤＲ可同時減輕美元過多和黃金過少的問題。ＳＤＲ是對ＩＭＦ連結固定數量黃金的集合資源的紙權證。從一開始ＳＤＲ就被稱為「紙黃金」。

到一九七三年，ＳＤＲ初始與黃金的連結被去除，現在ＳＤＲ只是由ＩＭＦ印製的另一種形式的紙幣。儘管如此，ＳＤＲ繼續存在。一些觀察家認為，ＳＤＲ是由一籃子硬通貨（hard currencies）支持。這不是實情。該一籃子貨幣純粹只被用來決定ＳＤＲ的匯兌價值，背後並沒有硬通貨支持。只要ＩＭＦ的執行董事會批准，ＩＭＦ可以任意印製ＳＤＲ。

ＳＤＲ印製的次數很少，從ＳＤＲ發明以來四十七年只發行了四次，最近一次是在二〇〇九年八月，接近二〇〇八年恐慌後全球衰退最嚴重的時候；再上一次發行是在一九八一年。截至二〇一六年九月三十日，ＳＤＲ流通餘額為二千零四十一億單位，以當時匯率計算相當於約二千八百五十億美元

ＳＤＲ有個有趣的特性是，它解決了特里芬難題（Triffin's dilemma）。這種經濟困境最早於一九六〇年由比利時經濟學家特里芬（Robert Triffin）在美國國會發表證言時提出。[7]特里芬觀察到，全球準備貨幣的發行國必須持續逆差（又稱入超），才能供應世界正常貿易所需的準備貨幣。但持續逆差的國家最後會破產。在這種背景下，破產意謂貿易夥伴對準備貨幣的穩定價值失去信心，並將拒絕持有它而尋求替代貨幣。ＳＤＲ解決這個問題，因為發行者ＩＭＦ不是國家，因而沒有逆差。ＳＤＲ的發行數量沒有信心的界限。ＩＭＦ沒有貿易夥伴來拒絕其貨幣。ＩＭＦ包含所有貿易夥伴。

ＳＤＲ不是在實施正常貨幣政策下發行的，它們的發行不是為了紓困個別企業，甚至國家。ＳＤＲ的存在主要是在流動性危機或其他形式的信心崩潰時，可以憑空創造出流動性。ＳＤＲ是用來撲滅金融大火的世界貨幣消防隊。

SDR是九重冰的絕佳搭檔，在即將來臨的崩潰中，金融體系會先被凍結，因為央行無法像過去那樣恢復體系的流動性。G20會召開緊急會議，就像二〇〇八年十一月時的做法，並將指示IMF以SDR來讓體系恢復流動性。如果成功，銀行和經紀商將逐漸重新開張，顧客將被允許提領現金。現金和證券的交易將仍舊以美元、歐元和日圓計值。在成功的幕後，世界將是一個不同的地方。是SDR而不是美元，將成為世界貿易和金融的參考點，或是計價單位。

美元將只是一種國家貨幣，與墨西哥披索沒有兩樣。所有國家貨幣的價值將以G20控制的SDR為衡量標準。指令將集體來自中國、美國、德國、俄羅斯和少數幾個國家。這將是很少人能了解的無縫轉變。遲早會出現一個活絡的SDR債券市場，以吸收全球的準備。

這個轉變已經進行數十年。SDR在一九七〇至七二年、一九七九至八一年和二〇〇九年的發行，示範了索羅斯和他家族倡議的緩慢而穩定的社會工程。在二〇〇九年三月二十五日，美國財政部長蓋納（Tim Geithner）說，他不反對擴大SDR的使用。「事實上我們對這方面很開放。」蓋納對記者詢問增加SDR的發行時做此表示。[8] 這種反應並不被認為激進：只是邁向美元之死的緩慢路途的又一小步。

在邁向世界貨幣這條路上的另一步是：二〇一五年十一月IMF執行董事會決定把人民幣納入SDR一籃子參考貨幣中。其他貨幣是美元、歐元、日圓和英鎊。這個決定純粹是政治性的。人民幣並不符合真正準備貨幣的標準，且至少十年內無法達到標準。準備貨幣需要深廣且流動的主權債券市場，並且有避險工具、附買回金融、交割和結算設施，以及良好的法治。中國都不具備這些條件。沒有債券市場基礎設施，準備貨幣持有者無法投資。

儘管如此，ＩＭＦ把人民幣納入的政治象徵意義很重大。它的效應是正式賦予中國在國際貨幣體系完全會員國的身分。在ＩＭＦ決定把人民幣納入ＳＤＲ幾週後，美國眾議院議長瑞恩（Paul Ryan）在預算法案中插入一個條款，提高中國在ＩＭＦ的投票權。這進一步強化了中國在管理世界貨幣體系國家專屬俱樂部的會員國地位。

這些升高中國地位的勝利正值中國從二〇〇六年以來瘋狂收購黃金，而中國收購黃金則被認為像是邀請中國加入這個專屬俱樂部所支付的邀請費。美國和其他主要經濟強權的官員公開貶抑黃金，但這些強權卻為了確保紙貨幣死亡之日信心不致瓦解而儲藏黃金。美國擁有逾八千公噸黃金，歐元區有超過一萬公噸，而ＩＭＦ有近三千公噸。中國因為祕密收購四千公噸黃金，且還會買更多，所以能與其他持有黃金和ＳＤＲ的大國平起平坐。

ＳＤＲ崛起成為世界貨幣有一個奇特的面向，就是個人不能擁有任何ＳＤＲ。ＳＤＲ由ＩＭＦ發行給會員國。ＩＭＦ也有權發行ＳＤＲ給跨國組織，包括聯合國和世界銀行。反過來聯合國和世界銀行可以把ＳＤＲ花在氣候變遷基礎建設和人口控制上。ＳＤＲ接受國可以用ＳＤＲ來支付任何國家，或視需要拿它們來交換其他硬通貨。個人不能擁有ＳＤＲ，而且還不准。

假以時日，一個交易ＳＤＲ的私人市場將形成。大企業如奇異（GE）、ＩＢＭ和福斯

（Volkswagen），將發行SDR計價的債券。大銀行如高盛，將為SDR債券造市，並發售SDR衍生性金融商品合約供避險。SDR銀行存款擴張的方式將和一九六〇年代歐洲美元（eurodollar）存款一樣。幾乎難以察覺的是，美元將變成只是一種國家貨幣。重要的交易將以SDR計價。世界貨幣將悄悄到來。

避險基金和高科技億萬富豪將發現，他們只是美元的億萬富豪。美元兌SDR的匯率將貶值，控制貶值幅度的將是一小撮國家，且不受這些億萬富豪和他們的銀行家影響。世界貨幣意謂美元的價值將由G20和IMF決定。只有黃金不受控制。

世界稅制

在職涯初期有十年之久的時間，我擔任花旗銀行的國際稅務顧問，花旗當時是世界最有影響力的私人銀行。花旗銀行有分行的國家數超過美國外交部門有設大使館的國家數。這家銀行在傳奇執行長李世同（Walter Wriston）領導下，是一個比國務院還大的平台。

在一九八〇年代初，我和同僚準備了一份美國所得稅申報表，顯示當時零負債的花旗銀行十分賺錢。李世同反對，他說美國最大的銀行不繳稅給政府是不恰當的。他指示我們要繳一小筆稅。「不須繳很多，只要二%或三%。如果我們不繳稅會很難看。」

我們精通不繳稅的藝術，但繳一點稅卻是個挑戰。我們有許多方法可用，例如，利用外國稅額抵減（tax credit）、投資稅抵減，或利用我們合法擁有和出租給波音七四七飛機與阿拉斯加油管的折舊。

我們也利用免稅市政債券和任意貸款損失準備，來調低稅負額。花旗在三九九公園大道企業總部的三樓，角落有一棵裝飾用的塑膠棕櫚樹；它代表我們免稅的巴哈馬拿索（Nassau）花旗銀行記帳中心就在鄰近的櫃檯運作。開曼群島（Cayman Islands）和荷屬安地列斯群島（Netherlands Antilles）也很方便利用。

我們的挑戰是，花旗銀行的稅務申報是一架精密調校的機器。一旦你移動一根連桿，另一根連桿可能自動啟動，因為信用、抵免和國內稅收法的選擇間有複雜的交互作用。我們花了一整年調整這部機器；現在我們必須拆解一個小零件而不毀掉整個努力。我們有繳稅的時間和人才，但我們也從中學到東西。對規模龐大、複雜的公司來說，繳稅不是必要的，而是可任由選擇的。

對高度負債的已開發國家，償付債務不是可任由選擇的。主權債務必須如期償付，否則全球經濟將陷入混亂。稅是已開發經濟體維持可償債表相的主要方法。只要表相得以維持，各國可以用新債來償付到期的債務。

一個國家需要稅收和一家公司有能力不繳稅，這兩者的不一致已導致主權國家和大企業之間的暗鬥。主權國家到最後總會贏，因為國家有決定性的工具，包括暴力。儘管如此，企業有能力透過遊說讓國家腐化，足以在短期內抵擋國家的力量。

在高稅負的已開發國家和低稅負天堂國家的分權體系下，全球性的大企業可以輕易找到避稅的方法。標準的技巧包括轉移專利和軟體等智慧財產到避稅天堂。一旦轉移到那裡，智慧財產所賺的權利金就可不必在新登記國繳稅。

另一個技巧是移轉定價（tranfer pricing，又稱轉讓定價），即在高稅負國家的大企業支付誇大的成本給在低稅負國家的關係企業。這種技巧可以把所得轉移到低稅負國家，並在高稅負國家創造課稅減免。其他更複雜的技巧包括在高稅負國家設立淨額中心（netting centers），全球採購和銷售都在該處入帳。這些活動的獲利和虧損計算的淨額接近零，這表示不必繳稅給地主國。總獲利在低稅負管轄地被分散到各交易對手。

跨境稅務條約對企業避稅來說是個徒勞無功的領域。企業支付的利息、股利和權利金根據支付者和接受支付者的地點而跨越邊界，國家對這類支付會課徵預扣稅，因為沒有其他方法從接受者課稅。支付者被要求要預扣稅；接收者只收到稅後的淨支付額。

大多數已開發國家已與貿易夥伴簽訂雙邊稅務條約，以降低這種預扣稅，有時降至零。這個理論是，如果接受國課稅，來源國就沒有必要預扣稅，因為稅額抵減已緩和了重複課稅的影響。但如果一百個國家各與另外一百個國家簽訂雙邊稅務協議，將是一千個大同小異的條約組成的複雜網路，而這個網路將成為稅務律師的遊戲場，他們將利用「背靠背交易」（back-to-back transaction）來讓初始的支付不預扣稅，並在最終地主國不必繳納所得稅。

節稅租賃（tax leasing）也是一種有效的工具。在決定一樁金融交易是貸款或租賃時，各國有不同的規定。設備交易可以在一國組織成貸款（以扣除利息），在另一個國家則是租賃

（以扣除折舊）。一件設備可以享受雙重的扣除。

貸款－租賃雙重扣除，結合稅務條約背靠背結構，可以在多個管轄地節稅。身為花旗銀行的稅務顧問，我見過三重扣除，一架波音七四七同時在南非、英國和澳洲注銷。不同的管轄地一直不知道發生什麼事。

其他結構被用來轉換一般的所得成為資本利得，以獲得有利的稅負待遇。債券銷售的折扣掩飾了折扣中隱藏的利息支出。稅遞延（tax deferral）和低稅率一樣有用，因為錢的實質價值在通貨膨脹中遞減。遞延繳納一項稅十年可以在實際繳納該稅時，大幅減省實質的成本。

在稅務條約中未明確規範的衍生性金融商品已被加入組合中，以便迷惑稅務當局的眼睛。遊說者受僱在主要已開發國家確保這些規定不致改變。

權衡上列所有情況——轉移財產、移轉定價、淨額、稅務條約、租賃、轉換、遞延，以及衍生性金融商品——不令人意外的是，個別國家課徵企業稅就像一個篩網，企業現金流過篩網後就是損益。國家什麼稅也課不到。

美國、德國、英國和日本的政策菁英都深知這些技巧。這些菁英和企業的顧問進入同樣的法學院，研讀同樣的金融課程。政府和企業菁英的旋轉門造成專家不斷在課稅者和避稅者間，再三變換角色。這是一種菁英遊戲。

雖然這可能是遊戲，但G20已不覺得好玩。主權債務的重擔，加上無力製造成長，已給G20一個終結全球避稅的任務。菁英的計畫是透過協調一致的行動和全球資訊共享來課稅。

一旦已開發國家稅務當局能看到交易的每一面（不限本國的），交易就無所遁形。

這個稅務執法任務獲得G20和七大工業國（G7：美國、日本、英國、法國、德國、加拿大和義大利）授權。G7是最有錢大企業的母國，且稅率在全世界最高。企業避稅損失最大的就是G7國家，因此它們有最大的動機想阻止。

G7以經濟合作發展組織（OECD）做為它們技術上的祕書處。[9] G20／G7菁英經常把任務外包給IMF，但有時候利用其他跨國組織執行特別的任務。聯合國是氣候變遷議程偏好的會議場。OECD被用來執行世界稅計畫，因為它代表較先進的經濟體，有最大的誘因來收回損失的稅收。

世界稅的計畫並不直接稱為世界稅計畫，那太明顯了。這些計畫有技術性的稱呼，以便模糊其意圖。世界貨幣被稱為「特別提款權」，因為這是很適合的止痛劑。世界稅計畫被稱為BEPS，代表基礎侵蝕和利潤轉移（Base Erosion and Profit Shifting, BEPS）。如果看到「OECD BEPS」這詞，只要想「菁英世界稅計畫」，就八九不離十了。

菁英並不刻意隱藏他們的目的；他們反而廣告，但用的是隱晦的術語，登在很少人看的隱祕網站，也很少人了解。以下就是包括歐巴馬和梅克爾的G7領袖，在二〇一六年五月二十七日談論他們的世界稅計畫：

> 穩定、一貫且協調的實施G20／OECD BEPS方案……對達成推平世界遊戲場，

> 以利所有人參與經濟活動極其重要。我們仍然承諾致力於藉由範例來領導這個程序。為了確保BEPS方案的普遍實行，我們鼓勵所有相關和有興趣的國家和管轄地，投入執行BEPS方案，並加入新的開放架構……
>
> 我們重申G20的呼籲，所有相關國家，包括所有金融中心和管轄地，實施……對抗不合作管轄地的防衛性措施……
>
> 我們期待原始提案……建議改進國際標準執行的方法，包括受益所有權資訊及其國際交易所的可得性。[10]

儘管充滿術語，意思卻很明確。G20堅持公開全球規模的完全交易，它們將利用這種資訊來依自己的方式執行課稅。拒絕合作的管轄地將面臨「防衛性措施」；這是禮貌的說法，表示要斷絕國際銀行管道和摧毀它們的經濟，除非它們乖乖配合。邀請合作、否則將鎮壓，是舊瓶新裝的黑手黨手法。

企業避稅是已開發經濟體再也負擔不起的奢侈品。全球企業持有逾七兆美元現金，其中許多隱藏在稅務天堂，這是複雜避稅手法的結果。這些現金對政府菁英來說是很誘惑人的目標，不容他們放過，即便他們的企業親信是受益人。只要對這七兆美元收取二五%的過路費，就能為G7創造一兆七千五百億美元的新收入。這些收入將被用來減輕高得嚇人的主權債務負擔。

每年一次、一次一家地稽核企業是徒勞無功的工作。稽核員不可能穿透超過幾層的企業避稅技巧。對個別的避稅天堂施壓是一場打鼴鼠的遊戲。避稅天堂管轄地的清單如此長——開曼群島、馬爾他、賽普勒斯、澳門、曼島（Isle of Man）、英屬維京群島等——如果壓力施加在一地，企業只要填幾份文件和按幾個鍵，就可以無縫地把獲利轉移到另一地。

避稅天堂將繼續抗拒改變它們的國內法律。近來避稅天堂已與反洗錢計畫合作，因為放棄這種骯髒事業的損失，比起保留住像蘋果和亞馬遜等乾淨事業獲得的利益小得多。一旦乾淨的事業因為利用合法的零稅率而受到圍剿時，避稅天堂可能頑強抵抗，與企業客戶站在同一陣線。

G7的解決方案就是世界稅制。這個方案的開始是個中央化的稅資料庫，由已開發國家共享。避稅將像玩樸克牌時把手上的牌全都攤開玩一樣。你可以玩，但絕不可能贏。

計畫中的新世界稅體系相當複雜。現今稅務當局的問題是，它們能看到在自己國內進行的交易這一面，但因為交易對手在另一個國家而看不到另一面。稅務當局可向另一管轄地提出資訊分享要求。不過，逐一調查既麻煩且緩慢，新世界稅體系的設計將可減少不透明和加快程序。世界稅是一個自動化的數位稽核員。

每個納稅人及其關係人都被指定一個獨一無二的辨別碼。每一種交易——權利金、利息、股息等——也被指定一個辨別符號。每一筆交易的交易對手因為使用獨特的編碼而都能辨識出來。

所有企業的交易都被標示這些數位辨別碼，並報給一個共用的資料庫。這就像以大海裡的大白鯊為目標的「標識然後釋放」任務。被釋放的鯊魚可能看起來嚇人，但當局永遠知道到哪裡去找牠。

世界稅資料庫將可供體系所有參與者使用，包括G20國家。資料庫將存在高性能電腦，使用複雜的運算法和預測性分析法。和鯊魚一樣，企業可以跑，但再也無處可躲藏。

一旦電腦完成辨識稅遊戲，G20將開始發動法律攻擊。移轉定價、轉移資產、租賃和稅條約結構，將受到廣泛的反避稅法挑戰。擋路的避稅天堂將發現國際銀行管道遭封閉。這種情況二〇一五年曾在貝里斯（Belize）發生。國際銀行被美國財政部強迫切斷與貝里斯銀行業的通訊。G20的這條絞繩斷絕貝里斯的金融氧氣，它的經濟隨之崩潰。很快的，貝里斯銀行就配合G20的資訊要求，金融氧氣才得以逐漸恢復。惡名昭彰的「巴拿馬文件」（Panama Papers）是另一個近日的例子，這份文件是一家提供避稅服務的法律事務所的客戶紀錄。

有效的課稅出了什麼差錯？為什麼企業和高淨值個人不該繳公平的稅？他們應該，但「公平」的稅值得討論，而且沒有一定的標準。G20從事無法永續的借款以紓困主要銀行，這種債務必須透過直接課稅或通貨膨脹（對儲蓄者的隱藏課稅）來償還。G20政府不願以公平的稅率課稅，它們將課徵任何必要的稅率以解決債務問題。從成長的觀點看，G20的目標稅率遠高於理想的稅率，部分原因是過去的大肆揮霍。企業和富人是主權國家課稅最容易的目標。

主權國家貪求無饜，一旦課稅足以確保持續的短期債務，歷史顯示，主權國家就會花更多錢在偏好的利益上。支出永遠不會削減。企業從最容易的目標變成予取予求的對象。成功的企業遭到任意掠奪，這個階段主權國家的目標是儘可能奪取最多、但不摧毀公司。

世界稅計畫是菁英稅攻擊中強而有力的新工具，即使沒有世界稅計畫，主權對納稅人的戰爭早已開始。二〇一〇年，美國通過外國帳戶稅收遵循法（FATCA），要求全球銀行業者提供美國納稅人帳戶的資訊給美國國稅局（IRS）。每家銀行必須向國稅局登記，取得全球中介機構識別號碼（GIIN）。外國銀行若未取得全球中介機構識別號碼，可能受到正式或非正式的報復，包括被美國結算銀行取消代理帳戶（correspondent account）。若未能透過代理帳戶結算美元支付，對大多數銀行形同判死刑，因此外國銀行必須遵守美國的要求。

外國帳戶稅收遵循法也允許美國財政部與整個國家簽訂協議（稱為政府間協議，簡稱IGA），而非逐一與銀行協議。政府間協議要求該國的每家銀行遵守外國帳戶稅收遵循法。政府間協議被以高壓方式執行，拒絕簽署的國家會遭到美國財政部對該國居民利息支付課徵預扣稅。外國銀行會對自己的政府施壓要求簽署政府間協議。美國已把它的納稅遵循全球化，以配合它的課稅全球化。

IMF、OECD和G20都為這些努力背書，並附合呼籲國際資訊蒐集與共享。二〇一四年十一月澳洲布里斯本G20會議的最後聯合公報，包含描述執行資料蒐集計畫的技術文件。

知名經濟學家包括諾貝爾獎得主史提格里茲和皮凱提（Thomas Piketty），已加入呼籲全球稅務的行列。特別是皮凱提提出一套學說，指出高稅率不會阻礙成長。[11] 他的論題充滿瑕疵，但吸引全球菁英的追隨。皮凱提承認，如果課稅遭遇避稅的阻礙，高稅率不會達成他的重新分配目標。為了補強他的高稅率理論，他呼籲實施全球稅務，以便真的可以課徵到他提議的稅。

全球稅的拖網不限於所得稅。其他交易稅，包括貨物稅、銷售稅和加值稅（VAT），都對主權國家有吸引力，因為它們可以向來源總量課徵，而不必經過扣除的複雜計算。加值稅可以藉由在避稅天堂下單採購而避開，因此加值稅也是G7資訊分享以攻擊移轉定價的目標。

近日與一位頗具影響力的國際稅務律師談話，她告訴我，美國財政部已「放棄」嘗試改革所得稅，原因是它的複雜度，以及透過國會推動改革的困難度。財政部和國會的稅務委員會在幕後專注於實施加值稅——在美國被形容為一種「全國性的銷售稅」。日本在二〇一四年四月提高六〇%加值稅。這些趨勢是全球努力從淨額課稅（例如所得稅）轉向對較容易計算和課徵之總額的一部分。

全球資訊共享、全球執法和對總收入的全球課稅結合起來，使已開發經濟體得以從有生產力的部門，榨取最大量的財富，以便供養不事生產的菁英。這將持續到社會體系崩潰，也就是文明達到最後的共同命運，高層菁英寄生的最後階段。

進步論者視企業為不受歡迎的自主行為者，他們應該小心自己許的願。經濟學家同意大企業未真正承擔稅負的成本。企業只是一個顧客、供應商、投資人和員工的代理人。針對企業的全球稅襲擊是一種對私人資本的攻擊。這種攻擊也不僅限於企業，企業只是最顯著的目標。G20用在公司的技巧也可用於個人。

以美國為首的G20透過IMF和OECD等代理人行動，它們正邁向接近完美的資訊蒐集和共享。當這些資料以最強大的電腦採用最先進的數據挖掘運算法處理時，結果將是政府從私人部門——企業和個人——榨取財富能力的大躍進。償付主權債務的急迫性加快了這個過程。公共支出的浪費推升稅率，形成高支出、高稅率、高課稅、更多執法，和更多債務不斷升高，達到崩潰的點。

世界稅已然成形，再也遮掩不住。很快紗幕將揭起……財富的榨取將開始。到時候將無處可以躲藏，沒有阻止這部機器的方法。

新世界秩序

新世界秩序並不是新鮮事。一千年來人類的文明發明了各種形式的世界秩序，因為秩序的相反就是混亂。秩序很少包含自由或正義。秩序主要是為了終結脫序，以及減少暴力，這是秩序達成正當性的方法。下一個世界秩序正在形成。

新鮮的是，世界秩序不再局限於一個由羅馬帝國或中國帝國所定義的「世界」。下一個十年世界秩序將涵蓋整個地球，以及所有地球上的文明。

羅馬的世界秩序包含多瑙河南方和萊茵河西方的歐洲，以及現今土耳其大部分地區、北非和地中海東部沿海各國。它的基礎是征服、公民義務、服兵役，和表面上崇拜國家允許的神祇。和任何世界秩序一樣，羅馬有一個專家官僚體系和有效率的徵稅系統。羅馬通常發現它不必摧毀遭遇的事物，如果羅馬周邊的王國和文化願意順從羅馬的秩序，就可以保持大多數地方習俗和宗教。羅馬使節提議的友誼和商務條約牽涉納貢、和平和專屬貿易權，如此就可以讓羅馬軍團不輕舉妄動。這是一種胡蘿蔔與棍子的策略：商務是胡蘿蔔，軍團是棍子。世界秩序是羅馬最大的出口產品。

羅馬帝國滅亡西歐進入黑暗時代，這段期間統一文明的是天主教教會。但教會的觸角微小且不足以建立世界秩序。第九世紀查理曼大帝建立的帝國稱為卡洛林文藝復興（Carolingian Renaissance），是一個部分成功的新世界秩序。查理曼大帝結合軍事力量與宗教，強調教育、文學和貨幣改革，以達成統一的秩序，涵蓋前羅馬帝國的西半部和歐洲北部與中部未曾被羅馬征服的領土。這個新世界秩序曾短暫地成功，但持續不到七十五年，在八一四年查理曼大帝駕崩後不久便瓦解，再度陷入脫序。

經過這個第一次文藝復興後，歐洲仍然是一塊好戰封建王國與諸侯城邦的補釘，一直到第十四世紀到十六世紀的文藝復興。神聖羅馬帝國除了從一五〇六年到一五五六年的半世紀外，大體上只維持一個表象，那半世紀就是勃艮第人、哈布斯堡（Habsburg）和神聖羅馬王權，被查理五世（Charles V）所統治。

查理五世的治理證明不比查理曼大帝更持久，這位皇帝放棄了他的王位。他的領土分裂成數個王國，除了爭奪土地、頭銜和財富的戰役外，現在又增添了天主教貴族和新教信徒水火不容的宗教分歧。

十六世紀的宗教戰爭在十七世紀初的三十年戰爭達到高潮。從一六一八年到一六四八年，歐洲捲入古代以來首見的全面戰爭。平民陷於饑荒和殺戮，城市被以異教徒以來未曾見過的方式摧毀。結束這個荒蕪年代的是西發利亞和約（Peace of Westphalia），從此，後我們見到的現代國家主權和外交的體制。

在西發利亞和約體制下，國家存在於被承認的邊界裡。每個國家的主權得到彼此的承認並且認同不干涉的原則，容忍國家間的宗教歧異。永久的國家利益或國家理由（raison d'etat）是國際關係的組織原則。戰爭並未絕跡，但因外交和權力平衡（balance of power）而減少。權力平衡的目標是避免某個國家變得特別強大，以致可以征服其他國家並摧毀世界秩序。

在整個十八和十九世紀，法國威脅到權力的平衡。到十九世紀末和二十世紀初，德國和俄羅斯變成主要威脅來源。大不列顛（Great Britain）和後來的美國起初足以制衡法國，後來則是牽制德國和俄國的力量。

西發利亞體系最後在第一和第二次世界大戰的恐怖下崩潰。在一九一九至一九三九年的兩次大戰期間，根據國際聯盟（League of Nations）等多邊組織建立起另一個世界秩序，但因為一九一九年凡爾賽和約（Versailles Treaty）的遺緒而失敗。該條約導致德國籠罩著復仇主義，最終無可避免地復仇。

第二次世界大戰後，另一個世界秩序興起：美國和俄羅斯稱霸兩大陣營的兩極世界。美國透過北大西洋公約組織（NATO）等聯盟，在黃金、核子武器和海權的支持下行動。俄羅斯透過以陸地為主的帝國蘇聯，和包括古巴、北韓及北越的代理國。

這個戰後的共有秩序包含了西發利亞體系的元素，如國家、主權和外交，再輔以兩次大戰期間未成功的多邊機構的強化版。聯合國、IMF、世界銀行和後來的G20，是一個新多邊大結構，架在國家體系之上，以維繫和平、促進成長和貨幣穩定。

這個概述刻意只談西方的部分，但其他地方如蒙古、中國和伊斯蘭，發展自己的世界秩序。在最盛時期涵蓋中國的蒙古帝國，從十三世紀延續到十四世紀。蒙古人建立了歷來最大的延伸帝國，然後又分解成較小的可汗和地方文化。中國的世界秩序是建立在皇帝的天賦神權，和一個排除所謂野蠻外國影響力的封閉文化。伊斯蘭哈里發的基礎則為服從透過先知穆罕默德揭露並記錄在《古蘭經》的阿拉旨意。和中國不一樣，伊斯蘭並未以高牆阻擋世界，而是相當成功地征服外國。在八世紀，伍麥亞朝（Umayyad Caliphate）從西班牙擴張到印度河，伊斯蘭本身最後還散播更遠，從西非洲到印尼和以外的地方。

儘管中國和伊斯蘭有悠久歷史和領域的擴張，這些世界秩序因為技術落後、西方帝國主義和全面戰爭誕生而未能延續超過二十世紀初。上一個主要的伊斯蘭哈里發是奧圖曼帝國，在第一次世界大戰後瓦解於一九二二年。奧圖曼剩餘的部分被歐洲的外交協議切割，先是一九一六年的祕密賽克斯－皮科協定（Sykes-Picot Agreement），和稍後一九一九年的凡爾賽和約。中國的帝國秩序於一九一二年崩潰，清朝滅亡後，繼之以一個失敗的共和國、軍閥割據、日本入侵和共產黨革命。由於沒有面對西方的有效對策，中國和伊斯蘭在一九四五年後被邊緣化。於是，在歷史上頭一遭出現涵蓋全球的世界秩序。

季辛吉（Henry Kissinger）在他的著作《世界秩序》（*World Order*）裡，對這個過程提供明晰的概述。[12]季辛吉的觀察如此深入，可以說他找到一種偏好秩序的本能普遍存在於國際關係之間，相對於反對由拿破崙和希特勒這類人物引發戰爭與破壞造成的脫序。簡單說就是，征服者造成脫序，而人民和大多數統治者偏好秩序。脫序相對的就是某種形式的秩序，不管是像羅馬或卡洛林之類的帝國，或西發利亞國家體系。

秩序並不以民主為前提，秩序是與多元價值體系相容的情況。民主和自由是受人喜愛的，且與資本主義經濟模式是絕佳的組合，但這些價值並未得到全球一致的讚賞。有趣的是，中國和伊斯蘭失敗的世界秩序在二十一世紀再度崛起，前者是一個中央集權的共黨官僚體系，後者是一種激進形式的分權恐怖統治。中國或伊斯蘭都不提倡民主或自由。如果不靠新世界秩序的協助，自由價值須透過文化和教育來推廣至世界。

脫序向來有其方法體現在現實中。脫序的成本是以死亡和破壞來計算。透過以鋼鐵取代銅、航海和馬鐙鐵的發明，以及從箭到槍砲的演進，秩序和脫序不斷地鬥爭就是它的實體形式。財富是戰爭的要角，其實體形式是貴金屬、珠寶、藝術品、牲口或擁有土地。

然而國家和非國家行為者的競爭已愈來愈在數位領域進行。明顯的例子是國家網路軍團和犯罪幫派入侵電腦系統。召募來的網路戰士和罪犯之間的界線，在先發制人的報復中變得十分模糊，分散式阻斷服務攻擊（distributed denial of service）是最溫和的攻擊模式，更嚴重的是滲透以控制水壩和電力網等關鍵基礎建設，並藉指令進行水患和斷電攻擊。

最具威脅性的是在股票交易作業系統深處植入的睡人攻擊病毒（sleeper attack viruses），這類病毒可在一個大型攻擊中等候被啟動，也可做為系統被感染國家阻礙攻擊的手段。由俄羅斯軍事情報局植入的這類攻擊病毒之一，在二〇一〇年那斯達克股市作業系統內被發現。[13] 該病毒後來被解除功能。沒有人知道有多少未被發現的數位病毒正靜候啟動。

病毒可以不留痕跡地抹除顧客帳戶。用在攻擊時，這類病毒可以製造無法控制的賣單潮，瘋狂賣出像蘋果或亞馬遜（Amazon）等股票。

軍事教條要求攻擊要與戰力乘數併用。攻擊者將等候股票已經下跌五%的那天，例如，道瓊工業指數下跌九百點，然後發動攻擊以放大下跌的動力。結果可能是道瓊一天暴跌五千點，迫使紐約證交所（NYSE）緊急關閉。這種一夕間損失財富對民間士氣造成的傷害，遠超過傳統轟炸。

數位威脅並未取代實體暴力。近日在烏克蘭、敘利亞和利比亞的事件顯示，實體破壞和恐怖暴力仍然是達成政治或宗教目標的手段。季辛吉規勸使用外交、只在罕見的必要情況下動用武力，他的建議仍未被廣為採納。

然而病毒戰爭，尤其是在金融界，已經以驚人的速度從幻想變為複雜的現實。

秩序與脫序、戰爭與和平在數位時代會如何發展？

在菁英眼中，新現實需要一個後主權和後國家的新世界秩序。這個秩序認為主權和權力平衡已經過時。隨著新世界秩序崛起，將需要新金融安排和新治理結構來支持它。在這個新世界秩序提供的架構裡，世界貨幣和世界稅制將得以執行。

氣候變遷是一匹方便的馬，可供菁英在執行新世界秩序時騎乘。辯論氣候變遷的科學不是重點。兩方都熱烈地提出觀點；有些科學已經解決，有些則否。全球菁英把這種辯論視為已經解決，以遮掩一個更大的計畫。對菁英來說，一個全球問題一旦加以定義就能變出一個全球解決方案。氣候變遷是一個絕佳平台，用以執行世界貨幣和世界稅制的隱藏目標。

氣候變遷計畫以聯合國為核心，特別是聯合國氣候變遷綱要公約（UNFCCC）和會議所達成的協議。若單獨來看，氣候變遷似乎與世界貨幣無關。實際上，兩者在新世界秩序中卻緊密相聯。

從二〇〇八年十一月以來，每一份G20高峰會公報都會提到氣候變遷。每一次IMF半年會議和IMF總裁的無數聲明，都提到氣候變遷以及必須在全球的基礎上解決。

聯合國發起一項計畫以奪取金融體系，並重新引導資本流向它定義為永續的發展。二〇一五年十月，聯合國公布一項一百一十二頁的報告，標題為「我們需要的金融體系」。其中一項報告的建議包含了「利用公共資產負債表」。[14]

二〇一六年四月二十五日，聯合國計畫顧問沈聯濤（Andrew Sheng）在一篇他共同寫作的文章和盤托出菁英的世界貨幣計畫，標題為「如何為全球通貨再膨脹提供融資」中說：

> 全球公共財的投資——具體來說，滿足開發中世界需求的基礎建設，和減緩氣候變遷——可以刺激全球通貨再膨脹。光為了解決全球暖化，估計未來十五年將每年需要六兆美元的基礎建設……
>
> 由於世界首要準備貨幣的發行國美國，不願意或未能提供填補基礎建設投資缺口所需的流動性，我們應該設置一種補足的新準備貨幣——其發行者不須面對特里芬難題（Triffin dilemma）。這產生一個選項：IMF的特別提款權（SDR）……
>
> SDR在新全球金融架構角色的漸進擴張——目標是使貨幣政策轉換機制更有效率——將可在沒有重大歧見的情況下達成。這是因為就觀念上說，增加SDR等於是增加全球央行資產負債表（量化寬鬆）……
>
> 考慮有一個假想狀況是：會員國央行增加它們在IMF的SDR分配到一兆美元（舉例而言）。五倍的槓桿將使IMF得以增加放款給會員國，或透過多邊開發銀行投資基礎建設至少五兆美元。此外，多邊開發銀行可以在資本市場借款來提高其權益的槓桿……
>
> IMF和主要央行應善加利用這個新知識，並且提供權益和流動性做為基礎建設投資的長期放款……[15]

氣候變遷、ＳＤＲ、ＩＭＦ、世界銀行，以及必須全球協調一致之間的關聯性，已在上面文字表露無遺。

轉變到這種新世界秩序所需要的基礎是數位財富和世界貨幣。重要的國家如俄羅斯和伊朗對西方抱持強烈的敵意；美國與中國的緊張關係正在升高；流氓國家如北韓，和失能國家如委內瑞拉，仍然被排除在菁英計畫外。

從這些對立國家和流氓國家的觀點，美國的數位美元支配地位促成了美國的霸權。在中國的領導下，新興經濟體正建立替代的數位支付系統，以避免對美國的依賴。它們也正收購數千噸的實體黃金——美國無法入侵或凍結的非數位資產。這些敵對的黃金儲備現今還不到一萬公噸；仍然比不上美國、歐洲和ＩＭＦ集體持有的二萬二千公噸黃金。在未來幾年，黃金將繼續從西方流向東方，縮小這個差距。

兩極的金融世界可能興起，其中一方是亞洲、非洲和南美洲，由中國和俄羅斯帶頭，並獲得伊朗和土耳其的支持，使用一套數位支付系統；美國、歐洲和前大英國協則使用另一套系統。兩套系統都將有約二萬公噸黃金支持，這詭異地令人聯想起冷戰時期導彈的抗衡均勢，甚至想起更早的權力平衡鬥爭。

但這不是最可能發生的假想狀況，原因是它可能造成的脫序。中國人希望以平等的條件加入西方俱樂部，而不想摧毀它。較可能的情況是應用一種稱為震撼主義（shock doctrine）的技巧。美國身陷下一波金融恐慌中，再也無法防衛美元的特權地位，而將迅速轉向一個讓中國擁有更大聲音的改良版ＩＭＦ。這個在Ｇ20指導下的新ＩＭＦ將以印製大量ＳＤＲ來灌注這個恐慌的世界。氣候變遷的優先要務將迅速實施，用以提供氣候變遷基礎建設方案的全球稅制將開始實施。資訊共享和全球合作將使大公司和富人無所遁形。以全球榨取財富為形式的協調行動，將取代過去主權經濟競爭的做法。全球權力菁英將分享戰利品。

菁英的目標已經鎖定，現在他們正等待一個新震撼。

震撼主義

克萊恩（Naomi Klein）二〇〇七年的著作《震撼主義》（*The Shock Doctrine*）公開了一個菁英用來促成隱藏目標的技術。[16] 菁英為他們想見到的世界秩序擬訂計畫。他們等待一個外部生成的震撼，一場自然災難或金融危機，然後利用震撼製造的恐懼推廣他們的願景。於是新政策被提出，以減輕恐懼，並且用以提倡世界秩序的計畫。這個構想很簡單，但應用震撼主義牽涉數十年持續的努力。震撼隨機出現；菁英計畫永遠都在。

克萊恩從一個局外人的觀點揭露這個程序。儘管如此，終極的內部人歐巴馬總統的幕僚長伊曼紐爾（Rahm Emanuel）承認這個震撼主義，他說：「你絕不希望浪費一個嚴重的危機。」他是在針對二〇〇八年金融恐慌說這些話。

歐巴馬和伊曼紐爾利用二〇〇八年危機，推動通過一項八千一百三十億美元的「刺激」支出計畫，並在二〇〇九年二月十七日簽署成為法律。這是一個震撼主義的教案。這套計畫未能提供刺激；二〇〇九年以來的復甦是美國歷史上最弱的。支出計畫確實對偏好的選民提供各式各樣的好處，包括對教師、工會和政府員工。這些選民已經為等待施捨苦等了八年（布希政府整個任期）。談到震撼主義，耐心是值得的。

另一個震撼主義的例子是：二〇〇一年十月二十六日實施的美國愛國者法案（USA Patriot Act），也就是九一一恐怖攻擊後的結果。愛國者法案包括聯邦調查局（FBI）、中央情報局和大陪審團間資訊共享的必要改良。當時迫切需要放寬一些監視標準。

儘管如此，愛國者法案也是一份隱藏在政策底下許久的國家監視願望清單的立法。這個由美國財政部提出以阻擋銀行合併和要求資產沒收的法案，與凱達組織（Al Qaeda）較無關，而與財政部持續進行的對現金的戰爭較有關。法案的許多條款是從財政部放願望清單的架子取下，為擴張權力而添加到該法案中。愛國者法案現在已是一項過度廣泛且永久的威嚇，被國家用來監視政敵。在震撼主義下，財政部需要的只是一項震撼，而九一一來得正是時候。

新世界秩序是為震撼主義的應用量身打造的。和所有震撼主義的應用一樣，理想的元素已經具備，等著在因應一場新震撼中擴大並制訂為永久的規制。除了名稱以外，IMF已是世界央行，SDR是一種一般平民無法理解的世界貨幣形式，G20是這種新秩序事實上的理事會。消除和區隔現金、甚至是無辜者持有的現金，可以確保除了數位支付外沒有別的選項。虛擬財富可以追蹤、課稅，並可根據全球菁英定義的遵循規定而切斷。這套體系已準備成為一個震撼主義的使用案例。

震撼主義是一個棘齒，只往一個方向旋轉，然後鎖住不退。它可以朝相同方向再轉，但永遠無法逆轉。震撼主義下啟動的政策在緊急情況過去後很久仍然保留；目前的趨勢是持續不斷朝向更大的國家權力、更多稅，和更少自由。

震撼主義是哲學家波普（Karl Popper）稱為點滴工程（piecemeal engineering）的理想工具。[17] 索羅斯是現今波普的主要倡議者；索羅斯的主要社會工程工具是開放社會基金會（Open Society Foundations），以波普最著名的著作《開放社會及其敵人》（*The Open Society and Its Enemies*）命名。[18]

菁英知道他們的觀點在民主社會不會被廣泛接受。菁英知道他們的計畫必須分成小階段在數十年間執行，以避免反彈。震撼主義的時機必須在反菁英的氛圍中善加捏拿，當震撼發生時，菁英立即採取行動，實施他們計畫的新階段。關鍵任務是在震撼消退前迅速行動。棘齒確保菁英的收穫不致很快回吐。然後這個程序進入緩解期，直到下一次震撼發生。

這便是全球菁英真正的類型學（typology）：一個浮動、交叉的球形結構，透過會議以及在球形間引導概念的超級航母進行溝通，內容來自公共知識分子。他們的膠合劑是類似的思維；他們的優勢是耐性；他們的方法是點滴社會工程（piecemeal social engineering）；他們的解剖刀是震撼主義；他們最後成功的保證是棘齒。這一切都向目標敬禮：一種貨幣、一個世界、一套秩序。

|第三章|

心智的荒城

凱因斯問我，我提供客戶什麼建議。

我回答：「儘可能與即將來臨的危機隔絕，並避開市場。」

凱因斯採取相反的觀點。「在我們的時代不會再發生崩潰了。」

他堅持說……「總之，崩潰會來自哪裡？」

「崩潰會來自表象和現實間的缺口。

我從未見過這種狂風暴雨的氣象聚集。」我回答。

——索馬里（Felix Somary）在《蘇黎世渡鴉》

（*The Raven of Zurich*，1986）中記述1927年與凱因斯的談話[1]

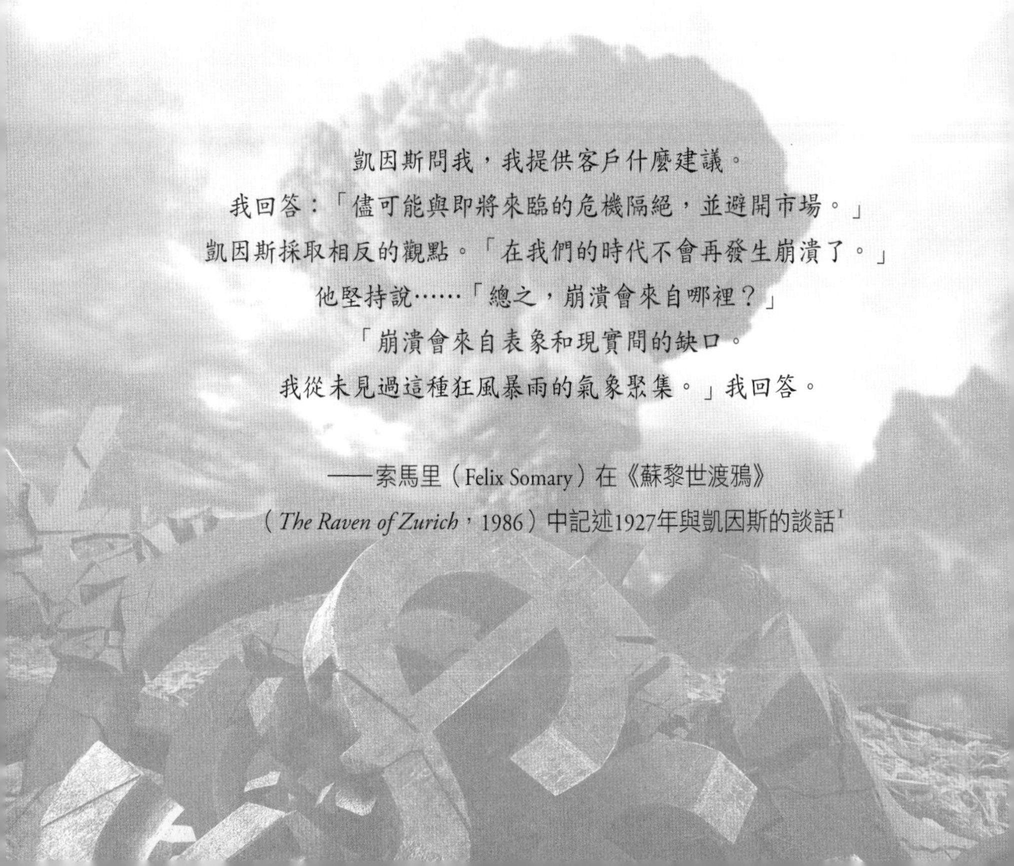

沒有鑰匙可以像複雜理論那樣輕易解開那麼多資本市場的謎。這個理論正式的起源在一九六〇年代，但複雜動態的觀察和人類一樣古老。一位古代的天文學家從夜空的超新星看到的是發生中的複雜性。歷來最急迫的複雜性應用是在一九四〇年代中新墨西哥州的洛斯阿拉莫斯（Los Alamos）。

洛斯阿拉莫斯國家實驗室

從新墨西哥州聖塔菲（Santa Fe）市區開車到洛斯阿拉莫斯國家實驗室的一路上，既荒涼又美麗。公路蜿蜒經過略帶斜坡的沙漠，原因是實驗室與市區之間海拔高度的差異。現今有分隔島的高速公路已經改善很多，已非一九四二年底洛斯阿拉莫斯國家實驗室第一批科學家研究曼哈頓計畫時危險的泥路可以比擬。四周的鄉野散布著臺地、峽谷，上面是粉紅色的沙漠，下面則是陰暗的角落。

開車一路上令人訝異的是，很少看到美國公路上常見的短程旅客、露營車、船拖車和典型的一般旅客。來到一個叉路口後，馬路只能開往一個地方——實驗室本身——而除非你能通過地球上最嚴密的安全檢查，沒有人會開上那條路。

洛斯阿拉莫斯國家實驗室是美國十七個專門進行最先進研究與發展的國家實驗室之一，這些研發遍及奈米科技、材料、超級電腦、磁性、再生能源和純粹科學。洛斯阿拉莫斯是三個專精於核子武器的國家實驗室之一，另兩個是新墨西哥州阿布奎基（Albuquerque）的桑迪亞

（Sandia）實驗室，和加州利佛摩的羅倫斯利佛摩（Lawrence Livermore）實驗室。

輔助國家實驗室工作的是一個民間實驗室網絡，大多與菁英大學有關，在政府合約下進行機密研究，並遵守同樣嚴格的安全規範。這些規範包括安全界線、管制進出，以及對能接近最敏感資訊的人做最高機密級的安全檢查。這些民間實驗室中最著名的是約翰霍普金斯大學的應用物理實驗室（Applied Physics Laboratory）。洛杉磯附近的噴射推進實驗室（Jet Propulsion Laboratory）是公私混合模式的實驗室，由美國太空總署（NASA）資助，由加州理工學院（CIT）管理。

這些民間和公立實驗室合起來組成一個跨越東岸到西岸的研究群，讓美國得以在國防、太空和國家安全等基本系統上，領先俄羅斯、中國和其他對手。它們賦予美國在世界事務上的優勢。

洛斯阿拉莫斯國家實驗室是群星中最閃亮的一顆，它不是歷史最悠久的，但在它創立以來的數十年中執行了最重要的任務。[2]

從一九四二年起，該實驗室是幾個發展並打造原子彈的曼哈頓計畫現場之一，其成果提早結束了二次世界大戰，可能拯救了盟國和日本雙方各一百萬人免於犧牲。

在第一批原子彈之後的年代，洛斯阿拉莫斯國家實驗室是美國與俄國及後來的中國從事核武軍備競賽的關鍵成分。

核子彈製造技術從一九四五年相當原始的分裂武器迅速進步，到一九五〇年代和一九六〇年代已設計出熱核武器。較新的炸彈利用分裂來引起次級的融合內爆，釋放更大量的能量，達到新級數的破壞。

這些技術和破壞力並未止於自身的進步，它們接受最早在蘭德公司（RAND Corporation）發展的新核武戰爭主義指導，然後在哈佛大學和其他菁英學校擴張。這套主義稱為相互保證毀滅（Mutual Assured Destruction, MAD），是賽局理論的產物；在賽局理論中，參與者根據其他參與者的預期反應採取行動，而其他參與者反過來也根據初始行為者的預期反應採取行動，如此遞歸直到達成行為的平衡。

蘭德公司發現，贏得核武競賽將製造不穩定，且可能導致核子戰爭。如果美國或俄國製造足夠在第一波攻擊摧毀，受害者沒有機會發動報復性的第二波攻擊，軍力優越國的動機是發動第一波攻擊並贏得戰爭。與其等候居劣勢對手達到決定性第一波的攻擊能力，不如領先攻擊。

解決方法之一是雙方各建造更多武器。如果對手攻擊，受害國仍有足夠數量的武器在第一波攻擊後倖存，提供足夠發動第二波攻擊的能力，以摧毀攻擊者。冷戰時代的軍方形容這種模式為「瓶子裡的兩隻蠍子」。兩隻都可給對方致命的一螫，受害者在死亡前將只剩足夠的力量，可以反射性地反擊攻擊者。兩隻都將死亡。僅有的希望是國家領導人會比蠍子更理性，避免發動攻擊。一種粗暴的平衡——或者「恐怖平衡」——就在這種早期的理論發展中產生，並持續盛行至現今。

雖然核武競賽最激烈的日子可能已經遠離，核武的威脅並未消失。洛斯阿拉莫斯國家實驗室仍然是核武科技和試驗的中心。這座實驗室是地球上最安全的場所。它座落在一個臺地頂上，四周是五百呎的峭壁，由多重安全邊界包圍。上空禁止飛航，但附近有一條跑道供獲准的飛機起降。開車抵達者必須經過軍事檢查哨，出示必要的證件以證明通過安全檢查，或是已過濾的居民或員工。嘗試步行進入的入侵者將必須越過數哩的沙漠，下降至環繞臺地的峽谷、攀上峭壁，並穿越安全邊界。動作、雜音、紅外線的偵測器和重裝安全部隊，可確保不請自來的訪客無法越雷池一步。

二〇〇九年四月八日，我與受邀參加洛斯阿拉莫斯國家實驗室新計畫機密簡報的物理學家和國家安全專家，坐在一輛美國政府的小巴士裡。當我們從聖塔菲一路接近時，可以清楚地看到實驗室和環繞四周的城市。沙漠的熱氣讓它看起來閃爍不定。城市孤絕地從曠野矗立而起。那天我的同伴和我參訪洛斯阿拉莫斯不是為了研究核子武器，而是想尋找系統性金融崩潰這個謎題的解決方法。

資本和複雜性

原子連鎖反應的系統動態類似於股市崩盤，兩者都在動態中放大複雜性。有一條筆直的路從洛斯阿拉莫斯通到華爾街。很少人走過那條路，這從央行決策和民間風險管理持續以陳舊的平衡模式為主流可見一斑。

現代複雜理論始於一九六〇年麻省理工學院（MIT）數學家兼氣象學家羅倫茲（Edward Lorenz）的研究。羅倫茲嘗試建立大氣流動的模型時，發現初始情況的微小變動會導致流動大幅度的不同。在一九六三年一篇研討論文中，羅倫茲描述他的結果：

> 兩個差異細微的形態最後可能演變成兩個極為不同的形態。如果在觀察目前的形態有任何錯誤——在任何真實的系統中，這類錯誤似乎無可避免——要想對遙遠未來的形態做可接受的預測將不可能辦到……以任何（已知）方法預測遙遠的未來將屬不可能，除非能確知目前的狀態。由於觀察會出現無可避免的不精確和不完整……似乎將無法做到精確的極長程預測。[3]

羅倫茲寫的是有關大氣，但他的結論廣泛地適用於複雜的體系。羅倫茲的研究是著名的蝴蝶效應（butterfly effect）的來源，該效應描述颶風是由數千哩外一隻蝴蝶搧動翅膀所造成。蝴蝶效應是扎實的科學，問題是並非每隻蝴蝶都會造成颶風，而且不是每一個颶風都由蝴蝶造成。儘管如此，了解颶風會因為意料不到的原因而發生仍有幫助。這個道理也適用於市場崩潰。

只因某個颶風的精確起源無法及早預測，並不表示可以忽視颶風吹襲邁阿密的可能性。邁阿密的颶風是幾乎確定會發生，防災措施隨時都已準備就緒。同樣的，特定的市場恐慌無法及早預測，並不表示無法預見恐慌的規模和頻率。它們是可以預估的。排斥這種見解的監管當局，就像住在很快會被淹沒的低矮平房，卻忽視颶風的警告。

複雜性和相關的混沌理論（chaos theory）是更廣泛的非線性數學和臨界狀態（critical state）系統分析的兩個分支。洛斯阿拉莫斯從一開始就是這些領域的領先者，一九七〇年代的許多重大突破主要是在電腦運算上，並將一九四〇年代和一九五〇年代由諾伊曼（John von Neumann）和烏拉姆（Stanislaw Ulam）等偶像級人物提出的理論發揚光大。

理論架構與龐大的電算能力結合，用以模擬流體動力紊流等現象。在日落時觀賞流動快速的溪流是一種美學經驗；詩人嘗試捕捉它抽象的美感。不過，精確地寫出溪流中每個水分子波動和翻攪模式的方程式，不只是在一個時間、而是長時間的動態，則是一大挑戰。以數學方式描述水流的紊動，是迄今已知最困難的動力系統問題。洛斯阿拉莫斯就是為了解決這類挑戰而設。

適合以非線性和臨界狀態模式來了解的複雜系統種類繁多，氣候、生物學、太陽閃焰（solar flares）、森林大火、交通阻塞，和其他自然與人為行為，都可用複雜理論描述。羅倫茲觀察到的初始情況有微小差異將使非線性系統的長期預測不可能辦到，並不表示從這些模式無法得到有價值的資訊。

複雜理論的應用屬於跨學科性質，複雜系統都有共同的行為，但各領域有獨特的動力。一個研究應用複雜理論程式的團隊會包括物理學家、數學家、電腦模型家，以及相關領域的主題專家。生物學家，氣候學家、流體動力學家、心理學家和其他領域的專家，與複雜理論家共同研究特定系統的模型。

在這類團隊科學研究中，金融專家是這個街區的新份子。我來洛斯阿拉莫斯部分原因是搭起複雜科學和資本市場間的鴻溝。洛斯阿拉莫斯國家實驗室發展出一套數學方式工具箱，可以針對各個問題修改後，應用在不同的問題組上。這些工具的設計是洛斯阿拉莫斯國家實驗室在核子武器上的核心任務。我的角色是學習如何在華爾街使用這些工具。

實驗室解決的最重要問題之一是：美國核子武器的準備和能力。核子武器完全依照規格設計和操作，但即使是最小心的設計也必須試驗，以找出瑕疵和建議改進的地方。

傳統武器經常無法引爆，但它們可以視需要而輕易更換，且試驗上很少實際的限制。但對手相信美國的核武是啞彈則會有遠為嚴重的後果。如果敵人認為美國核子彈藥庫不可靠，他們可能想嘗試發動第一波攻擊。這種相信極具不穩定性。美國和全球必須高度確信美國核武會照預期運作，以便維持恐怖和嚇阻核子戰爭的平衡。美國最後一次以引爆試驗核武是在一九九二年九月二十三日，幾乎四分之一個世紀前。美國如何不引爆而試驗它的核子武器，尤其是較小的新設計？

洛斯阿拉莫斯國家實驗室採用的解決方法是，以防爆陣列的爆炸物模擬核武的部分內爆動力，同時測試次臨界溫度層次的新原子融合動力，即所謂低於〇．一噸當量的流體核試驗。設計也是在電腦模擬中試驗，結合過去爆炸的資料和近日實驗和理論進步的新資料。這些模擬都在全球最快和強大的超級電腦上運算。實際上，核子武器是在超級電腦裡引爆的。

用來進行這些試驗的模式是歷來最複雜的設計。我的任務是看這些模型運算和電算的能力能否應用在另一種爆炸上——股市崩盤。

這項工作的起點是使用從貝氏定理發展出來的貝氏統計，也稱為因果推論。貝氏定理對於資料稀少或問題模糊，無法經得起牽涉迴歸與共變異數（covariance）、需要大數據的主流統計方法檢驗的問題，最為有用。貝葉斯的方法被用於中央情報局和其他情報機構，以在資訊不足時解決問題。[4]

九一一攻擊後，中情局面對預測下一次大規模恐怖攻擊的問題。美國本土有史以來只遭遇過這種攻擊一次，情報分析無法等待十次攻擊和三萬人喪生才尋求其中的明顯統計模式。不管我們有多少資料都得打仗。

貝氏定理允許從擬訂一個（或幾個）假說開始，然後一面進行、一面填空。貝氏定理正式名稱為逆機率（inverse probability），因為它用新資料逆向運作，以更新既存的結論。貝氏方法並不完美，但它能在主流統計學家仍等候更多資料時，讓分析師做強力的推論。

貝氏定理以簡化的現代數學形式表示為：

$$P(A|B) = \frac{P(B|A)P(A)}{P(B)}$$

P(A)是觀察事件A的機率，不考慮事件B

P(B)是觀察事件B的機率，不考慮事件A

P(A|B)是事件B為真時觀察事件A的條件機率

P(B|A)是事件A為真時觀察事件B的條件機率

簡單說，這公式表示，藉由客觀的新資訊來更新初始的了解，得以改進原先的了解。數學形式的貝氏被用來預測事件A發生的機率。事件A可以是任何事物，從臨界狀態的核子連鎖反應到央行提高利率等。公式的左邊是根據一套資料、歷史、直覺和推論的組合，一個事件在不考慮其他事件下自己發生的初始估計機率。新資訊則輸入公式的右邊。初始估計是真或偽將影響新資訊的結果。當新資訊出現時，可據以更新初始估計的機率。這個程序只要在新資料出現就反覆做。長期下來，初始估計將變得愈來愈強固或薄弱。最後，一個穩健的初始估計可在沒有更好資訊的情況下，被用來做為決策的基礎。

貝氏定理的精義是，一個連鎖的事件有其記憶。一個新事件並不會像擲骰子那樣與前面的事件沒有關係；它是以前面的事件為條件。華爾街和央行的模式仰賴不連結的事件。每次丟銅板或擲骰子都有獨立的機率，與之前的丟擲無關，這是丟銅板運作的方式，但不是真實世界運作的方式。一枚核子爆炸並不會與前面一個中子釋出無關。一個市場的崩潰也不會與之前的過度信用創造無關。這是為什麼央行的預測不著邊際的原因，也說明了央行官員永遠無法事先看出恐慌。央行使用的是老舊的非貝氏模式。

我們在洛斯阿拉莫斯國家實驗室討論的貝氏模式是世界最先進的，但它們在概念上與基本的貝氏定理沒有兩樣。主要的進步是建構一連串個別的假說，每一個都包含自己的貝氏公式。這個串聯是由上而下建構，像瀑布。每個假說包含於自己的格子中，這個格狀陣列以圖形表示時像馬賽克。

頂層的假說格子包含順序最先的假說，通常也是有最高初始機率的假設。下一層是順序較後的格子，有較低的初始機率。在模擬中，頂層的產出往下流，成為中層和較低層的輸入。較低層再根據輸入更新其機率。一些往下流的路徑因為更新的機率下降而被截短。其他路徑因為更新的機率上升而被凸顯。

這個馬賽克可能包含數百萬個格子。隨著格子被放棄或凸顯，馬賽克突現（emerge）一幅剛開始看不出來的景象。突現的過程帶著神祕的性質，就像颶風在大晴天、沒有明顯原因的情況下，出現在大海上。儘管如此，這是自然科學。超級電腦在數位世界中引爆核子武器，但大地不會顫動。

健全的貝氏模式馬賽克關鍵在於啟動連鎖反應的上游格子。如果一個頂層格子的設計錯誤，其他的產出絕大部分將毫無價值。訣竅在於做正確的假設，然後讓可能的路徑從中發展出來。

當我坐在那裡觀看物理學家展示核武試驗的貝氏技術時，我的思緒開始轉向資本市場的應用。事實上，我想到許多種應用。

複雜理論是生理學的分支，貝氏定理是應用數學。複雜性和貝氏可以密切搭配，用於解決資本市場問題。資本市場是終極的複雜系統。市場參與者必須持續預測，以優化交易策略和資本配置。資本市場變幻莫測，因為它們的行為不依照華爾街普遍使用的馬可夫隨機指標（Markovian stochastics）。一個馬可夫連鎖沒有記憶；資本市場有。資本市場製造意外，與羅倫茲在一九六〇年代發現的蝴蝶效應沒有兩樣。從二〇〇九年以來，我使用複雜性和貝氏來探索未知的系統風險領域，已獲得更好的結果。

單純地應用貝氏定理就能針對原本可能神祕難測的事件提供許多洞識。上海協議就是個好例子。上海協議是二〇一六年二月二十六日，由美國、中國、日本和歐元區在上海舉行的G20財長和央行首長會議場外達成的共識。這四個G20成員的GDP占全球三分之二，在G20內部組成一個準四國集團（G4）。

G4在上海碰到的問題是，中國和美國的成長已減緩到危險的程度，而全球成長也因此而減弱。結構性改革因政治僵局而延宕。財政政策受制於已過度龐大的債務。貨幣政策愈來愈無效，甚至帶來反效果。在結構、財政刺激和貨幣寬鬆的重要性減退下，刺激方法只剩下走回貨幣戰爭的老路。

人民幣貶值給了中國暫時的助力，即使中國的貿易夥伴得付出代價。中國在二〇一五年八月和十二月片面貶值人民幣，兩次都造成美國股市大跌。G4必須找出貶值人民幣而不導致美國股市動盪的方法。

方法是維持人民幣與美元的掛鉤，然後貶值美元。人民幣可對歐元和日圓貶值，同時人民幣與美元的匯率不變。

這表示日本和歐洲將因貨幣升值和處於貿易劣勢而受害。這便是貨幣戰爭的情況，有贏家（在這個例子是指中國和美國）就有輸家（日本和歐洲）。日圓從二〇一三年以來即呈現弱勢，歐元則從二〇一四年開始走弱。日本未能貫徹必要的結構改革，現在時間已經不夠。人民幣和美元貶值的新階段即將展開。世界兩個最大的經濟體——中國和美國——必須互相協助，這就是上海協議的精髓。

分析師的挑戰是，一開始毫無跡象證明這項協議的存在。G4會議是祕密進行的，沒有公開的新聞稿或其他公開資訊。分析師原本嘲笑上海協議的說法，著名的外匯專家布朗兄弟公司（Brown Brothers Harriman）的錢德勒（Marc Chandler）寫到上海協議時說：「陰謀論此起彼落。」

貝氏定理容許分析師做的不只是陰謀論。像上海協議這類地緣政治行動沒有明確資訊可以證實，它們正是最適合以貝氏定理來證明的事件。其程序就像解決一項沒有證人的犯罪。你蒐集證據，訪問嫌疑犯，直到案件確立。

要說明這個過程，假設連續發生十個不連貫的事件，每個事件有兩個二元的結果：兩個傾向於證明或推翻啟始假設的可能結果。這兩個二元的結果是「正和反」。

這些二元結果的事件有兩類：第一類為隨機類。這就像丟銅板，你擲出正面和反面的機率相等，但你永遠無法事先知道是哪一面。每次丟銅板的結果與之前的丟擲無關。第二類為路徑依賴類。這表示每個事件依賴之前的事件，或與單一的決定性事件有關。

如果上海協議假設是真的，相關事件將屬於路徑依賴。央行決策將全都受到這項祕密協議影響。政策將不是隨機的銅板丟擲，事件將某種程度受到這項祕密共識影響。

下一步是注意央行的行動，並考慮如果上海協議假說是真或偽時預期會看到的結果。

如果是丟銅板，人頭面連續出現十次的機率是多少？每次丟銅板有五〇％機會出現人頭，且每次丟擲與其他次無關。人頭連續出現十次的機率大約是千分之一。（用數學表示即 $(1/2)^{10}$。也可以這樣表示：$0.5\times0.5\times0.5\times0.5\times0.5\times0.5\times0.5\times0.5\times0.5\times0.5 = 0.0009765625\approx 0.001$。）

千分之一的機率不是不可能。如果是每日的可能性，它大約每三年發生一次。儘管如此，它不發生的機率極高。沒有投資人會根據連續十次出現人頭的機率做交易決定，雖然不排除它可能出現。

再考慮實際上從二〇一六年二月二十六日到四月十五日發生的十件重大事件。每個事件事先都有一個二元的結果，換句話說就是證實上海協議的正面，和駁斥上海協議的反面。暫時保留對這些事件是隨機或路徑依賴的判斷。

以下是這十件重大事件：

- 二〇一六年二月二十六日：在G20會議還未完全結束前，聯準會理事布蘭納德（Lael Brainard）在紐約發表演講說：「考慮協調行動能否改進結果是很自然的事……合作可能很有幫助。」[5] 正面。
- 二〇一六年二月二十七日：在上海G20會議結尾，美國財長陸伍（Jack Lew）說：「我們都保持密切連絡……我們將避免讓彼此感到意外。」[6] 正面。
- 二〇一六年二月二十七日：也是在上海G20會議上，IMF總裁拉加德說：「會場裡有一種新的急迫感，和一種新的集體行動感。」[7] 正面。
- 二〇一六年三月十日：歐洲央行宣布沒有計畫進一步寬鬆，採取比預期更緊縮的政策。正面。
- 二〇一六年三月十五日：日本銀行（央行）未擴大量化與質化寬鬆，採取比預期更緊縮的政策。 正面。
- 二〇一六年三月十六日：聯準會在新聞記者會表達鴿派立場，採取比預期更寬鬆的政策。 正面。
- 二〇一六年三月二十九日：聯準會主席葉倫在紐約經濟俱樂部的演講中，明白表達她的新鴿派政策。[8] 正面。

◆二〇一六年四月十三日：IMF日本事務主管埃佛拉特（Luc Everaert），談論以市場干預壓低日圓匯率時說：「日本沒有理由在這時候干預。」[9] 正面。

◆二〇一六年四月十四日：拉加德警告日本，IMF干預外匯以壓抑日圓的條件還不符合。拉加德說，她「很高興」聯準會根據「國際經濟情勢」採取鴿派立場。[10] 正面。

◆二〇一六年四月十五日：一名未透露姓名的歐洲央行官員告訴路透社（Reuters）：「G20公報表達了一項有關匯率的原則性協議。」[11] 正面。

還有別的數據點，但上述清單已足夠做結論。

上述的序列呈現出什麼？是連續出現十次正面人頭、只有千分之一機率的隨機丟銅板嗎？還是如果上海協議是真的，我們預期會看到的情況？

這個序列有很高的可能性不是隨機，而是路徑依賴。這些後來的事件都依賴一個初始事件——祕密的上海協議。

重要的是，不一定要等到時間軸結束的二〇一六年四月十五日才做出結論。假設是在二月二十六日根據G20會議結束的官方談話和布蘭納德的演講做結論。後續的資料證實這項假設，但不一定是創造它。這個假設只是隨著時間遞延、根據條件機率而益發增強。

投資人可以利用貝氏定理尋找贏的策略——做多歐元、做多日圓、做多黃金、做空美元——因而充滿信心，而華爾街仍在抱怨「陰謀論」。這一切只需要把數學計算從新墨西哥州帶進市場。

複雜性

貝氏技術本身不是科學，而是一項應用數學工具，有強力的預測效用。資本市場的基本科學是複雜理論。

資本市場是複雜系統，但複雜性卻少有人了解，甚至在金融經濟學中甚少為人使用。從一九九八年全球流動性危機到二〇〇〇年科技泡沫破滅，再到二〇〇八年的恐慌，政策制訂者帶領世界陷入一次又一次的崩潰。它們未採用複雜理論就是原因。

複雜理論的基礎簡單明瞭，不難了解。投資人如果想保存財富，現在就必須了解，等到下一次恐慌將為時已晚。九重冰措施將鎖住財富，讓人們不可能採取防衛對策。

複雜系統從有時間以來就已存在。超過一百三十億年前創造宇宙的大爆炸同時，也在天體、氣體、銀河和最後的星球間形成複雜動力。新鮮的是我們對複雜性作為一項正式科學的了解；這種了解可以追溯到一九六〇年的羅倫茲實驗。

羅倫茲的突破時機並非巧合。在一九六〇年以前，只有少數科學家擁有大規模的電算力，且這種電算力大部分被用在生理學和操作研究的傳統問題。個人電腦還有幾十年才會出現。但到了一九六〇年，大型電腦的分時使用開始對更多樣領域的研究人員開放，包括對羅倫茲擅長的氣象學。

如果沒有電算力，複雜的動力系統路徑將不可能以圖形觀察。我們可以從海嘯、大火和洪水看到複雜系統的結果，但無法看出其動力。電腦改變這一切。

要了解複雜性，知道它不是什麼會有所幫助。許多系統很繁雜（complicated），但未必是複雜（complex）。一支瑞士手工手表很繁雜，但不會製造與複雜系統有關的高度無法預期的行為。

像丟銅板、擲骰子或轉賭博輪盤等日常現象不是複雜現象。這類隨機程序具有高度可預測性。你不知道下一次丟銅板會是正面或反面。但你知道如果丟銅板一千次，你可以確定大約丟出五百次正面和五百次反面。得到九百次正面和一百次反面的機率幾乎等於零。

此外，像丟銅板或擲骰子等隨機程序沒有記憶。這表示前一次丟銅板對下一次沒有任何影響。有些賭客看到連續出現三次正面，就假設下一次丟擲出現反面的機率較高。這稱作賭徒的謬誤，因為它根據的是錯誤的假設。每一次丟銅板的機率永遠是五十比五十，這是為什麼丟一千次約製造五百次正面和五百次反面的原因，雖然較少的樣本可能偶然製造連續的正面或反面。當短期的偏斜發生，你可以確定未來的丟銅板會讓整體分布轉回五十比五十，這種現象也就是所謂的均值回歸（mean reversion）。

反之，複雜系統極其不可預測。一個複雜系統似乎可無中生有地製造出預料之外的結果。在資本市場，像市場崩潰、恐慌和連續的銀行倒閉等現象，都是複雜性進行中的例子。

複雜性是什麼？投資人如何利用對複雜性的了解以保存財富？

複雜系統處處可見；它們不局限在實驗室或次原子結構。如果你每天開車走一條不擁擠的馬路，然後某一天因為不明顯的原因而遇上交通堵塞，你碰上的就是發生中的複雜性。決定你最喜愛的餐廳是否在週五晚上會很擁擠，或者股市是否已經是泡沫，就是在解決複雜問題。複雜性無所不在。

複雜系統是自然的，也是人為的，或兩者的結合。颶風是自然的複雜系統。股市是人為的複雜系統。核子爆炸是兩者的結合，因為鈾原子的自然複雜性經過科學家的處理而進入超臨界狀態，釋放出炸彈的破壞力。

複雜理論從兩項工具開始。第一個工具是代理（agent）。代理只是系統中的一個行為者（actor）。代理在資本市場的例子裡可能是一個人，或在炸彈的例子可能是一個原子。代理是不可化約的單位，在複雜動力背景下創造行為。

第二個工具是反饋。這表示初始行為的產出會影響後續的行為。這是複雜系統有記憶的原因。當代理在複雜系統中行動時，他們遵循之前的行動制約接下來會做的行動。這個概念的另一個名稱是適應行為。一個代理根據它在系統中學習之前的行動來適應它的下個行動。

像丟擲銅板、骰子或轉賭博輪盤等隨機系統，不包含反饋循環。一枚銅板不會適應它的行為。在複雜系統，行動隨時在適應；適應是複雜性製造意外結果的原因之一。

反饋是內生或外生的。內生的反饋在一個代理的內部發生，牽涉到從錯誤學習。跳上熱爐子的貓學會下次不再這麼做。外生的反饋對一個代理來說是外部發生。就一名股市交易商來說，牽涉觀察其他人的行為對股價的影響。市場可能往上、往下，或不上不下，但人們會觀察這些行為才決定下一步怎麼做。

代理和反饋是複雜系統的砌塊。還需要什麼？如果有多樣的代理會有幫助。如果有許多一樣的代理，反饋會弱，因為一個代理的行為會強化其他代理的行為，而非改變它。在股票市場，有多樣的代理扮演看多者和看空者、做多者和做空者、富人和窮人、老人和年輕人。資本市場代理的多樣性很高。

另一個條件是，代理之間以某種方式溝通和互動。多樣的代理如果不能連接將無法產生複雜行為。五十名穴居人坐在五十個山洞可能對如何獵食有多樣的看法，但如果他們不離開山洞彼此溝通，多樣性就毫無作用。只有在穴居人離開自己的山洞、聚集在火堆前，並開始分享想法時，複雜行為才會出現。

多樣的代理相互作用，適應跟著展開。一旦穴居人開始在火堆四周比較看法，他們的獵食方法將跟隨其他人的成功經驗而改變。不肯適應的穴居人可能餓死。一個較高效率獵人的社會開始出現。這對乳齒象是壞消息，但對穴居人是好消息。

不談穴居人，想像是一群人數遠為眾多的股票交易人尋求最好的交易。他們有多樣的意見。他們透過彭博（Bloomberg）、路透、電子郵件和網路溝通。他們的交互作用是以每日交易量數兆美元來衡量。如果一個投資組合虧損，投資顧問必須很快適應。你向其他人學習，其他人也向你學習。不適應的人將損失客戶，或丟掉工作。他們很快被淘汰出局。簡單說，資本市場以明顯的形式展現所有複雜系統的特性。

這些複雜系統的砌塊很容易了解。你需要多樣素質的自主性代理。代理需要溝通管道以便交互影響。交互影響製造新資訊，反饋給代理。然後代理適應他們的行為，以改進結果。複雜的模式不像央行官員使用的隨機模式，它們類似真實世界。

反饋

在資本市場的複雜性可以用社會術語來描繪。有沒有經驗證據支持資本市場是複雜系統的觀點？有沒有可重複的實驗，證明符合正式科學方法的這個論點？兩個問題的答案都是肯定的。

適應行為出現在許多社會有關的複雜系統，例如市場、交通流量和約會。[12] 適應是為了競逐稀少的資源。如果珍貴的資源可以無限量取得，就不需要生存策略或適應行為，你要什麼都可任憑取用。稀少是導致個人以適應的策略來確保他們可得的資源。配置稀少資源的問題是經濟學的基礎。

在資本市場，稀少的資源是財富。在交通，稀少資源是停車空間。在約會，稀少資源是理想伴侶。在競逐稀少資源時，你必須做聰明的選擇，以增加你贏得高度競爭遊戲的機會。如果你的交易虧損、找不到停車空間，或爭取不到理想伴侶，最好四處看看贏家怎麼做。這是適應行為。

巴菲特就是個例子，以財富來說，他是個贏家。美國證券管理委員會（SEC）要求巴菲特的公司波克夏（Berkshire Hathaway）每季必須披露投資組合。投資人看到巴菲特怎麼做後，就會仿效他的交易，希望也變成贏家。

這個行為的結果是形成一群人，他們的行為強化同一群人中其他人的行為。長期下來的問題是，這個贏的策略吸引太多人，以致不再管用。第一位在布魯克林找到一家有很棒現場音樂新酒吧的潮客，可能在那裡享受幾個美妙的週末後。口碑傳開來，那家酒吧變得潮洶湧，那名潮客得擠上半天才喝得到一杯酒。在一家酷酒吧打發時間的贏策略，變成擠在人滿為患酒吧的輸策略。潮客得繼續尋找。巴菲特也是如此。

這種適應行為展現了反饋和記憶。如果想到那家酒吧已經變得擁擠又嘈雜，你可能不想再上門（雖然有些人喜歡嘈雜擁擠的酒吧）。

為了分析人群，物理學家推論出反群眾（anticrowds）的形成。反群眾吸引追隨者，對初始群眾產生反作用。這類群眾－反群眾行為展現許多記憶和反饋。群眾與反群眾的差別是他們的預期。

借用酒吧的例子，發生的情況就是有些晚上酒吧人很多，有些晚上卻有空桌子。你事先無法預料。代理根據可得的最佳資訊做預測，資訊可能包括上該酒吧的朋友更新他們的社群媒體訊息。即時資訊加快代理的反應機能，但這個機能仍然照樣運行。

顧客考慮到酒吧，或投資人決定是否該買特定的股票，在做預測時可分為三種群眾。群眾相信未來會類似於過去。反群眾認為未來不會類似過去。第三種群眾不做預測，但在心裡丟銅板，並根據隨機的結果行動。

以模式預測並不保證成功。記憶可能告訴你酒吧上個週末很擁擠，所以你決定這個週末待在家裡，因為你假設酒吧還會擁擠。這個模式說，未來會類似過去。如果夠多人有相同的模式並且待在家裡，實際上酒吧這個週末就會比較冷清。記憶讓你錯失享受一個有好現場音樂的晚上。

相反的，反群眾記得酒吧上週末很擁擠，並推測人們下一次會到別的地方去。在他們的模式裡，未來並不類似於過去。他們決定下個週末再嘗試那家酒吧。如果運氣好，他們能找到一張好桌子。

不過，如果反群眾太多人，酒吧可能又過度擁擠。然後一些反群眾成員可能加入群眾，並留在家裡。下一次，酒吧可能就有空桌子，如此循環不已。

在罕見的情況下，隨機類群眾可能都選擇同樣的行動（例如丟銅板連續五次正面），並使群眾成員在適應行為的作用下加入反群眾，反之亦然。這種隨機行為是群眾和反群眾忠誠轉換的觸媒之一——一片啟動雪崩的雪花。

科學家已用這些群眾－反群眾動力進行許多實驗。一群人從開始在他們的預測模式中採用一種偏好，透過經驗和反饋，他們自發地組成群眾、反群眾和隨機代理。群眾和反群眾吸引絕大部分參與者，兩方人數大約相等，而隨機代理占一小部分。這展現出複雜性最強大的性質之一：突現。明確定義的相反群體在不加外力或事先安排下，透過反饋和記憶的作用，從未加區隔的大眾突現。

突現行為在複雜科學已有許多研究文獻。以直覺來觀察，它也言之成理。華爾街的老生常談之說：「只要有買家，就有賣家。」在多頭市場，買家是相信未來類似於過去的群眾，賣家是相信未來會不同的反群眾。兩方的比例相當時，市場就能運作。那一小部分丟銅板的人呢？他們個別的行為是隨機的。他們會造成整體市場也隨機發展嗎？或者他們能讓多頭變成空頭，或反過來製造出非隨機的持續性？

物理學家強森（Neil Johnson）、許伯銘（Pak Ming Hui）和傑佛瑞斯（Paul Jefferies）利用金融市場資料證明，市場的價格移動模式不符合做為現代金融經濟學基礎的所謂隨機漫步模式（random walk model），而是符合複雜理論學家使用反饋與適應行為原則的預測。[13]

金融市場的行為可以拆解為二元選擇，用對一連串問題的「二選一」或「是／否」回答來表達。你今天會交易股票嗎？你會考慮IBM股嗎？你會買或賣？你會做大數量或小數量的交易？諸如此類。這些問題每個都有「是或否」的答案。在二元碼中，「是」可以用數碼1表達，「否」可以用數碼0表達。對這一連串問題的回答可以用一串1和0來表達，例如：0011010011。這些數字串可以編成電腦數碼，形成大數據組和長時間序列的模式。得到的答案對市場實際上如何運作很有啟發性。

普林斯頓大學教授墨基爾（Burton G. Malkiel）鼓吹的隨機漫步模式認為，這些決定類似醉漢在街上漫步。每一步都不確定，可能向前或向後。酒醉者沒有自主力。每一步都是隨機而為，不受之前的步伐影響。沒有記憶，也沒有反饋。

隨機漫步模式和群眾－反群眾模式應該會產生完全不同的1與0模式，因為隨機漫步沒有記憶，而群眾有記憶。兩種模式製造的模式都可以量化，而模式的預測被拿來與實驗資料比較。

強森等物理學家的做法是先以思考實驗開始。[14] 想像市場像是一個人從一個定點走了一段時間。走路者可以向前或向後走，就像市場可以上漲或下跌。你想計算的是行走的距離，目的是看市場是隨機漫步或別種情況。

為了方便起見，科學家給出發點數值為10。每向前一步就給這個位置加1，每向後一步就減1。從起始點10，如果你向前兩步、向後一步，你最終位置是11（10 + 1 + 1 - 1 = 11）。這個前／後值與前面敘述的投資人做是／否選擇的二進位產出一樣，也都可以做成二進位的編碼與分析。

這個從起始點十開始的二元漫步模式意謂走了9步後，走路者若不是走到19（10 + 9 = 19）或位置1（10 - 9 = 1），就是介於1到19之間，取決於漫步的模式。

例如，你從10出發，向前9步，結果是19的位置。從這個新出發點，每走一步後的新位置呈現以下模式：10 11 12 13 14 15 16 17 18 19。這似乎不是隨機；這個路徑似乎是有方向的。科學家形容這個模式具有高度秩序。

科學家把這個實驗推廣到所有類型的走路，創造一種描述距離是時間之函數的度量標準。這個函數表達為 t^a，其中 t 為移動的次數，a 代表指數，t^a 等於移動的距離。t 和 t^a 都可以在實驗透過經驗觀察到。指數 a 從 t 和 t^a 的結果產生。

在我們秩序化的例子中，$t = 9$，即移動次數，而 $t^a = 9$，因為這就是移動的距離。因此在這個例子 $a = 1$；指數 1 適用於 a 個等於該數字的數字。在這個高度有秩序的例子，$9 = 9^1$；步數等於移動的總距離。

當走的步子真的都是隨機時會如何？這時候移動的總距離很少會等於走的步數，因為有些步會向後、一些向前，彼此會抵銷。走的步數會大於移動的距離，這表示 $t > t^a$。如果是這種情況，那麼 $a<1$，因為 t 需要一個分數指數，才會大於 t^a。

對隨機漫步者來說，許多序列都可能出現，因為走九步就有無數向前和向後的可能組合。隨機漫步者走的每一步都像丟一次銅板，可能出現正面或反面。就分析來說，假設正面是1，反面是0，每個1代表從前一個位置向前一步，每個0是向後一步。

在實驗中，我丟銅板九次，得到以下的九次：110001001，總共4個正面，5個反面。從10的位置，接下來的步法則由隨機丟銅板表示，位置的次列為10 11 10 9 8 9 8 7 8。在這個隨機漫步中，走路者在九步中移動兩個位置（10 - 8 = 2）。這個隨機序列被科學家形容為脫序，因為這個次序未顯示任何持續的方向。

如果這個實驗用電腦輕易地反覆一千次，隨機漫步九步與初始位置的平均將大約是3，即9的平方根。距離$3 = t^a$是我們的模式。如果$t = 9$（總共走的步數），而$t^a \approx 3$（隨機漫步產出顯示的總位置移動），那麼$a \approx 0.5$。九步的隨機漫步總移動距離是$3 = 9^{0.5}$。

在有高度秩序的走路中，$a = 1.0$。在隨機或脫序的走路中，$a = 0.5$。實際市場採用哪一種走的方式？更正式說，根據實際市場價格的波動，a的值是多少？

複雜系統的特性之一是，它們既沒有高度秩序，也非隨機。複雜系統在秩序和脫序間震盪。這種震盪來自代理決定離開群眾，並加入反群眾，或反過來。一個以隨機行為開始的複雜系統，可能透過反饋和適應行為而變成有秩序。同樣的，一個有高度秩序的系統可能演變成脫序。

複雜系統向後也向前移動，完全像市場隨著投資人信心從恐懼到貪婪的變化而從多頭移動到空頭。不過，系統不會因為群眾—反群眾動力而變得完全有秩序。換句話說，指數a在複雜系統的值應該介於0.5到1之間。

對世界各股市的長期實證研究顯示，真實市場的值大約0.7。這個經驗結果落在0.5到1.0之間，介於隨機和有秩序間的某個點，一如複雜理論所預測。這是資本市場是複雜系統的強力證據。

資本市場不僅符合具備多樣性、溝通、交互作用和適應行為等複雜系統的定義，而且經驗證據顯示，市場的實際行為也符合理論模型預測的產出。這是最好的科學。

這個結論的意義令人不安。強森教授明確地道出其中的問題：

> 大部分金融世界用來計算市場如何移動的標準模式並不精確……金融市場是複雜系統，除了用複雜系統理論，無法精確地描述它們。因此，標準的金融理論可能適用一陣子，但終究會失敗，例如在市場因為群眾行為而出現強勁波動時。而這絕不是一個小瑕疵，因為這些時刻正是你的金錢承擔最大風險的時候。[15]

掌握複雜理論是評估資本市場風險的強大工具。我們看到多樣的代理群如何自己組織成群眾和反群眾，製造出一個相當穩定、但不是隨機的市場。這是持續性，但非完全的秩序。

當群眾和群眾一起行動時，恐慌從中出現。在完全有秩序的市場，這是一個都是賣家、沒有買家的市場。這種市場會立即崩潰，價格會跌到0。它發生的可能性有多高。在自然的複雜系統，仍然經常發生崩潰。

密蘇里州的新馬德里地震帶（New Madrid Seismic Zone）和四周各州已相當穩定逾兩百年，但在一八一一－一八一二年，新馬德里出現四次北美史上有紀錄的最大地震，估計規模在七・〇M_W以上（M_W表示矩規模，是取代芮氏規模的地震強度標準）。地震學家預測，下一次新馬德里地震矩規模可能高達七・七，和一九〇六年舊金山地震相當。這些估計包括死亡人數八萬六千人，和兩百萬人流離失所。地震斷層是複雜系統，股市也是。

複雜系統在隨機與秩序間震盪並不表示這些系統是穩定的，或能夠自我平衡。複雜系統出乎意料地可輕易透過相變（phase transitions）而進入混亂或崩潰。洛斯阿拉莫斯進行的貝氏模擬類型，可協助分析師預測複雜系統的一系列結果，包括金融版的熱核炸彈。

本書討論的金融結果曾經發生過。投資人可能在一次市場崩潰中虧損金錢，但長期來看，市場的傾向是回升。有些崩盤對身懷現金在場外尋找便宜貨的人來說，是絕佳的買進機會。即使是蒙受市場虧損的人若能緊抱部位而不在恐慌中賣出，也往往能收復失土。大多數市場長期來看都上漲。少數在高點賣出、並在崩盤後買進的幸運兒，得到優於市場平均水準的報酬率。

同樣的，知名銀行倒閉似乎是一個社會已學會管理的問題。倒閉公司的股票投資人可能蒙受損失，但存款人和帳戶擁有者屢次獲得存款保險和政府擔保的紓困。如果是大型分散投資組合的一部分，那麼即使股票虧損仍然可以管理。一九八七年、一九九八年、二〇〇〇年和二〇〇八年的崩潰之後，市場都回升到新高點。所以，為什麼投資人要擔心崩潰？

複雜系統中崩潰的原型不是新馬德里或舊金山，而是喀拉喀托火山（Krakatoa）。一八八三年，蘇門答臘和爪哇間巽他海峽（Sunda Strait）的喀拉喀托島爆發的威力，比廣島原子彈大上一萬三千倍。這股力量比一九五四年比基尼環礁（Bikini Atoll）試爆的喝采城堡炸彈（Castle Bravo）大十倍，也比歷來最大的核子試爆——一九六一年蘇聯的五千萬噸沙皇氫彈試爆——多四倍的威力。

一八八三年喀拉喀托火山爆發後，喀拉喀托島幾乎蕩然無存。投資人關切的原因是，某些系統崩潰如此大，以至於系統無法回升。系統從此不存在。

| 第四章 |

前震撼：1998年

我長期思考長期資本管理公司（LTCM）的危機，最引起我注意的是……LTCM事件是一個很現代的危機，但解決的方法卻與過去一直用來解決危機的方法如出一轍。央行介入，聚集幾個大人物。他們對於應不應該做這件事有爭議，但到最後，問題就是這樣解決的。

——費希爾（Stanley Fischer），聯準會副主席[I]

上帝給了諾亞彩虹記號，但下一次不再是水而是火。

——福音歌《阿瑪麗別哭了》

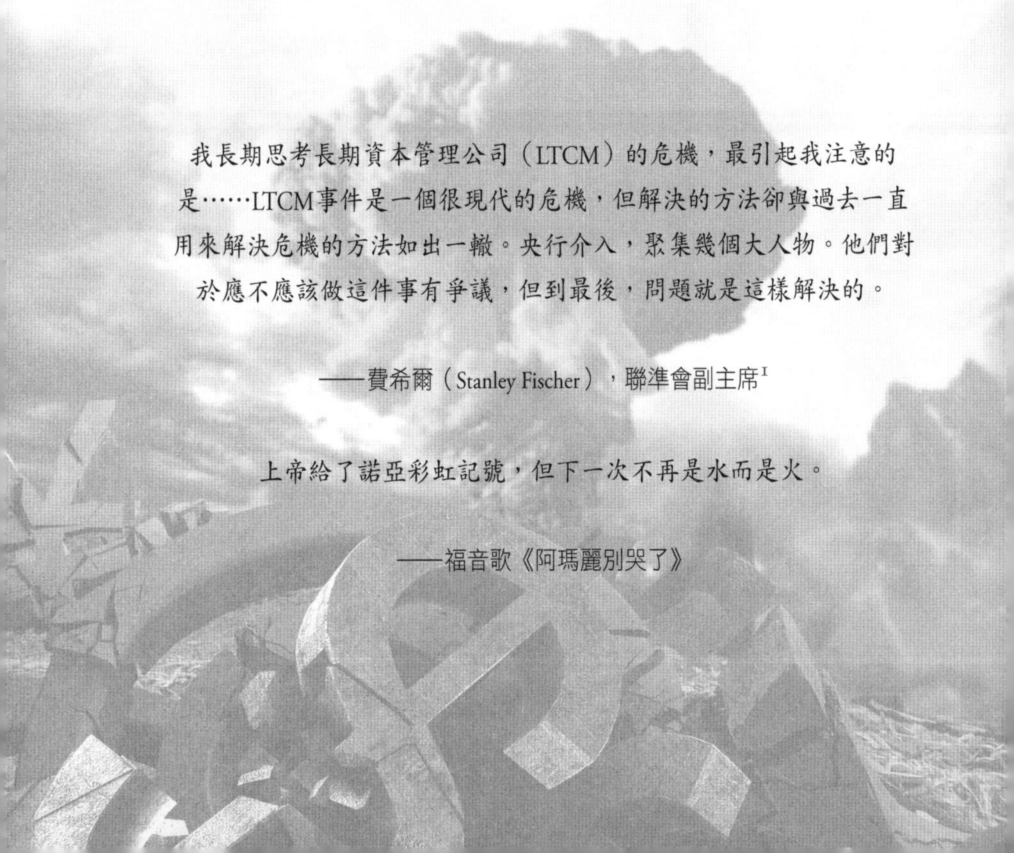

賺錢機器

二〇〇八年金融恐慌刺激許多書籍和電影上市，包括從索爾金（Andrew Ross Sorkin）的書改編回憶的記述電影《大到不能倒》（*Too Big to Fail*）。根據各方報導，金融體系在那一年遭遇一場突發的心臟病。這個醫學譬喻並不誇張，世界金融體系真的心臟病發作，病人幾乎倒地不起。聯準會是一名拿著心臟電擊器的醫生。讓我對二〇〇八年最吃驚的是，我以前就看過這部電影。

正好十年前，幾乎是在同一天，金融體系遭逢歷年來第一次全球性的心臟病。聯準會醫生當時也救回了病人。但一九九八年後，病人又重拾抽雪茄、酗酒和不運動的習慣。第二次心臟病突發只是遲早的事。

如果一九九八年的市場診斷研究過病狀和恐慌的過程，二〇〇八年的崩潰原本是可以避免的。可惜沒有人做這件事。一九九八年的教訓沒有人學會。不正常的市場行為甚至規模變得更大，而且銀行和監管當局還助長它。

俄羅斯違約和長期資本管理公司避險基金（LTCM）倒閉觸發的一九九八年恐慌，事後看來似乎規模不大。許多人沒聽過這回事。比起二〇〇八年恐慌，一九九八年夏末似乎很遙遠和無足輕重。

表面上看來，一九九八年的問題似乎已經遠離。幾家銀行降低巨額帳面資產，最引人注目的是瑞士銀行（UBS）。一些銀行主管被開除，葛林斯班調降利率兩次——一次在一九九八年九月二十九日定期的聯準會開會時，另一次在一九九八年十月十五日罕見的臨時會議。第二次降息發揮功效，它告訴市場聯準會正密切注視，會採取任何必要的手段恢復平靜。

情勢恢復正常。已擴大到不可置信的信用利差開始縮小，股市擺脫ＬＴＣＭ恐慌，展開史上最強勁的漲勢。道瓊工業指數從一九九八年年十月一日的七六三二．五三點，到一九九九年十二月三十一日以一一四九七．一二點收盤，十五個月漲幅達五一％。ＬＴＣＭ不再出現於報紙標題後，就好像什麼事也沒發生。

然而確實發生了以前從未發生的事。全球主要股市和債券市場幾乎瓦解，最大的銀行瀕臨倒閉，像骨牌一樣從長期虛弱的環節雷曼兄弟（Lehman Brothers）開始倒下。從相對幅度來說，投資人面臨的虧損風險可能比二〇〇八年大。這些在當時並未見諸於報導，雖然媒體聚焦在ＬＴＣＭ和它深居簡出的創辦人梅利韋勒（John Meriwether）。只有幾個ＬＴＣＭ、聯準會、財政部的內部人和外國財長，看清整個情勢和了解其重要性。菁英們在跑道上噴灑泡沫，讓已經四個引擎著火的ＬＴＣＭ安全降落。全球投資人全都束緊安全帶坐在飛機上，但無處可逃。以後見之明來看虛驚一場的事件，實際上是逃過一場極其凶險的災劫。

當時挽救系統的內部人都是響叮噹的人物，有些人日後變得更有名，有些則消聲匿跡。彼得．費雪（Peter Fisher）領導聯準會帶頭的緊急救援；他後來擔任超大型財富管理公司貝萊德（BlackRock）副董事長。善打橋牌的貝爾斯登總管執行長凱恩（Jimmy Cayne）是ＬＴＣＭ的經紀人，他比任何外部人擁有更靈通的ＬＴＣＭ市場風險資訊，但他以典型的華爾街風格，拒絕與其他銀行執行長分享資訊，險些把救援行動搞砸。

高盛執行長寇辛（Jon Corzine）與花旗銀行、摩根大通和美林（Merrill Lynch）的執行長，同是ＬＴＣＭ救援行動的領導人。寇辛是梅利韋勒的好友，但在紓困期間注意力渙散，因為他的交易損失數十億美元。二〇一一年在明富環球（MF Global）的挫敗中破產，對看過他在高盛魯莽豪賭的人來說一點也不意外。

在一九九八年恐慌中，高盛盜竊ＬＴＣＭ的衍生性金融商品部位資訊，並用來掩護自己的交易和搶先競爭者進行交易。高盛也嘗試在最後一刻破壞ＬＴＣＭ紓困交易，做法是趕在聯準會之前提出一項由寇辛、巴菲特和美國國際集團（AIG）執行長葛林柏格（Hank Greenberg）簽署的敵對提案。ＡＩＧ在二〇〇八年的一項政府紓困中自己不支倒地。凱恩和寇辛是「十四大家族」中的兩位掌門人，十四大是指參與ＬＴＣＭ紓困的十四家華爾街銀行。

如果沒有傳奇性的銀行危機大師羅德斯（Bill Rhodes）的祕密干預，ＬＴＣＭ不會成功，他協調外國銀行家和財政部長，安排貸款豁免，在此同時十四大家族則互相爭鬥。局外人不知道，ＬＴＣＭ已經從十九家銀行的國際聯貸安排近十億美元無擔保信用。若要完成救援，除了十四大家族挹注新現金外，還需要這些銀行的豁免。羅德斯爭取到豁免。

ＬＴＣＭ的故事在發生過後不久，就被詳細記敘在羅溫斯坦（Roger Lowenstein）精彩的書《當天才倒下》（*When Genius Failed*）。[2]現在重溫這個故事的原因是，說明二〇〇八年恐慌早在一九九八年的事件預告了。一九九八年和二〇〇八年的情況不同，但動力卻一樣。令人不安的是，下一次的恐慌也已在一九九八年和二〇〇八年預告了。沒有人學到教訓，每一次菁英們只是擴大紓困。不同的是，下一次恐慌將太大，而紓困將太小而無法阻止。

過度槓桿、衍生性金融商品和依賴過時的風險模式等因素，在一九九八年和二〇〇八年是完全相同的。如果記取ＬＴＣＭ的教訓並善加利用，二〇〇八年的崩潰原本是可避免。然而華爾街和華盛頓對一九九八年發生的事睜隻眼、閉隻眼。包括聯準會主席葛林斯班和財政部長桑默斯等政策制訂者，堅持相信有瑕疵的風險模式。非但未記取教訓，葛林斯班和桑默斯加倍押注於支持取消葛拉斯－史帝格法案（Glass-Steagall）和放寬衍生性金融商品法規，導致二〇〇八年崩潰無法避免。

現今我們看到教訓再度被忽略。華爾街仍然生意照做，仰賴像是風險值（value at risk）等誤導的模式。下一場災難的規模將比前兩次以級數性擴大，下一次世界將無法恢復原狀。

專家聚集

我在一九九四年二月加入ＬＴＣＭ，為公司創辦人、傳奇性的債券交易人梅利韋勒工作。我在這家基金尚未營業就加入，直到一九九九年八月它崩潰、獲得救援和解散。創辦合夥人包括兩位一九九七年的諾貝爾經濟學獎得主和其他現代金融的前輩。過去從未有過像在ＬＴＣＭ一樣，有這麼多金融界人才聚集在一個地方，包括來自大學和智庫的知名人物。

LTCM的誕生源自所羅門兄弟（Salomon Brothers）在一九九一年幾近倒閉。所羅門的名號至今已鮮為人知，但在一九八〇年代，所羅門是巨額債券買賣和複雜交易策略的同義詞，梅利韋勒發明了許多交易策略。一九九〇年八月和一九九一年五月，梅利韋勒的屬下莫澤（Paul Mozer）非法操縱兩年期公債市場，並向聯準會謊報他的交易。莫澤向梅利韋勒坦承犯行，梅利韋勒立即向執行長古弗蘭（John Gutfreund）和所羅門總裁及法務長報告。這三名主管草率地進行內部調查，未及時向政府報告違法情事。

這樁醜聞到一九九一年八月十八日達到決定性的階段，當時財政部禁止所羅門參與公債競標。所羅門最大投資人巴菲特知道這是死刑，所羅門勢必聲請破產，讓他的投資血本無歸。但巴菲特擔心的不只是他的投資。當時剛從一九九〇年華爾街巨擘德萊瑟公司（Drexel Burnham）破產復原，巴菲特相信又一家債券交易商違約會傾覆全球金融體系。德萊瑟－所羅門的連環拳可能讓市場就此倒地不起。

巴菲特打電話給財政部長布雷迪（Nicholas F. Brady），讓財政部撤回一部分標購禁令幾個小時，交換條件是巴菲特同意整頓內部，投入新資金，掌控所羅門的營運權直到公司恢復穩定。

古弗蘭與總裁史特勞斯（Tom Strauss）和法務長弗爾斯坦（Don Feuerstein）在壓力下辭職。梅利韋勒的情況較難處理，因為他向內部報告了犯行。不過他是所羅門的副董事長，而且面對輿論抗議的聯準會覺得所有高層主管都必須離職。梅利韋勒獲准辭職，他在華爾街的生涯已經結束。用華爾街的說法，梅利韋勒發現自己「在海灘上」。

梅利韋勒著手成立一家新公司，一家不受聯準會或證管會監管的避險基金，讓他得以隱密地從事他的複雜交易，不受政府、媒體或銀行的監督。他有計畫地召募前所羅門同僚和學界的新面孔。公司名稱是長期資本管理公司（LTCM），一篇宣布LTCM成立的報導一九九三年九月五日刊登於《紐約時報》，標題為「梅利韋勒東山再起」。[3]

LTCM總部在康乃狄克州格林威治，除了梅利韋勒外，LTCM合夥人包括兩位一九九七年的諾貝爾經濟學獎得主修斯（Myron Scholers）和莫頓（Robert C. Merton），和一位前聯準會副主席穆林斯（David Mullins Jr.）。但除了修斯、莫頓和穆林斯這些大人物外，LTCM還有更多人才。較不為人知、但同樣成就非凡的有義大利經濟學家喬凡尼（Alberto Giovannini），他曾領導創立歐元的技術設計團隊。另一位重要人物是霍金斯（Greg Hawkins），來自柏克萊大學，在那裡曾是葉倫的同僚。年輕的人才中有詹姆斯（Matt Zames），現在是摩根大通執行長戴蒙的接班人選之一。

LTCM的網絡除了合夥人外，還包括基金的財務支持者。主要投資人之一是義大利財政部，這個關係很重要，因為LTCM是義大利政府債券全球最大的交易商。另一位投資人是在台灣執政數十年的國民黨。

一些世界最大的銀行如日本住友銀行、德國德意志銀行和瑞士銀行，也在「策略關係」名義下大舉投資LTCM。這表示LTCM交易商和銀行高層主管間保持雙向的資訊交流。在全球金融網絡中，LTCM已然接近核心位置。

結合這批高手的是對現代金融教旨的堅定信仰：效率市場、均值回歸、理性預期和風險的正常分布。以實務的用語來說，這表示若兩種工具實質上有相同的信用風險和現金流現值（cash flow present value），它們應該有類似的價格。市場被以複雜的模式和強大的電算能力監視，以尋找價格關係錯位的情況。

例如，一檔三年前發行的五年期美國公債還有兩年才到期。財政部也發售新的兩年期公債。兩年後到期的五年期公債，和同樣兩年到期的新兩年期公債，交易的價格應該產生大致相同的兩年到期殖利率。這兩檔公債沒有實質差異，因為都是同一個政府發行，有相同的到期日。

但有時候這種殖利率等值並未發生。兩檔公債的殖利率可能因為某些信用或現金流的原因而不同。分歧的價格原因包括機構對流動性的偏好。一些投資人只要新公債，或所謂的熱門券（on-the-run notes），避開冷門券。它們會在政府債券拍賣上執行這種偏好，賣出它們的冷門券，以收入來買熱門券。投資人流動性偏好暫時抑制舊債券的價格，並為新債券增添溢價。

對效率市場的熱愛者來說，流動性偏好說不通，因為兩種債券從信用和現金流觀點來看完全一樣。LTCM認為這種情況下的價格差異是異常，並利用它買進舊債券、放空新債券。實際上，LTCM與投資人對作交易。藉由買進「便宜」的債券和賣出「貴」債券，LTCM

可以賺取兩種債券的價差。

一段時間後，市場會正常化。新債券在市場變「舊」，兩種債券的價差會聚合。ＬＴＣＭ會藉賣出多頭部位、回補空頭部位來軋平交易，賺進價差成為利潤。由於兩種債券的風險相同，也因為ＬＴＣＭ已抵銷多頭和空頭部位，這種策略被認為實際上是零風險。只要利用投資人非理性的流動性偏好，就能賺取利潤。

零風險的套利有無數種變形。價格差異也出現在不牽涉新債券發售的情況。證券的稅負各不相同，套利可能從稅負會計出現。兩種不同貨幣的債券可能產生價格差異，價格調整可能為了貨幣風險而做，並另外做一樁避險交易。每當差異產生，ＬＴＣＭ的電腦就已等著買進便宜的債券並放空昂貴的債券。然後ＬＴＣＭ可以耐心等候價差聚合，讓零風險的獲利落袋。每當市場不理性時，ＬＴＣＭ都會保持理性。

這個策略的問題之一是，每筆交易的獲利雖然穩定，卻很微薄。市場力量往往讓價差不致太過離譜。ＬＴＣＭ以槓桿來解決這個問題。一筆交易的利潤雖小，例如以年度方式計算為二%，但若該交易的槓桿為二十比一，二%的報酬就變成四〇%的報酬。

ＬＴＣＭ不是銀行，雖然它的做法像銀行。一家避險基金如何能借到錢來做二十比一的槓桿操作？錢是透過附買回協議（repo）借來的。在附買回協議中，向一家交易商買的債券被用來向另一家交易商當作保證，以便籌錢買更多債券。其結果是一個倒金字塔形的債券、保證和貸款，架在一點點現金上。

另一個槓桿技巧是利用交換合約（swap）隱藏資產負債表外的交易。交換合約是一種有債券交易效用卻不牽涉實際債券的合約。交換的交易各方指定固定利率、到期日和貨幣，以合成想要的現金流而不實際買債券。從銀行交易對手的觀點看，交換合約的槓桿比利用附買回協議高，因為交換不列入資產負債表。交換合約對銀行的資本要求比附買回協議低。如果資產負債表外的交換合約與附買回協議一樣多，LTCM的真正槓桿將不是二十比一，而是三百比一。LTCM的交換合約最後超過一兆美元。

這些套利和槓桿策略奏效，一九九四年投資人的報酬率是二〇%，一九九五年四三%，一九九六年四一%，一九九七年為一七%。在四年間，LTCM已幾乎讓投資人的錢翻三倍。這發生在假定為零風險的交易。在外人眼中，LTCM似乎已發明一架可以永久運轉的賺錢機器。LTCM因為有高獲利所以收取高手續費，這表示LTCM合夥人個人也賺進數億美元。外人不知道的是，到一九九七年，LTCM最大的投資人都是基金自己的合夥人。

這是一段陶醉的時期。教授和政策制訂者絡繹不絕來訪問，想了解其中的祕密。參觀辦公室似乎很奇怪，因為沒有什麼可看的。格林威治港的全景很美，但出奇的安靜。比起喧囂的華爾街交易廳，LTCM大部分時間很安靜；一切靠電腦。LTCM的交易方式意謂一旦一樁交易完成，它可能維持數個月或數年，直到價差慢慢聚合，零風險的獲利出現。合夥人在會議中辯論策略比較像學術研討會，不像一些銀行刀光劍影的爭鬥。天氣好時，梅利韋勒和他的合夥人出現在附近的翼腳（Winged Foot）鄉村俱樂部球場的機會，就像在交易廳那樣。沒有理由不打高爾夫，反正電腦控制一切。

梅利韋勒的公眾形象是：一位禿頭、粗率、華爾街的「宇宙大師」，一如兩本經典著作描繪的樣子，一本是渥爾夫（Tom Wolfe）一九八七年的小說《虛榮的篝火》（*Bonfire of the Vanities*），一本是路易士（Michael Lewis）一九八九年的滑稽傳記《老千騙局》（*Liar's Poker*）。渥爾夫誇大地訴說一名債券交易員麥考伊（Sherman McCoy）的故事，他在所羅門兄弟持有與梅利韋勒類似的部位，讀者不可能錯過這個影射。路易士描述一則真實生活的軼聞，有關梅利韋勒和古弗蘭在所羅門交易廳玩一局老千騙局，賭注高達一百萬美元，這個傳奇故事一直跟著梅利韋勒。

事實上，梅利韋勒說話輕聲細語，有點害羞。他在高爾夫球場或賽馬場交遊廣闊，但總是躲避與成功避險基金界名人如影隨形的媒體和社交圈。梅利韋勒是純種馬比賽的熱愛者，並擁有幾匹名駒。他的少數業外活動之一是紐約賽馬協會會員，這個協會經營紐約三座最大的賽馬場，包括貝爾蒙特錦標賽的場地貝爾蒙特公園，該賽事是三冠賽（Triple Crown）的最後一站。在賽馬場度過一天是典型的LTCM員工凝聚團隊精神的活動。

賽馬、高爾夫球場和格林威治的平靜，與LTCM猜想一定是睪酮激素賁張、喧嚷推擠的觀念格格不入。它並不是。創造獲利的是模式和電腦，合夥人是自動導航飛機的駕駛員。你可能偶爾介入以處理意料之外的壞天氣，其他時候你會讓自動駕駛導引飛機到達目的地。只要自動駕駛經過妥善的程式設計，一切都不成問題。

全世界每一家大銀行都想加入，外國銀行排隊想成為投資人。它們想締結與初始銀行投資人享有的策略關係，其他機構也爭取成為交換合約的交易對手。銀行可以承接ＬＴＣＭ的交易，然後在市場將風險分攤出去，賺取它們自己的零風險獲利。通常這種風險分擔給與ＬＴＣＭ有交換合約的其他銀行。這是一個風險不斷換手的旋轉木馬過程，終點仍回到原點——銀行。感覺起來這種旋轉木馬音樂永遠不會停止。

ＬＴＣＭ的金融技術不限於梅利韋勒在一九八〇年代發明的固定收益套利。新結構不斷被發現。ＬＴＣＭ在一九九四年共同發明了主權信用違約交換市場，時機大約是摩根大通的銀行家在邁阿密一個荒唐週末發明的一項更著名的操作法，後者在邰蒂（Gillian Tett）精彩的書《傻愛成金》（*Fool's Gold*）裡有詳細描述。[4]

ＬＴＣＭ是義大利政府債券的最大持有機構，是一項牽涉義大利利率、不同種類的債券，以及義大利對外國投資人利息所得預扣稅的複雜套利交易的一部分。ＬＴＣＭ可以為利率、外匯和稅負風險避險，但無法避險的是義大利政府違約的風險。這個風險很小，但不是零。這個債券部位如此龐大，即使微不足道的風險在經過統計分析後也會製造龐大的預期損失。ＬＴＣＭ必須讓義大利違約的風險消失。我們需要當時還不存在的保險，所以我創造了它。

一名ＬＴＣＭ交易員亞金（Arjun Krishnamachar）和我合作發明這種新保險。我們發現日本銀行巨擘住友的米蘭分行是一個有意願的交易對手，該分行在義大利有資產，願意接受價格以承擔義大利的負債。亞金的工作是設計這宗保險評價的公式。我以首席顧問身分的工作是撰寫定義違約事件的合約。這是在違約交換條件的業界標準制訂前發生的事，所以我們是從一張白紙開始。

如果政府無法償付你的錢，顯然這就是違約事件。政府違背對債券持有人義務的方式有無數種，包括：資本管制、預扣稅、資產凍結和超級通貨膨脹（hyperinflation）。我們必須考慮所有這些方式，否則保險在需要時可能不會給付。這就像買颶風險涵蓋風災損壞，但不包括洪水災害一樣。我們要確定洪水也包含在保險內。主權信用違約交換合約是我們第一項發明，但它不是最後一項。

貪婪高漲

在初期的成功和數十億美元獲利後，貪婪逐漸高漲，追求的目標是利用槓桿和衍生性金融商品賺錢的新方法。

合夥人擴張到併購案的股市套利。併購套利牽涉一家公司提議收購另一家公司的價格與目標公司目前股價的價差。

如果公司A提議以每股二十五美元收購B公司，並以A公司股票支付，而B公司股價為每股二十一美元，這就是很簡單的做空A公司、買進B公司的事，如此就能獲得每股四美元的價差。軋平這樁交易的方式是在收盤時賣出B股，買進A股，然後填平A股空倉，讓每股四美元落袋。

這種交易的風險是交易失敗，Ｂ公司股價跌到更低的價位。ＬＴＣＭ合夥人了解這點，他們的依靠是統計上大多數交易會通過，成功案例的獲利足以彌補偶爾失敗交易的損失。關鍵是在成功案例中賺大筆獲利，而這麼做的訣竅是利用資產負債表外槓桿。

ＬＴＣＭ不直接交易實際的併購股票。ＬＴＣＭ合夥人對股市了解不多；對他們來說，一切都是數學。買進和賣出併購交易的股票很昂貴，原因是佣金和空頭部位的保證金利息負擔。ＬＴＣＭ使用旗下初級經紀商貝爾斯登安排的一種權益籃交換（equity basket swap）合約。權益籃交換合約的限制是這籃資產的大小。在ＬＴＣＭ－貝爾斯登權益交換合約的例子裡，權益籃價值一百五十億美元。ＬＴＣＭ把物件放進籃中，或透過給貝爾斯登交換交易桌的電話把物件取出。交換合約給ＬＴＣＭ和實際擁有股票同樣的獲利或損失，而不必承擔持有它們的開支或資本要求。

老派套利交易人不了解ＬＴＣＭ在他們的市場如何交易。他們花了數十年發展分析模型以評估交易能否成功。他們買進並賣出實際的股票，並支付高額融資成本以進行買賣。交易失敗是他們的噩夢。ＬＴＣＭ幾乎對股票一無所知，且對偶爾失敗的交易並不在乎。ＬＴＣＭ的優勢是高槓桿和統計機率，這只是另一場數學遊戲。

合夥人在那個時代最大的併購交易案中採用這種策略，包括洛克希德－波音、ＭＣＩ－世界公司，以及花旗集團－旅人（Travelers）等案。ＬＴＣＭ把選擇的看多和看空股票放進交換籃，而貝爾斯登則是實際進行股票交易以掩護資產籃的曝險。ＬＴＣＭ和貝爾斯登都得到避險。貝爾斯登有廉價融資，因為它是交易商。ＬＴＣＭ有廉價融資，因為它利用資產負債表外的交換合約。每個人都是贏家，每個人都有避險。至少看起來如此。

在一九九六年，接近ＬＴＣＭ獲利和各方讚譽的高點時，摩根大通提議以五十億美元收購ＬＴＣＭ五〇％股權，以ＬＴＣＭ當時每年光是管理費就賺進三億美元來看是合理的價碼。摩根大通也計算過，它持有的股權可享有身為投資人的優惠地位，同時有機會獲得直營交易的利潤。

這個提議遭到拒絕。以ＬＴＣＭ合夥人的話來說：「如果我們值這麼多錢，為什麼要賣？」這個拒絕是因為驕傲。如果合夥人當時賣出，ＬＴＣＭ在一九九八年危機打擊時將是摩根大通的一部分。摩根大通會為了保護自己的信譽而拯救ＬＴＣＭ。當時美國銀行擁有另一家在一九九八年虧損數十億美元的避險基金蕭氏公司（D. E. Shaw）。美銀在那場恐慌中默默支撐蕭氏。現今蕭氏生意興隆，是一家三百七十億美元資產的管理公司和科技公司。蕭氏有一個大哥哥，ＬＴＣＭ沒有。

交易趨勢轉向併購套利，拒絕摩根大通一九九六年的併購提議，是ＬＴＣＭ棺材的第一根釘子。最後一根釘子是在一九九七年釘下，正當崩潰之前，當時合夥人進行一項收購原始投資人的計畫。他們將擁有管理公司和基金本身。這項計畫是建立一個財富王朝的第一步。

到了一九九七年九月，ＬＴＣＭ的基金資本接近七十億美元，比我們一九九四年初始的十億美元呈現大躍進。不過，投資報酬率卻逐漸下滑。ＬＴＣＭ在偏好的交易規模愈來愈大，意謂邊際報酬率愈來愈低。銀行紛紛模仿ＬＴＣＭ的策略，使所有參與者的利潤益加微薄。ＬＴＣＭ的合夥人意識到，如果他們把原始投資人推開，他們就能吃到更大塊的餅，自己賺更多獲利。為了自肥，他們決定拋棄初始的支持者。

合夥人的計畫有兩部分，第一部分只是透過強迫贖回把錢還給外部人。這在一九九七年十二月三十一日完成，還出三十億美元的全部現金。贖回降低ＬＴＣＭ的資本到約四十億美元。ＬＴＣＭ合夥人個人擁有其中二十六億美元的資本，其餘由第三方投資人擁有。

由修斯主導的計畫第二部分，牽涉一套聰明的選擇權策略，以控制另外十億美元的基金資本。ＬＴＣＭ說服瑞士銀行，賣給合夥人一項ＬＴＣＭ的七年期十億美元價平（at-the-money）買權。這個選擇權容許合夥人從一九九七年到二〇〇四年間的任何時候，支付十億美元買進該金額的基金，外加從售出選擇權那天起算十億美元的獲利。這實際上使合夥人擁有十億美元資本的未來獲利。

瑞士銀行根據修斯自己的選擇權評價公式，為這些選擇權向合夥人收取約三億美元。瑞銀以十億美元投資在基金，為該選擇權避險。如果ＬＴＣＭ賺錢，瑞銀將因為選擇權而必須支付合夥人更多錢，而投資ＬＴＣＭ的獲利將可補償支付的義務。瑞銀既為選擇權避險，又多賺進三億美元。

瑞銀的新投資被用作一九九七年資金的一部分分配給外部投資人的錢。當一切在一九九八年初塵埃落定，基金有四十億美元，合夥人擁有二十六億美元，瑞銀十億美元，幾家締結策略關係的外國銀行有四億美元。由旅日合夥人透過選擇權結構實際上擁有瑞銀的投資，他們真正的擁有權為三十六億美元，相當於基金的九〇％。ＬＴＣＭ從一家避險基金變形為多家族理財室，完全沒有外部投資人。

瑞銀出售的十億美元選擇權最令人好奇的是，它只避險未來的獲利。瑞銀沒有為未來的損失避險，沒有人想過ＬＴＣＭ可能虧損。瑞銀以為它是為一艘永遠不沉的郵輪保險，即使它已經展開鐵達尼之旅。

金融渦流

一九九八年初幾個月的資本市場相當平靜，ＬＴＣＭ的獲利不多，但保持穩定。該基金正邁向一個即使不驚人、但也不錯的年頭。

在前一年的一九九七年七月，亞洲爆發金融危機，導火線是泰銖貶值。貶值導致在該地區追逐利差交易（carry trade）的龐大熱錢資金外流。在一九九〇年代中期，投資人借入低廉的美元，兌換成泰銖，並投資在高收益的泰國發展計畫，如度假中心和其他房地產。美元兌換泰銖被認為風險很低，因為泰國央行維持美元與泰銖的固定匯率，且可自由兌換。出乎意料的在一九九七年七月二日，泰國打斷與美元的聯繫匯率，泰銖應聲重挫二〇％。放款人蒙受重大虧損，泰國向ＩＭＦ尋求技術協助。外國投資人拋棄當地的投資，從泰國撤資。全球性的恐慌升起。

這場混亂接著打擊印尼和南韓，兩國當時都採取類似於泰國的政策。八月十四日，印尼放棄印尼盾緊釘美元。印尼盾直線下墜，恐慌籠罩街頭，貨幣暴動擴散。警方動用武力，一些暴動者遭殺害。ＩＭＦ實施緊縮措施，反而讓情勢惡化。

全球投資人不再信任新興市場的匯率政策，他們想收回自己的錢。恐懼漫延到已開發經濟體。一九九七年十月二十七日，道瓊工業指數下跌五百五十四點，為歷來最大單日跌點。從一九八九年全球化的新時代開始以來，「傳染」這個詞首度被金融界廣泛使用。

ＩＭＦ扮演撲滅金融大火的先發救火員。ＩＭＦ提供現金給南韓、印尼和泰國，以強化它們的準備部位。交換的條件是讓ＩＭＦ實施嚴厲的約束，包括削減預算、增稅、貶值和其他拯救銀行和債券持有人、卻犧牲市井小民的嚴酷措施。儘管悲慘，ＩＭＦ的蓖麻油策略卻奏效。到一九九八年一月，情勢似乎已經控制住。ＩＭＦ救火員撲滅了亞洲的大火。

在格林威治的平靜中，ＬＴＣＭ合夥人觀看這些事件的心情並非驚悚，而是好奇。如果市場如此迅速崩潰，電腦一定可以找到許多便宜的資產。梅利韋勒要求他的分析師尋找可以低價買進的印尼公司債。街頭已經濺血，但對格林威治的合夥人和電腦來說，印尼只是另一筆交易。

一九九八年四月對ＬＴＣＭ是虧損的月份，合夥人不確定原因何在。市場似乎很平靜，但在外表之下，大地已開始震動。

一九九八年四月六日，旅人集團和花旗銀行母公司花旗集團，宣布歷來最高額的一千四百億美元合併交易。旅人由傳奇性的華爾街外國人魏爾（Sandy Weill）掌舵，這樁交易是魏爾一九八五年被迫退出美國運通（American Express）以後捲土重來的最高點。在花旗集團交易一年前的一九九七年九月二十四日，魏爾和旅人宣布向巴菲特收購所羅門兄弟的計畫。這表示巴菲特退出從一九九一年來對所羅門的救援。當時我們不知道，但魏爾的所羅門和花旗集團合併案為ＬＴＣＭ敲了喪鐘。

所羅門是梅利韋勒的老東家，不足為奇的，梅利韋勒訓練出來的新一代所羅門交易員都模仿他的交易。這些利差交易波動很大，利差在聚合前可能大幅擴大，在這種情況下，依市價計值的虧損會呈現在帳冊上。這些虧損從來不讓數學專家們擔心，因為他們有把握等市場塵埃落定利差就會聚合。交易虧損有時被視為好事，因為它們提供以更低價格買進的機會，但賭輪盤時加倍押注在輸的賭局。差別在於數學專家相信他們有莊家的機率，而不是賭徒的機率。交易員認為押注萬無一失，賺大錢是遲早的事。他們只要加倍押注下去。

魏爾鄙視加倍押注的心態，以及隨之而來的劇烈波動。他的技術是藉由用自己的股票當貨幣來收購目標，建立他的金融帝國。魏爾希望旅人的股票漲到儘可能高，以便在最不稀釋他持有旅人部位的情況下收購花旗集團。股市以股價下跌來懲罰盈餘大起大落的股票。魏爾下令所羅門的交易員結束利差交易的部位，以減輕旅人盈餘的起伏。交易員痛恨這個命令，但沒別的選擇。

交易平倉意謂交易員賣出利差部位，而不能買進。這使利差進一步擴大，導致ＬＴＣＭ和高盛等從事類似交易的公司虧損。起初ＬＴＣＭ合夥人認為這是好事，他們在很吸引人的價格加碼部位。不過，利差持續擴大。魏爾下令結束部位是一片雪花；一場雪崩等著發生。

市場在六月恢復平靜。我利用這時候參加阿拉斯加的探險，登北美最高峰迪納利山（Denali），高度超過二萬呎。一九九八年是迪納利歷來最糟的一季，壞天氣造成死傷，包括我的朋友嚮導胡義曼，在他解開繩子解救一名掙扎的客戶時被百哩強風颳落山脊。一支英國特種部隊在一萬九千呎處訓練時，因為受傷而在歷來嘗試過的最高直升機救援中獲救。幾名韓國登山客跌落匿稱東方快車（Orient Express）的陡峭雪溝而喪生。我很幸運與傳奇嚮導罕恩（Dave Hahn）順利地完成登山壯舉；他在攀登埃佛勒斯峰後從尼泊爾遷至阿拉斯加。我不知道我在迪納利的冒險之旅，只是等著我回去的暖身。

八月，債券利差再度擴大，ＬＴＣＭ的虧損很快攀高。儘管如此，ＬＴＣＭ正在形成一九九八年只有單位數的獲利，而非我們過去習以為常的高獲利——一個歹年冬，但還不是一場災難。在八月中，我與家人在北卡羅來納州的外堤（Outer Banks）度假，其他合夥人也去度假，大部分是到世界各地的高爾夫度假中心。霍金斯在薩拉托加（Saratoga）觀看純種馬賽。市場一片冷清。不過，對ＬＴＣＭ來說一切照常——高爾夫、賽馬和落日餘暉中享用雞尾酒。

然後，地震來襲。

一九九八年八月十七日週一，俄羅斯國內和國外債券雙雙違約，並貶值盧布兌美元匯價。國外美元計價債務違約和盧布貶值震撼已經夠大了，似乎沒有理由國內債也違約，因為它是盧布計價，俄羅斯只要印鈔票即可解決。國內債違約毫無道理，但還是發生了。

全球金融危機再度以強大的威力襲捲而至，雖然它從未真正離開；病毒只是暫時休眠一段時間。傳染從亞洲撒播到俄羅斯。投資人研究俄羅斯令人費解的動作，認為任何事都可能發生。巴西被指為下一張會倒的骨牌。突然間每個人都想把錢拿回來。股票直線下墜，流動性是王，其餘的都不重要。

八月二十一日週五早上，我在外堤度假屋的電話鈴響起，來電的是LTCM合夥人麥恩提（Jim McEntee），他是唯一有老派交易員氣質的人。麥恩提沒有博士學位，而是從大通銀行（Chase）後勤辦公室一路爬升，到最後創立自己的投資銀行並賣給滙豐銀行（HSBC）。他對市場有一種無法以數學公式表現的敏感度。他說：「詹姆斯，我們昨天虧損五億美元；合夥人週日要開會。你應該為這件事回來。」我照辦。我們把行李塞進車子，開了九小時回到康乃狄克州。接下來六週是一段漫長的控制損害的時間。

LTCM有一百零六種交易策略，牽涉世界各地二十國的股票、債券、貨幣和衍生性金融商品。從外表看，交易似乎很分散。法國股票籃與日本政府債券有很低的相關性。荷蘭抵押貸款與波音併購洛克希德有很低的相關性。合夥人知道他們在特定的交易可能虧損，但總帳經過審慎的組織，以提高獲利潛力而不增加相關性。交易設計的原則是根據相對價差來創造綜合獲利，即使特定的某個交易價差可能擴大。

這種分散只是幻象。它只存在平靜的市場，投資人有時間發現價格和價差聚合的原因。不過，有一條隱形的線貫穿所有一百零六條策略，也就是修斯後來所稱的「條件式相關性」。所有交易都仰賴提供流動性給當時需要它的交易對手。ＬＴＣＭ是其他人想賣的風險的買家。突然間所有人都想變賣所有東西。投資人不在乎相對價值，他們想要現金形式的絕對價值。ＬＴＣＭ的對策是資金的緩衝，以便可以度過暫時的流動性需求。四十億美元資本原本被認為足夠，但現在看起來ＬＴＣＭ是興建了一堵十呎的海堤想阻擋五十呎高的海嘯。在一天之內損失五億美元後，四十億美元似乎無法撐太久。

ＬＴＣＭ的第一個反應是籌措新私募資本。當時估計是十億美元足以彌補損失和恢復信心。時間緊迫，合夥人知道損失慘重，但銀行和監管當局不知道。包括ＬＴＣＭ在內的避險基金通常每個月報告盈虧；每日的內部更新不對外公布。下一次投資報告將反映八月三十一日收盤價的損失。我們有一週的時間，趕在全球發現實情之前，籌措十億美元現金。

八月是做什麼事都難的月份——籌措十億美元自然不在話下。有錢有勢的人都在偏遠地方的遊艇和別墅度假，但ＬＴＣＭ合夥人有全世界最好的金融關係。電話接通了索羅斯（George Soros）、阿瓦里德親王（Alwaleed bin Talal）和巴菲特。我稱這三人為「嫌疑慣犯」，他們總是會接緊急電話，但卻不一定會投資。

巴菲特在奧馬哈（Omaha）與ＬＴＣＭ合夥人羅森菲德（Eric Rosenfeld）禮貌性的會面後，拒絕我們的提議。巴菲特以對衍生性金融商品戒心深重而聞名，他後來稱之為「大規模金融毀滅性武器」。不管哈佛教授計算出多少價值都無法改變他的想法。

索羅斯和阿瓦里德親王也說：「不。」他們的理由比較曖昧。惡劣的情勢永遠可能進一步惡化。如果LTCM抱緊有潛在利得的價差交易，這些潛在利得只會在價差擴大時增加。既然可以等溺水者溺死後領保險金，何必丟救生圈給這個人？索羅斯可以等。絕望的賣家只會愈來愈絕望。

八月三十一日，LTCM的損失為二十億美元，占初始資本的五〇%。我們還站著似乎是很不真實的事，我們仍能應付追繳保證金，仍然每日營運。原因是我們的合約沒給交易對手退出的機會。LTCM堅持拒絕簽主觀標準的解約條款，如「重大不利變化」。我們堅持數字性的觸發門檻五億美元的剩餘資本才能提早解約。到達這個門檻時，交易對手可以取消交易和接收擔保品。這在一九九四年資本十億美元時很合理，五億美元的觸發門檻代表五〇%的下跌。一旦資本達到四十億美元，同樣的數字觸發標準代表近九〇%。到了那時候，崩潰是無法阻擋的；一〇%的緩衝救不了你。銀行恐懼地了解他們被綁在和LTCM合夥人同一架著火飛機的座位上。我們會一起墜機。

然後一股新恐慌衝擊銀行。要是LTCM的損失導致其中一家銀行倒閉？如果你的銀行的曝險也牽連到那家倒閉的銀行？哪一家銀行很弱，以及恐慌如何收尾？現在銀行不僅擔心LTCM，它們開始擔心彼此。

九月二日，我們對自己的投資人宣布盈虧。我寫給投資人的信，並在我們的私人健身房更衣室找到梅利韋勒，請他簽字。他看起來像即將簽下自己的死刑令。我知道這封信會立即外洩。在一九九八年，我們仍然使用傳真機。我有約五十封信要寄。第一批傳真收受者把信洩漏給彭博。在最後一封還沒發出前，ＣＮＢＣ財經新聞也報導這個消息，恐慌已不再是俄羅斯或巴西，而是有關ＬＴＣＭ。我們是風暴眼。

基金繼續在九月初失血。我們繼續執行籌措資金的計畫，但把目標設定為二十億美元。我們在私募網絡遭到挫敗後，轉而僱請高盛銀行家協助，他們在組一個交易團隊進駐我們的格林威治辦公室。我要求高盛的律師簽一份制式的保密協議。他大笑著說：「我們不會簽任何東西。」我沒有辦法，而且知道形勢比人強。我在華爾街夠久了，知道弱肉強食是規則，不是特例。

一名資深高盛主管下載我們的衍生性金融商品部位，存在磁片交給一名資淺銀行家，然後走進辦公室外的一輛大轎車，直奔華爾街附近的高盛總部。高盛交易員挑燈夜戰，利用ＬＴＣＭ的資料搶先在世界各地的市場為他們的客戶交易。由寇辛掌管的高盛也做與ＬＴＣＭ類似的價差交易，虧損數十億美元。有了ＬＴＣＭ的資料後，高盛像一枚精準的導引飛彈般，不再像機關槍亂掃射。最後高盛未能為ＬＴＣＭ成功籌措資金，但就取得內部資訊來說是大功告成。如果高盛不能拯救體系，至少可以自救。

九月十七日，死亡倒數計時開始。ＬＴＣＭ仍然有現金和資本，但儘管一些合夥人仍抱著幻想，但恢復健康的希望渺茫。一通祕密電話打向紐約聯邦準備銀行，電話沒有提出紓困要求，也不期待紓困。我們無法想像聯準會會紓困一家避險基金。我們只希望聯準會了解情況。這似乎很奇怪，高盛有我們的資訊，而聯準會卻沒有。我們邀請聯準會加入。

九月二十日週日，聯準會和財政部的團隊由紐約聯準銀行公開市場操作主管彼得．費雪帶領，抵達我們格林威治辦公室，費雪由他密切合作的同事柯斯（Dino Kos），以及當時擔任財政部副助理部長、財長魯賓門徒的簡司勒（Gary Gensler）。費雪、柯斯和簡司勒與梅利韋勒和我坐在合夥人會議室，接下來五個小時我們逐一檢視LTCM的部位類別、每項交易和每位交易對手。討論完後，費雪的臉色慘白。他說：「我們知道你們可能癱瘓債券市場，但我們不知道你們也會癱瘓股市。」他指的是我們帳冊上一百五十億美元的併購交易股票。如果LTCM違約，貝爾斯登的避險股票部位可能隨著LTCM的空頭部位消失而變成淨多頭部位。貝爾斯登將在下跌的市場拋售一百五十億美元股票，以平衡自己的帳冊。這種拋售無可避免地會引發傳染和恐慌。

第二天九月二十一日早上，費雪安排在紐約的早餐會，與摩根大通、高盛、花旗銀行和美林主管會談。這群主管知道當LTCM倒下，貝爾斯登面對消失的避險也會出現在全球每個市場的每一家大銀行。這是平靜市場的淨風險在市場惡化時轉變成總風險的方式。無法逃避的結論是：LTCM大到不能倒。紓困計畫因而啟動，但華爾街並不是真的在紓困LTCM，而是紓困自己。

九月二十三日，這群主管擴大到包括其他華爾街大公司。那天晚上我們收到現在稱為財團（Consortium）的條款清單。他們提議四十億美元的現金挹注，由十六家銀行分攤，每家銀行二億五千萬美元。還有一線希望。財團會保持LTCM團隊完整，以軋平交易，好像我們建造一座核子反應爐，只有我們知道如何控制才不會熔解爐心。大體上真的是如此。

財團願意給基金四億美元的估值，這表示以六週前我們有四十億美元的資本來看，我們價值只剩十分之一。一美元只剩十美分已是很慷慨，因為我們幾天內就將變零。不過，對一些眼看自己的淨值從三億美元掉到三千萬美元的合夥人來說，這種創傷很難忍受。接下來數天，我們好幾次為不堪承受壓力的合夥人召喚救護車。有些人在滿眼淚光中簽下交易協議。這種情況有莎士比亞悲劇的元素，只差沒有血。

這樁交易即將進入軟著陸階段時，高盛又拔了另一顆手榴彈的插銷。雖然高盛參與了紐約聯準銀行十樓會議室的財團會議，卻祕密地與AIG的葛林柏格和巴菲特進行一項敵對的提案。高盛和AIG說服巴菲特，它們擁有解開LTCM交易的衍生性金融商品專長，巴菲特可以不費吹灰之力從中獲利。這三巨頭——AIG、高盛和巴菲特——有個條件：LTCM必須立即開除每個人。他們完全掌控交易和未來的獲利。這個祕密提案意謂，高盛不只是搶LTCM的先機，而且搶聯準會。

寇辛、葛林柏格和巴菲特簽署的條款清單傳進格林威治辦公室的傳真機。梅利韋勒把從傳真機撕下還熱著的傳真交給我。「我們該怎麼辦？」我問。我知道我們是基金的受託人，必須考慮所有提案；我們不能根據個人喜好挑揀。從受託人的觀點看，被開除是不相干的事。我告訴梅利韋勒我會處理。

我打電話給代表該提案者的頂尖律師事務所蘇利文克倫威爾（Sullivan & Cromwell）的資深合夥人。我說：「你們想買基金，但基金的擁有者是連結基金（feeder funds）。」連結基金是法律上的實體，接受投資人的錢並投入主基金。它們設在避稅天堂，讓外國投資人的獲利不用在母國課稅。「我必須安排連結基金投資人投票。我們沒時間做這件事，但還有變通辦法。你們可以投資在一個新連結基金，由它來買下基金的控制權。你們可以修改合夥協議，並讓連結基金撤出，然後你們就能擁有整個基金。」蘇利文克倫威爾的合夥人說，他會回我電話。

接下來一個小時他急忙連絡正與蓋茲（Bill Gates）在阿拉斯加的偏遠地點釣魚的巴菲特。那裡沒有行動電話服務，衛星電話也打不通。這位蘇利文克倫威爾合夥人回電給我說：「我無法連絡巴菲特，而我未獲授權改變交易條件。」我說：「我把話說清楚，我不是拒絕你的提議；我是說它行不通——你們想要的方法不可行。」那位律師說：「我無法改變提案。」我說：「好，那就什麼都做不了。」我掛掉電話，高盛的如意算盤因少了一通電話而破局。現在一切仍看財團。

九月二十四日，我們與財團穩定進展中。不過，我應該早知道不能低估華爾街的貪婪。我的電話響起……是貝爾斯登的高階主管史貝克特（Warren Spector）。他開門見山說：「我們準備讓你們違約，我正要前往聯準會告訴他們。我們準備撤出財團。我只是打電話先告訴你。」貝爾斯登將從紙牌屋抽出它的愛司，讓整個屋子垮下來。

貝爾斯登擁有獨特的地位。身為ＬＴＣＭ的初級經紀商，它隨時持有基金的五億美元現金擔保。其他銀行獲得依市價計值的擔保，但這只是一視同仁，無法讓你占優勢。貝爾斯登的擔保是明確而且沒有條件的，它很願意把握保護自己的機會。這將使華爾街其他大咖乾瞪眼。貝爾斯登與ＬＴＣＭ的經紀商合約包括主觀條款。儘管條款曖昧，史貝克特抓住合約，打出違約牌。

我只有短暫時間挽救我們與財團的交易，並拯救全球市場。我說：「史貝克特，你可能對，你可能可以這麼做。但也許行不通。如果你讓我們違約，明天早上醒來我還有一項資產：一樁控告貝爾斯登違反合約的四十億美元官司。那是如果我們倒閉會損失的根本套利交易獲利的金額。其他華爾街公司會加入控告。我阻擋不了你，但你最好是判斷正確，因為你會賭上你們公司。」我知道史貝克特是貝爾斯登最大股東之一。我的戰術是針對他的財富；如果我們的官司打贏，貝爾斯登股價會大跌。個人財富是華爾街了解的唯一語言。史貝克特退縮了。

貝爾斯登沒有提出違約要求，但拒絕加入財團。這件事華爾街並沒有忘記。十年後貝爾斯登倒閉時，沒有人掉眼淚。對華爾街來說，貝爾斯登二〇〇八年倒下是報了一九九八年背後一刺的仇。

從九月二十五日到九月二十七日，我們馬不停蹄準備一項交易的文件。九月二十八日一大早，市場屏息以待。如果ＬＴＣＭ沒有獲救，全球將陷入恐慌。在救援的法律事務所史凱登艾普斯（Skadden Arps）會議室，還有最後一場戲碼上演。雷曼向財團請求豁免，因為它本身將近破產。雷曼的保證從二億五千萬美元降為一億美元，由高盛和摩根大通彌補差額。錢匯進匯出，交易終於完成。

第二天早上，九月二十九日，我的生日。我已將近六週未和家人或朋友說話。在LTCM我們全天候工作，先是試著挽救基金公司，接著嘗試挽救全球。我妻子祕密安排讓朋友發電子郵件祝賀我的生日。我走進辦公室時，仍然因為前一晚的耗神而感到茫然。打開電腦，忘記那天是我的生日。我的收件匣塞爆了祝賀卡。我看著螢幕，哭了起來。

沒有學到的教訓

救援LTCM的教訓很清楚，衍生性金融商品密度和不透明意謂監管當局和銀行都不清楚風險在哪裡。衍生性金融商品容許高槓桿，因為要求的擔保比起它們的總值很微小。對LTCM來說，槓桿是無限的，因為這家基金拒絕繳納初始保證金；它只在交易進行後根據獲利或虧損繳納變動保證金（variation margin）。

但有一個比明顯的槓桿和透明問題更深的危險。這個華爾街至今尚不了解的大凶險是存在於總部位、而非淨部位的風險。用一個簡單的例子就能說明。

高盛可能與花旗銀行簽訂十億美元的交換合約，同意支付一筆在倫敦的美元存款的隔夜利率利息，並從花旗銀行收取一個固定利率與五年期公債的利差。這種固定／浮動利率交換意謂銀行初期將從支付的隔夜利率和獲得的固定利率之間的價差獲利。對高盛來說，這個交換合約大約等於買十億美元五年期美國公債，和在附買回協議市場以隔夜利率融資該部位。但這中間未牽涉公債，只是一紙合約約定要求兩方對一筆十億美元的名目金額支付。

現在高盛又簽訂另一份十億美元的交換合約，這次是與美國銀行，由高盛收取隔夜浮動利率，和根據兩年期美國公債支付固定利率。

把兩筆交易加起來，高盛（從美國銀行）收取，並支付（花旗銀行）隔夜利率。這些現金流的淨額接近零。高盛也綜合地做多十億美元的五年期美債，並做空十億美元的兩年期美債。這些名目部位淨額接近零（視同意的利差而定）。兩筆交換交易都屬資產負債表外，外人看不到。

高盛部位的市場風險總結為高盛支付的固定利率，與它收取的固定利率間的利差。兩年期美債和五年期美債的利差向來很小，因此高盛只要為這個風險保留很少資本。前面提過，華爾街銀行採用一種稱為風險值的公式，而這個公式顯示高盛幾乎沒有風險。在適用於交換合約的會計和監管規定下，公債不見了，會計不見了，而且幾乎所有市場風險也不見了。一切都很完美。

但一切並非都完美。在真實世界中，當花旗銀行和美國銀行與高盛做這些交易時，它們轉身就會做相反方向的交易，為與高盛的交易避險。與花旗和美銀交易的對手可能是摩根大通或瑞士銀行，它們也會再做更多交易，形成一個龐大、不斷擴張的低風險交易圈。

萬一高盛破產會如何？突然間，花旗銀行的十億美元避險部位變成毛多頭，因為對高盛可軋平的空頭部位消失了。花旗必須進入市場，賣出十億美元的五年期公債以平衡其帳冊。美國銀行的情況相反，它立即買進十億美元兩年期公債，以軋平高盛從合成多頭消失後出現的淨空頭部位。

如果花旗銀行和美國銀行有充足的資訊以找到彼此，並複製高盛違約的交換合約，那就大有幫助。它們無法輕易辦到，因為兩者都無法得知高盛的帳，而市場並不透明。新結算所為單純的交換合約減少風險。不過，結算所無法掩護較新奇的交換合約，因為它們的流動性總是有問題。此外，結算所只從銀行轉移替換風險到結算所本身。當多個市場和銀行倒閉時，什麼可以讓結算所保持不倒？

這個例子很實際，但經過簡化。由於名目金額高達數十兆美元，涵蓋成千上萬個合約，包括的基礎工具如股票、債券、商品和貨幣等合約，在世界各地市場跨越數十家分支機構和特殊目的實體（SPE），所以倒閉交易對手的取代交易極為困難。這是為什麼大銀行不能倒的原因。一個單一的點失靈，會癱瘓整個體系。

崩潰的點有許多名稱，例如由社會學家、經濟學家和媒體取的「臨界點」、「黑天鵝」和「明斯基時刻」（Minsky Moment）。這些概念雖然很生動，卻不是科學。毀滅的動力用複雜理論最能了解，是能提供工具以預先看見崩潰來臨的硬科學。

「複雜」這個詞常被籠統地使用，當作繁雜或關係的同義詞。在動力系統分析中，那些詞有相當不同的意義。繁雜少數了解複雜性的資本市場專家仍在應用這種科學在風險管理的早期階段。在LTCM和後來雷曼崩潰的例子所展現的突現（emergence）已有愈來愈多追隨者，雖然對經常措手不及的監管當局來說它還是個未知領域。即便是先進的執業者也尚未模擬規模的重要性。

複雜系統的規模同義語就是大小，特指那些製造風險的尺度。一九九八年LTCM和二〇〇八年AIG的例子，以及之前的例子，顯示風險存在於衍生性金融商品的總名目價值中而非華爾街和監管當局假想的淨價值。總名目價值是一個單純規模指標（還有別的指標）。現在漸漸有人開始了解，隨著總名目價值增加，風險就會以非線性方式增加。簡單說，如果加倍衍生性金融商品總名目價值，你的風險不是加倍，而是可能增加十倍或百倍，視特定系統的特性而定。資本市場複雜性的基礎法則是：衍生性金融商品風險隨著以總名目價值規模尺度的函數而呈現級數性的增加。

為了說明起見，想像一張辦公桌有兩個空抽屜，桌上放著一個檔案。[5] 抽屜標示為「A」和「B」。一名助理每天把檔案存放進其中一個抽屜。該助理可能某個晚上把檔案放在A抽屜，然後第二天把檔案放在B抽屜。如果他有做記錄，這可能製造一個A、B的時間序列。那麼連續兩個晚上放檔案可能有幾種抽屜的次序？可能的時間序列為：AA、AB、BB和BA，共四種組合。

現在假設把抽屜數從兩個增加為三個，標示為「A」、「B」、「C」抽屜。這名助理連續兩天晚上放檔案的方式有幾種？可能的時間序列為：AA、AB、AC、BA、BB、BC、CA、CB和CC，共九種組合。

在這個例子，抽屜增加五〇％（從兩個增為三個），但組合數增加一二五％（從四種增為九種）。可能的結果數以非線性方式相對於系統規模而增加。抽屜數和組合數間的關係呈現級數性成長。

如果把這些結果轉換成市場風險（例如，抽屜代表交換協議的數量，序列代表包括銀行倒閉的傳染可能的路徑），很明顯的增加衍生性金融商品規模會以更快速度增加傳染風險。

複雜理論以下列的等式歸納辦公桌例子的可能路徑：

$$P_2 = P_1 \times r \times (1 - P_1)$$

在這個等式中，P_1是第一天結束時檔案的位置，P_2是第二天結束時的檔案位置，而r是從研究的系統動力產生的一個變數。這是一個遞歸函數，因為每次重複都是下次的輸入。每次產出可能被視為金融傳染路徑的一部分。

例如，假設我們正計算一個檔案在一個許多層抽屜櫃裡的位置。一名辦公室助理每天結束時，根據公式產生的一個規則，把一個檔案放在其中一個抽屜。最上層的抽屜是「1」，最下層是「0」。多層抽屜的每一個有介於1和0的小數點號碼，對應於它在櫃子的位置。一個號碼是0.5的抽屜是位於0到1的櫃子中間位置。一個號碼是0.25的抽屜，距離櫃子底層抽屜四分之一。如果櫃子有一百個抽屜，0.25相對應的是距離底層的二十五個櫃子。

如果在第一天結束時，檔案是放在抽屜0.25，而我們設定r = 3，那麼第二天結束的位置 P_2 就取決於下列等式：

$$P_2 = 0.25 \times 3 \times (1 - 0.25)$$

$$P_2 \approx 0.56$$

這表示在第二天結束時，助理把檔案放進0到1間略高層的抽屜五六%。如果櫃子有一百層，他把檔案放在從底下往上的第五十六個抽屜。

要決定第三天（即 P_3）檔案放在何處，我們拿第二天的產出（即0.56）重複這個程序。這個遞迴等式看起來像這樣：

$$P_3 = 0.56 \times 3 \times (1 - 0.56)$$

$$P_3 \approx 0.74$$

在第二天結束，助理把檔案放在從底往上第七十四個櫃子。

我們可以重複這個程式多少次都可以。這就是複雜理論家用電腦做的事。他們推演出長時間的序列，然後觀察結果中的奇特突現性質。繼續做上述的例子，時間序列製造出0.25、0.56、0.74、0.58……檔案在從抽屜二十五到抽屜五十六間彈跳，未出現重複或無法辨識的模式。這稱作混沌（chaos）。現在重複計算略微改變變數 r，從三改為四。和以前一樣，從抽屜二十五開始。這便是我們執行等式的情形。

第二天結束的檔案位置為：

$$P_2 = 0.25 \times 4 \times (1 - 0.25)$$

$$P_2 = 0.75$$

第三天結束的檔案位置為：

$$P_3 = 0.75 \times 4 \times (1 - 0.75)$$

$$P_3 = 0.75$$

重複這麼做得出以下時間序列：0.25、0.75、0.75、0.75……使用新輸入時，停留在抽屜七十五。不管我們執行這個等式多少次，產出等於輸入，檔案停留在抽屜七十五。這就像檔案被抽屜七十五所吸引。我們稱之為定點吸子（fixed-point attractor）。在稍早的例子r＝3時，混沌的結果被描述為有一個奇異吸子（strange attractor），因為很難預測檔案會落在何處。

這些例子顯示複雜行為的兩個屬性，第一個是輸入的小改變製造出大為分歧的產出。上述兩個例子初始輸入的唯一差別是改變r的值，從3改為4。但r＝4結果落在一個穩定的地方抽屜七十五，而r＝3製造出混沌。第二個教訓是，複雜系統製造無法預料的結果。複雜性充滿驚奇，即所謂的突現的特性。

這些和其他實驗的結果可以得出某些觀察：

◆ 資本市場是複雜動力系統。
◆ 複雜動力展現記憶或反饋，這稱作路徑依賴。
◆ 資本市場的風險是一個規模的指數函數（exponential function）。
◆ 初始系統條件的小改變能製造分歧的結果。
◆ 系統輸出可以有秩序或混沌。

這些觀察是廣為人知的黑天鵝事件的科學基礎。「黑天鵝」這個詞普遍被用來描述任何出乎意料的重大事件，而使用它的人往往對其根本動力的理論缺乏了解。黑天鵝的討論往往帶著宿命論的味道而小看科學，好像是說「壞事總會發生」。壞事並非總會發生，危機出現是因為監管機構不了解他們監管的系統的統計特性。

ＬＴＣＭ是忽視複雜理論的教案。例如，ＬＴＣＭ的交易員經常建構兩面的策略，利用真實的政府債券和合成的交換合約形式。如果兩種交易的利差一如預期地聚合，利潤就得以實現，交易也得以平倉。傳統的交易平倉是賣出公債，並與交易對手協商以終止交換合約。交易對手為提早終止交換合約收取一小筆費用。ＬＴＣＭ不想支出這筆費用，反而藉締結另一項完全相反條款的交換合約來抵銷第一項交換合約。這兩項交換合約的固定／浮動支付、保證金支付和其他義務完全抵銷，因此淨現金流和淨市場風險為零。就經濟層面來說，這與取消第一項交換合約相同，只是ＬＴＣＭ不必負擔終止費用。根據監管當局的定義，兩筆交易的風險值是零。ＬＴＣＭ稱這種技術為「結婚蛋糕」（wedding cake），因為交易員不斷增加交易層（layer）以抵銷交換合約部位，而不終止部位。這些堆疊層造就出一兆美元的結婚蛋糕。

一位複雜理論家看到這種交易終止技術時，看到的是加倍的總名目價值，因為現在有兩筆交易合約，而非一筆。這表示風險不只是加倍，因為風險是規模的指數函數。當合夥人在高爾夫球場或賽馬場思考風險已經控制時，ＬＴＣＭ實際上是一顆定時炸彈。在一九九八年八月，這顆炸彈爆發了。

後果

現今的監管當局並不了解複雜理論，所以也許LTCM的合夥人在一九九八年不了解複雜性可以被原諒。但崩潰既已發生，我們可能預期金融界的思想領袖如葛林斯班、魯賓、桑默斯會記取教訓，並嘗試避免未來再發生類似的崩潰。他們卻反其道而行。

一九九八年八月，當LTCM的挫敗逐漸顯露，葛林斯班擔任聯準會主席、魯賓擔任財政部長，桑默斯擔任魯賓的副手，不久後自己也出任財長。一九九九年二月，LTCM災難發生才幾個月，《時代》雜誌的封面報導以葛林斯班、魯賓和桑默斯為主角，標題為「誓言拯救世界的委員會」。[6]

但這三位非但沒有記取一九九八年的教訓，反而做盡一切讓系統更具風險和更不穩定的事。「誓言摧毀世界的委員會」可能是更貼切的標題。在二〇〇八年，他們共同的努力幾乎真的摧毀世界。

一九九八年的教訓是什麼？第一個教訓是，資產負債表外衍生性金融商品是危險的，因為它們不透明。在危機中，因為這種不透明，交易對手無法找到彼此以彌平交易。第二個教訓是，槓桿轉變細微的市場移動，變成可能違約的龐大損失。第三個教訓是，銀行應不准從事衍生性金融商品業務。避險基金和投機客可以丟骰子，但銀行業是以債券持有人和存款人信託為基礎的特殊事業。這種信託不能揮霍在交換合約投機。第四個教訓是，衍生性金融商品風險在於總值，而非淨值。當ＬＴＣＭ徘徊於破產邊緣時，銀行擔心的不是帳冊上的淨曝險，而是當ＬＴＣＭ倒閉後必須更換的與ＬＴＣＭ交易的總部位。最後也最重要的教訓是，危險會毫無預警地突現。一九九七年在泰國發生的貨幣危機與次年格林威治一家避險基金倒閉沒有立即或明顯的連結，但事情就是這樣發生的。

根據這些教訓，政策選擇應該顯而易見。衍生性金融商品應該局限於透明和繳交保證金的交易。槓桿應有限制，並納入資產負債表中明顯可見之處。除了真正的避險外，銀行應禁止從事衍生性金融商品交易。基於過時和統計上的缺陷，應取消以風險值做為指標。最後，資本要求應該提高，以做為應被預期、但從未被預期的突現危機的緩衝。

葛林斯班、魯賓和桑默斯採取的政策恰與上述五種相反。說他們無知是很直接的解釋，但當時曾有一位了解ＬＴＣＭ情勢監管官員曾明白警告他們。她就是當時擔任商品期貨交易委員會（CFTC）主席的葆恩（Brooksley Born）。

葆恩在一九九九年是總統工作小組成員之一，該小組是在一九八七年股市崩盤後由布雷迪委員會推薦設立的。諷刺的是，布雷迪委員會報告的主要撰稿人是穆林斯（David W. Mullins Jr.），當時的哈佛教授，後來曾任聯準會副主席，再後來則是ＬＴＣＭ的合夥人之一。

該總統工作小組由美國總統、聯準會主席、財政部長、證券管理委員會主席和商品期貨交易委員會主席組成。總統工作小組的目的是把銀行、證券和商品的監管官員聚集在一個地方以因應危機。一九八七年崩潰牽涉由證券管理委員會監管的股市，與由商品期貨交易委員會監管的芝加哥期貨市場間複雜的相互作用。然後危機擴散到銀行支付系統，因為紐約和芝加哥市場要求數十億美元的追繳保證金。銀行不敢匯款給芝加哥的期貨經紀商，唯恐它們收不到紐約股票經紀商匯進的款項。系統開始凍結。證券、期貨和銀行監管當局的協調不靈，使危機解決更加困難。總統工作小組的目標是避免未來發生這類問題。

在一九九八年，總統工作小組成員包括：柯林頓、魯賓、葛林斯班、雷維持（Arthur Levitt）和葆恩。由LTCM引發的傳染從葆恩監管的交換合約開始；證管會當時對交換合約幾乎沒有管轄權。對LTCM的政策反應落在魯賓、葛林斯班和葆恩肩上，桑默斯則是魯賓的左右手。

葛林斯班當時不了解衍生性金融商品的風險，至今也表現出所知有限。他的觀點是交換合約可降低風險。這種分析始於一種大體上正確的觀察，也就是傳統證券以及銀行交易代表不同類的風險組合（bundle）。一個銀行貸款可被視為一個包括利率風險、信用風險、外匯風險、流動性風險、營運風險、主權風險和其他單項風險，組合在該貸款的風險組合中。葛林斯班以為衍生性金融商品能解開這些風險。放款者可以利用交換合約把信用風險從外匯風險拆解，並轉移兩種分開的風險類型給最能承擔該風險的交易對手。風險從組合產品轉移給最強健、最能承擔特定次級風險的對手，這使系統變得更強健和更具韌性。但葛林斯班在這個分析的正確也僅止於此。

葛林斯班不了解的是，從單一的初始風險能創造的衍生性金融商品名目值沒有窮盡。若一筆十億美元的貸款能藉由交換合約拆解出十種次級風險，並分別交易到總名目累積為十億美元，這將證明葛林斯班的觀點正確。事實上，交易商會從十億美元的基礎證券創造一百億美元或更多的交換合約。交易商會創造完全沒有基礎工具的交換合約，只是一個支付押注的指數或公式，與真實世界債券無關。交換合約可憑空創造，加入風險的總名目值，並擴大系統的規模和複雜性。葛林斯班把風險量子（risk quantum）放在強健對手的古怪觀念，受到量子可無限延展的事實所左右。

交換合約在經濟上與指數期貨合約（exchange-traded futures）無異，兩者都是交易雙方或多或少欠對方的賭注，取決於期貨市場的層級。主要差異在於期貨在交易所交易，而交換合約則在私人櫃檯市場交易。負責監管期貨的葆恩了解交換合約風險，希望把交換合約移至期貨交易所，可以適度規範保證金和確保交易的透明度。

葛林斯班、魯賓和桑默斯對待葆恩有如她是個對金融科技一無所知的老古板。考古學家發現西元四千五百年前的泥板，記錄商品期貨如遠期交貨的牲口。西元前四世紀的貴族討論如何使用選擇權以操縱市場。葆恩監管的期貨市場從一九四八年以來改變不多，當時穀物開始在芝加哥期貨交易所（CBOT）交易。葆恩的步調似乎停留在過去。

現代交換合約市場是由梅利韋勒、修斯和在一九八〇年代其他人的創新。交換合約的規模和複雜度隨著二十一世紀接近而擴大。葛林斯班、魯賓和桑默斯自認堅定地站在歷史正確的一邊，他們看待交換合約不同於商品期貨。

厭惡女性扮演一個角色。葛林斯班、魯賓和桑默斯是一個權力大的男孩俱樂部，準備封住一位女性監管官員的聲音。二〇〇五年，桑默斯還是哈佛校長時，曾發表惡名昭彰的有關女性沒有能力研究定量科學的評論。

令人遺憾的，厭惡女性在二〇〇八年再度發生，當時最有權勢的女性聯邦存款保險公司（FDIC）董事長貝爾女士（Sheila Bair），被桑默斯、蓋納（Tim Geithner）和柏南克的新男孩俱樂部排擠。貝爾以有科學支持的論點，一針見血地建議關閉無償債力的銀行，但男孩俱樂部卻以公帑紓困親信銀行。一九九八年的葆恩和二〇〇八年的貝爾，都正確地分析金融危機的反應機制，桑默斯兩次都以偏見和拙劣的建議拒絕她們。

葆恩對總統工作小組的建議限於衍生性金融商品；和貝爾不同，葆恩不是銀行監管官員，她的建議是繼續限制新交換合約類別，並把既有的交換合約移至期貨交易所。葆恩的建議不僅被邊緣化，男孩俱樂部還反其道而行。

在一九九九年，六十六年歷史的葛拉斯－史帝格法案（Glass-Steagall Act）遭廢除。從大蕭條時代實施的葛拉斯－史帝格法案把銀行業務與證券承銷做區隔。大蕭條的原因之一是，一九二〇年代的銀行承作低素質的貸款，並當作證券，出售給不知情的零售投資人。在一九三三年，國會通過葛拉斯－史帝格法案，規定銀行可以接受存款和承作放款，或者承銷證券，但不能兩者都做。這是因為會造成壞帳以證券形式傾倒給顧客的衝突。銀行很快把自己區隔為接受存款和承作放款的商業銀行，以及承銷證券的投資銀行。

區隔有效地運作了六十六年，並避免美國陷於重大銀行危機。像一九八四年的伊利諾大陸銀行（Continental Illinois）這樣的個別銀行還是可能倒閉，而且也還有像一九八〇年代的儲貸銀行危機這種衝突和放款損失。儘管如此，葛拉斯－史帝格法案實施後，就沒再見過像一九二九年到一九三三年那種全面性的銀行危機。

葛拉斯－史帝格法案有用的理由符合複雜理論。藉由把銀行系統拆成兩部分，葛拉斯－史帝格法案藉由縮小系統規模，降低連結的密度，阻斷一個機構倒閉危及所有機構的通道。那就像在船艙建水密艙的道理。一個水密艙可能進水，但整艘船不至於下沉。

葛拉斯－史帝格法案被一位由葛蘭姆（Phil Gramm）參議員和柯林頓總統領導共和黨和民主黨邪惡聯盟所廢除。廢除的理由與ＬＴＣＭ危機沒有直接關係，這個動作已進展許多年。在魏爾促動下批准原本違法的旅人和花旗集團合併，是廢除葛拉斯－史帝格法案的動力。諷刺的是，下令所羅門終止利差交易以促成該合併案、進而點燃ＬＴＣＭ倒閉引信的人也是魏爾；這又是一個在綿密網絡中深層運作的例子。

廢除造成金融體系的風險升高。透過允許金融機構的新合併，廢除葛拉斯－史帝格法案擴大了系統規模，超過一家大銀行倒閉就能使整個系統崩潰的點。廢除也允許商業銀行模仿投資銀行的專營證券交易活動，以及伴隨的衍生性金融商品交易。

二〇〇〇年十二月二十一日，就在柯林頓卸任之前幾週，他又簽了一項比廢除葛拉斯－史帝格法案較不為人知、但對撒播系統風險卻更為凶險的法案。二〇〇〇年的商品期貨現代化法案（The Commodity Futures Modernization Act）廢除了若干交換合約類型的禁令，並允許這些交換合約不經由交易所且不列入資產負債表。葆恩在一九九九年六月一日被排除在CFTC外，由新主席蘭納（Bill Rainer）取代，他來自阿肯色州，是柯林頓的朋友，由柯林頓指定研擬衍生性金融商品法規。通過這項商品法案是送給大銀行的跨黨派禮物，由共和黨葛蘭姆和民主黨魯賓及桑默斯共同推動。

在二〇〇〇年之前，交換合約被限制在股票、債券、利率和外匯的收益。押注像石油、金屬和穀物等商品是在受法規管理的期貨交易所交易。其他商品不在期貨交易所交易，且不允許進入交換合約市場，因此完全不以衍生性金融商品的形式交易。二〇〇〇年廢除交換合約規定後，所有衍生性金融商品不受規範的大門隨之大開。像安隆（Enron）很快建立非交易所的電子期貨市場，並拜葛蘭姆、魯賓和桑默斯所賜，在數十億美元的詐欺案中倒閉。

廢除葛拉斯－史帝格法案，和廢除交換合約規範，合起來的影響像是一劑金融巫師的神藥。廢除意謂銀行可以像避險基金那樣，交易不受種類限制的工具。儘管如此，完成這個配方還需要一個成分——槓桿。

二〇〇三年十一月十七日，魯賓拔擢愛將蓋納出任紐約聯準銀行行長。蓋納坐視銀行的風險不斷累積。蓋納監管的商業銀行獲准擁有自己的投資銀行，但投資銀行個別地受到證管會更嚴格的資本要求管理。讓證管會放寬槓桿的限制是銀行家的下一個任務。

二〇〇一年共和黨布希取代民主黨柯林頓主政。談到華盛頓實現銀行家願望的渴望，黨派從來不是問題。放寬經紀商－交易商資本要求的壓力不只來自銀行，也來自像貝爾斯登和雷曼等非銀行所擁有的經紀商。他們想要一個公平的市場，以便在證券業與銀行競爭。

在此同時，銀行希望放寬它們的資本要求。資本要求是瑞士國際清算銀行（BIS）的巴塞爾委員會（Basel Committee）所訂。第一個全球銀行資本規定在一九八八年頒布，稱為舊巴塞爾資本協定（Basel I）。在幾年內，這些規定似乎變得太過嚴格。銀行開始推廣新公式，以讓它們用較少的資本基準冒更大的風險。它們提倡有缺陷的風險值模式，以部分取代嚴格的資本適足率。從二〇〇一年到二〇〇四年分階段的銀行資本要求，就是修訂規定的結果，稱作新巴塞爾資本協定（Basel II）。新的規定一部分根據風險值模式允許更高的銀行槓桿，因為這種風險值模式顯示極高的槓桿仍然是安全的。

就是在這種較寬鬆的銀行資本要求的背景下，證管會在二〇〇三年和二〇〇四年修改了經紀商－交易商的資本規定。在二〇〇三年，證管會擴大槓桿用途合格擔保品的定義，以涵蓋若干抵押擔保證券（Mortgage-backed securities, MBS）。二〇〇四年，證管會擴大監管範圍，把經紀商－交易商控股的公司涵蓋在內。新的涵蓋控股公司的監管規定借自新巴塞爾資本協定的概念，包括根據證券種類區別風險權值。特別是證管會准許若干抵押擔保證券的槓桿可以比傳統股票和債券高。這兩種改變的結果是，抵押擔保證券變成槓桿的合格擔保品，只要求很少資本來支持該槓桿。

一九九八年，LTCM在臨界質量（critical mass）的衍生性金融商品槓桿下崩潰。一九九九年，葛拉斯－史帝格法案被廢除。二〇〇〇年，衍生性金融商品規範遭廢除。二〇〇一年，銀行資本要求放鬆。二〇〇三年和二〇〇四年，經紀商－交易商資本要求放寬。在整段期間，聯準會保持利率在極低檔。就好像全球監管當局對LTCM的反應是，共同合作以重蹈大失敗的覆轍，而且以更大、更危險的規模。這正是後來發生的事。二〇〇八年，整個高風險、高槓桿、交疊在一起的紙牌屋崩垮下來。

| 第五章 |

前震：2008年

金融市場充滿回饋……這種內在的回饋不會出現在賭博時……，即使每個人都有完美的天氣預測模式，天氣仍然會做天氣該做的事。所有會發生的事，就是每個人會知道第二天該穿什麼衣服。不過，在市場的情況並非如此。如果人人都擁有完美的預測模式，它會立即變成不完美的預測模式，原因就是強烈的回饋效應。

——強森（Neil F. Johnson）博士，邁阿密大學物理學教授[1]

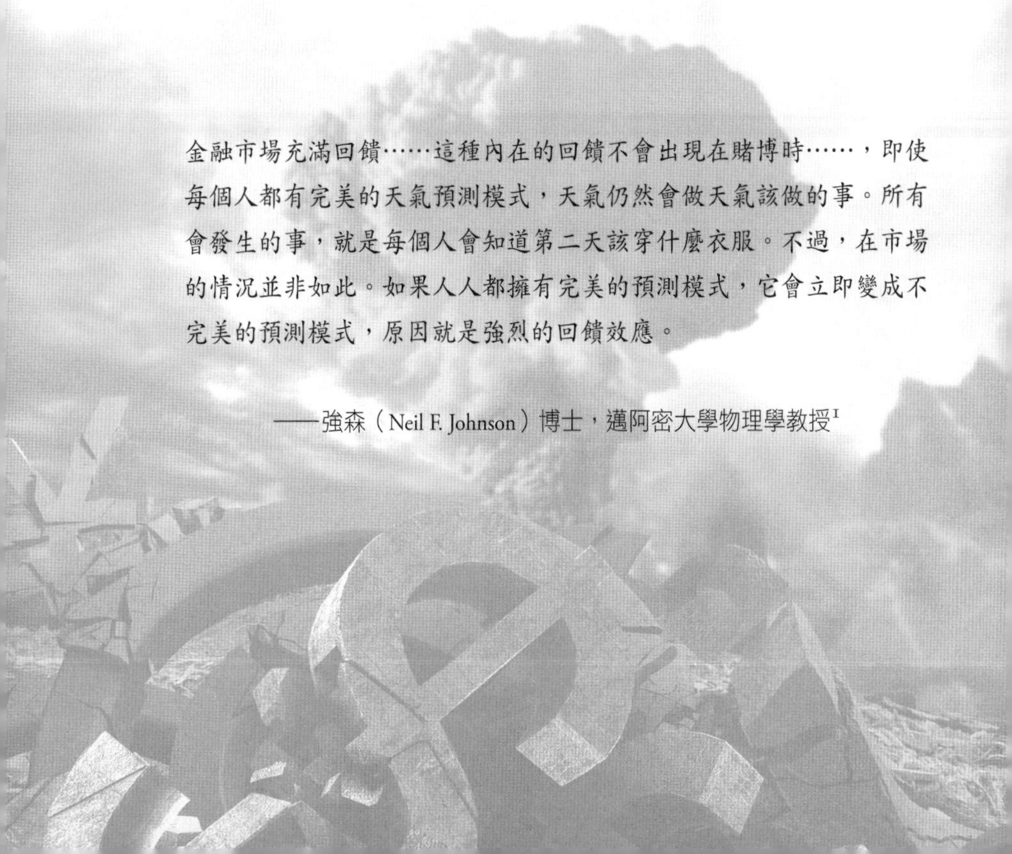

新危機

從複雜理論的觀點，二〇〇八年的崩潰可以輕易預測。一個動力完全一樣的崩潰發生在一九九八年。二〇〇八年恐慌的規模超過一九九八年恐慌，規模擴增是可預測的，因為系統規模在十年間已經擴增。根據複雜理論，衍生性金融商品風險隨著以總名目值衡量的規模函數，呈指數性增加。過度的槓桿、不透明和高密度的銀行網絡，是兩次危機的共同因素。觸媒的不同——一九九八年的主權交換利差、二〇〇八年的次級房貸——並不重要。重要的是金融風險的深層結構。只顧區別原因是交換合約和次級房貸，就像追逐雪花卻忽視雪崩的危險。雪花不會害死你，雪崩會。

一九九九年我離開ＬＴＣＭ時，我對ＬＴＣＭ倒閉的標準解釋很不滿。一些諾貝爾經濟學獎得主談到「一百年洪水」和「十五標準差事件」的「完美風暴」。我很了解統計，足以發現這是一般風險分布和均值回歸的語言——隨機漫步和效率市場的語言。我的直覺告訴我，現代金融經濟學的核心有某些地方已經腐爛。

在ＬＴＣＭ崩潰的次年，我研究物理學、應用數學、網絡理論、行為經濟學和複雜性。九一一事件後，我受中央情報局（CIA）協助一項牽涉股市異常辨識的反恐計畫。現今，我們團隊發展的能力，允許情報圈根據恐怖分子外圍的內線交易來預測恐怖攻擊。巧的是，我學習並應用在ＣＩＡ的分析技巧，與我用來解析ＬＴＣＭ崩潰的相同。

到二〇〇五年，我已深入研究金融中的複雜理論動力。物理學家多年前已解釋主要的複雜理論原則，並應用在各種科學領域，包括地震學、氣象學和生物學。不過，物理學家在金融領域進展緩慢，因為他們通常對資本市場不熟悉。我有從金融背景接近物理學的優勢，而不是從物理學的背景接近金融學。我的主要理論突破是應用規模的概念，並研究出規模的度量，例如衍生性金融商品的總名目值，用以衡量系統風險。我早期的理論發展寫在一篇文章裡，二〇〇六年九月發表於CIA的學術期刊《情報研究》（*Studies in Intelligence*）；那期是配合九一一事件五週年的特刊。[2]我的文章和該期的其他內容仍然列為機密。

一九九〇年代我在LTCM的經驗，和我在二〇〇〇年代初的調查，給了我對二〇〇五年以後的資本市場發展一個獨特的觀點。大銀行愈來愈大，資產集中在少數幾家大銀行愈來愈嚴重，衍生性金融商品的名目值大幅增加。從二〇〇一年六月三十日到二〇〇七年六月三十日，由主要銀行持有的所有櫃檯市場衍生性金融商品的總名目值，據一項國際清算銀行的報告，從一百兆美元增加到超過五百零八兆美元。[3]在同一期間，美元計值利率交換合約的市場集中指標赫氏指數（Herfindahl index），從五二一九上升至六八八六，強烈顯示更多交換合約集中在少數大銀行。[4]

從二〇〇三年到二〇〇五年，在西北大學凱洛管理學院（Kellogg School）的系列演講中，我警告聽眾一個新金融災難正要降臨，將付出比一九九八年LTCM危機更大的代價。我並未特別強調次級房貸，而是專注在規模度量與密度的機制，以非術語來說，也就是資本市場的大小和交互關係。我說體系已達到臨界質量，這不是譬喻的說法，而是事實的描述。我不知道哪個中子會撞出其他中心，啟動一個連鎖反應。那並不重要，重要的是我們已再度把鈾打造成一顆核子彈；我們再度讓資本市場處於臨界狀態。

當核子武器啟動連鎖反應，能量釋放和火球形成會在幾納秒（nanoseconds，又稱十億分之一秒）間發生。在資本市場，這股動力也一樣，但過程花較多時間。金融中心不是以光速移動，而是以人類從事適應行為的速度。

二〇〇八年九月爆出的金融火球，源自一個始於一年多前二〇〇七年七月十六日當週的連鎖反應。兩家貝爾斯登資助的避險基金專門從事債券衍生性金融商品的槓桿交易，它們在同一週倒閉。貝爾斯登嘗試採取自救行動，但終歸失敗。美林等交易對手沒收的擔保品證明無法售出且毫無價值。

二〇〇七年八月三日，CNBC的克拉默（Jim Cramer）在實況電視中，抨擊聯準會主席柏南克坐視流動性不足傳染資本市場。克拉默告訴同事柏奈特（Erin Burnett）：

> 過去七十二小時我和這些公司幾乎所有主管談論，而柏南克完全不知道外面的狀況。完全不知道！（聯準會官員）普爾（Bill Poole）也不知道外面的狀況。我的人在這一行已經二十五年，他們就要丟掉工作，這些公司正要關門，這很瘋狂。他們是笨蛋！他們完全無知！……這是不同種類的市場，而聯準會在睡覺。[5]

幾天後的二〇〇七年八月九日，法國巴黎銀行（BNP Paribas）停止三家基金的贖回，它們都投資次級房貸資產。

二〇〇七年六月二十八日，在貝爾斯登的基金倒閉前，柏南克和公開市場操作委員會（FOMC）說：「未來數季經濟似乎將繼續以溫和速度擴張。」[6]不久之前的二〇〇七年三月二十八日，柏南克說：「次級房貸市場的問題對廣泛的經濟和金融市場的影響，似乎可能受到控制。特別是一級借款人的房貸、固定利率房貸和各等級借款人的繳款情況持續良好，拖欠率仍低。」[7]官方忽視風險和二〇〇七年春季和夏季市場持續崩垮的鮮明對照，已達到無以復加的程度。

二〇〇七年八月二十四日，雷曼兄弟倒閉前一年多，我會見一位美國財政官員，警告他系統崩潰的可能性。我提出詳細的書面報告，標題為「取得並管理因應資本市場危機資訊的提議」。我的部分提議說：

> 二〇〇七年的金融危機與流動性不足的資訊短缺有關。這份書面建議利用國際緊急經濟權力法案（IEEPA）的權力，以取得……部位資訊，儲存在安全的環境，並有選擇地使用，以管理金融危機……沒有人會告訴基金該怎麼交易，槓桿多高，如何管理風險等。唯一的目的是提供適度的透明性，以利美國政府執行職權來維繫資本市場運作，而資本

> 市場是重大的國家安全基礎架構之一……初級經紀商和結算銀行……確知在受監管的部門風險可以迅速辨識和集中。
>
> 過去三十年已見證了受監管金融部門的去中介化，轉型成為較不受監管或全無監管的部門……這個演進的每一步……都牽涉透明度減損和風險增加……當衍生性金融商品技術驅動風險量子以指數性增加時，在一個非線性臨界系統中，擴大規模和複雜性的風險增加效應，凌駕了降低風險的效應……
>
> 除非了解問題的面向到某個程度，問題無法解決。這個提議不牽涉積極的法規制訂、紓困或由上而下的解決方案。它是一個相當溫和的措施，朝向資訊透明化的方向……對負責在恐慌和緊急時期維繫穩定市場的官員極為有用。[8]

我與財政部官員的會談開始很融洽，經過初始的愉快對話後，我抓到了重點。「這場危機才開始，不穩定已累積一段時間，系統已經吸收一些衝擊。」這裡指的是二〇〇五年十月十日當時世界最大期貨經紀商立富可集團（Refco）爆發會計詐騙案和隨後的破產，以及二〇〇六年九月避險基金阿瑪蘭斯（Amaranth）在一週內虧損六十億美元。在當時，我認為這些事件似乎已達到瞬發臨界（prompt-critical），但它們並沒有。在這兩個案例，都發生延遲的臨界性；市場吸收了震撼並回升。不是每一片雪花都會導致雪崩。

在觀察從二〇〇七年七月到八月的事件後，我深信這場危機的動力真正已無可阻擋，且將傳播很廣。財政部必須知道，且迅速採取行動。

「你們應下令要求所有銀行和避險基金報告他們的衍生性金融商品，詳細地附帶交易對手的名字、基礎工具、支付和終止日期。這些資訊應以標準化、機器可閱讀的形式呈現，在下命令後一週內提出。任何無法提出報告的公司就列入你們的問題名單。取得資訊後，應僱用ＩＢＭ全球服務公司在安全的環境下，為你們處理資料，以避免外洩。建立一個矩陣，找出誰欠誰什麼。為最大的風險集中排名，並把注意力放在這些名字上。」

這位財政官員禮貌地傾聽，停頓一下，然後回答：「我們不能這麼做。」

「為什麼不能？」我預期他說出某個法律上的阻礙。財政部如果選擇使用權力，我確信它擁有所需的一切權力。

「財政部和白宮採取自由市場導向。我們不相信干預，或告訴人們怎麼做。」

我回答：「你們不是告訴他們怎麼做。他們可以做任何想做的交易。你們並非干預任何公司的營運。你們只是取得資訊。這些資訊最後會匯聚在財政部；你們有權力知道要面對什麼問題。那只是資訊。」

「問題不是我們怎麼做，而是它們沒有用。」這純粹是布希政府的自由市場哲學，不用分析或深思。自由市場方法不適用於銀行，因為銀行受補貼、有保險、受監管，且暗中受擔保。現代銀行是自由市場機構的相反，因此需要不同的方法。布希的財政部似乎不了解這一點。

會談結束後，我謝謝這位官員撥空見我。至少我們會談了，我警告了財政部的人。但警告石沉大海。

當我在那個炎熱的夏天走過在漢密爾頓大樓的財政部台階，我看隔鄰的白宮，心想：「他們還沒準備好，他們以為這些是彼此無關的市場波動。他們對即將發生的事毫無概念。」

財政部長鮑爾森（Hank Paulson）花掉二〇〇七年九月的時間，追逐一隻稱作超級結構型投資工具（Super-SIV）的妖怪：Super-SIV 是一個由政府資助的特別工具，用來從銀行資產負債表剝除資產擔保證券（ABS）。銀行多年來創造結構型投資工具（SIV）以隱藏風險，與規避對信用卡和汽車貸款等各種消費者債務的資本費用。現在驚恐的投資人拒絕對ＳＩＶ延展信用，迫使這些債務重現在銀行資產負債表上。鮑爾森的想法是聚集主要銀行的壞資產在 Super-SIV，以便政府暗中支持，提供它們再融資。這個構想遭到挫折，很快無疾而終。二〇〇七年十二月二十一日，曾表達對 Super-SIV 感興趣的主要銀行發表聲明，說「此時還不需要」這種融資。[9] 該聲明證明銀行業者和財政部一樣無知和危險。

二〇〇七年十月五日，道瓊工業指數攀至一四〇六六・〇一點的歷史新高，從八月十五日的低點一二八六一・四七點漲了近一〇%。市場發出危機解除信號。

在幕後，房貸損失迅速擴增，流動性消失。銀行將在二〇〇八年一月報告二〇〇七年的損失。財政部擔心減損的銀行資本會嚇跑投資人，再度引燃夏季發生的恐慌。鮑爾森暗中安排祕密銀行紓困，利用主權財富基金和外國銀行做為新資金來源。二〇〇七年十一月二十六日，花旗集團宣布以七十五億美元出售四．九％股權給阿布達比投資局。二〇〇七年十二月十九日，摩根士丹利（Morgan Stanley）宣布出售五十億美元股權給中國投資公司（CIC）。二〇〇七年十二月二十五日，新加坡主權財富基金淡馬錫（Temasek）宣布，買進四十四億美元美林股票，附帶買更多的選擇權。

這一連串交易和其他類似的交易是打腫臉充胖子，企圖說服投資人美國銀行業情況良好。事實上，美國銀行業已爛到根，而主權財富基金則被鮑爾森和銀行家耍得團團轉。在一年內，受新興市場一般投資大眾所託的數百億美元主權財富基金資金，將化為泡影。不過，短期來看，對布希政府來說是使命已達。市場在進入二〇〇八年時已深信危機解除。

二〇〇八年冬季表面的平靜令人詭異地聯想一九九八年冬季類似的氣氛。十年前的危機始於前一年夏季，到冬季似乎問題已經解決，但次年春季危機再度爆發。二〇〇八年的危機則複製了近十年前同一時間的模式。

二〇〇八年三月，危機再度興起，貝爾斯登在三月十二日到十六日短短數日之間崩潰。三月十二日週三，貝爾斯登執行長舒瓦茲（Alan Schwartz）告訴CNBC財經新聞：「我們的流動性和隔夜融資沒有問題……貝爾斯登的資產負債表、流動性和資本仍然強勁……情勢只要時間就會穩定。」[10]三天後，貝爾斯登破產，業務被摩根大通吸收。最糟糕的部位深埋在聯準會的資產負債表外。短短幾天前，證管會主席柯克斯（Christopher Cox）說，他對美國主要投資銀行的資本緩衝有信心。

投資人再度鬆一口氣，相信銀行和監管當局已經控制情勢。道瓊工業指數從三月七日的一一八九三・六九點大漲至五月二日的一三〇五八・二〇點，令人刮目相看的九・八％漲幅。投資人和監管當局沒有看到底下的臨界狀態動力。兩次危機都被視為不連續且可以管理。沒有人把點連起來，把它整個看成一場危機，雖然這些點在不同的時間和地點發生，卻造成一次總崩潰。

到七月，流動性不足纏住了美國聯邦貸款金融公司（Fannie Mae，房利美）和美國聯邦住屋貸款抵押公司（Freddie Mac，房地美）兩家政府房貸機構，也是世界名列前茅的金融機構。房利美和房地美是華盛頓政治圈的寵愛，政治人物數十年來利用它們當作競選資金來源之一，提供數百萬美元的閒差事給政治親信，以酬傭對共和黨和民主黨政府的忠心服務。房利美和房地美和與它們競爭的銀行一樣腐化及管理低劣。

二〇〇八年七月二十四日，國會通過了二〇〇八年住房及經濟復甦法案（Housing and Economic Recovery Act），賦予財政當局權力以利用納稅人的錢支撐房利美和房地美。再一次的，一般民眾紓困了包括股票持有人、債券持有人、這兩家機構富有的主管等菁英。布希總統在二〇〇八年七月三十一日簽署該紓困立法。過去數十年已賺進數億美元個人財富的政治親信，並未貢獻這項紓困。他們的錢只進不出。

像報曉三次的公雞，股市第三度大漲，發出危機已經結束的信號。道瓊工業指數從七月十四日為房利美和房地美的問題跌抵的低點一一〇五五・一九點，到了八月十一日攀升到達一一七八二・三五點。這波紓解的漲勢比前兩波微弱，漲幅只有六％。不過，它象徵對政府屢次提出的解決方案感到有信心。它也象徵投資人、監管當局和銀行家不了解前面等著他們的是什麼。

二〇〇八年夏末，我曾在總統候選人麥肯（John McCain）的競選中擔任正式顧問。八月十六日，在雷曼崩潰前一個月，我提供麥肯競選總部這份以複雜理論模型為基礎的書面建議。信件以電子郵件方式寄出，標題為「風暴警示」。內文如下：

> 以下是金融危機的速覽：
>
> 去年夏天以來我已表示，它有個有趣的節奏。我們定期會出現恐懼的尖峰，每次我們似乎都看到即將墜入深淵。然後仙女棒揮一揮，問題似乎都解決了，市場恢復鎮定，人們又再樂觀一點（但因為近來的經驗而仍戒慎恐懼）。
>
> 這個節奏似乎是每隔三、四個月，不是剛好九十天，但大概這麼一段時間。
>
> 我們在二〇〇七年八月至九月碰上一場恐慌，靠鮑爾森的超級結構型投資工具構想而平息。十月至十一月風平浪靜。
>
> 我們在二〇〇七年十二月發生一場恐慌，靠主權財富基金紓困和新聯準會放款額度才紓解。二〇〇八年一月至二月也平安無事。

我們在二〇〇八年三月有一場恐慌，因貝爾斯登紓困和聯準會進一步融資而解除危機。接著四月至六月市場恢復平靜。

我們在二〇〇八年七月有一場恐慌，藉房利美／房地美住房立法而解除。八月風平浪靜（我預期九月也一樣）……

每次情勢平靜下來，市場感覺最壞的時候已經過去，自滿的情緒就會出現。但事情永遠沒有過去……

我們可以預期二〇〇八年十月再有一次「恐慌」尖峰；很可能十月底當公司報告第三季盈餘時。那大約是在選舉日兩週前，就在最後一場辯論結束後。國會會期也將結束，因此沒有機會很快立法修補情勢。聯準會已用盡各種招式，而鮑爾森的信用已經受損，因為他的許多構想都毫無效果……

從候選人的觀點看，有兩種想法：

一、別讓對金融危機的自滿到來。在選舉日前，保持對另一場風暴的警戒。

二、準備好一些領導人的聲明；候選人口袋應該準備好經濟方面的宣告；臨時準備可能來不及，恐慌時刻往往不是周密思考的最佳時機。（強調這一點很重要。）[11]

二〇〇八年八月二十五日週一，我接受麥肯競選團隊一名資深顧問邀請，正式參與一項競選視訊會議，預定八月二十七日與麥肯的經濟顧問團隊開會。我準時打電話過去；氣氛很放鬆；幾位經濟顧問感覺在經濟方面真的沒有太多可做的事，除了堅持他們促進成長、降低稅賦和減少法規的訊息。

麥肯以外交政策鷹派的姿態競選，而非經濟政策專家。他想用伊拉克問題來挑戰民主黨候選人歐巴馬。麥肯的政策是建立在布希軍事成功上。歐巴馬希望結束介入，從伊拉克撤軍。麥肯團隊在房利美和房地美紓困後感到鬆一口氣，他們的觀點是金融危機已經結束。這表示候選人可以專注在他的外交政策訊息。

在等到一個插嘴的機會，我對麥肯團隊說：「嘿，這場金融危機還沒結束。你們到選舉日前少不了會有一場地震。」會議中突然一片死寂。我繼續說：「我們從這場競選開始每隔幾個月就爆發一次。每次比前一次大，而且它們還沒完，你們必須準備好下一次爆發，那是所有人會關心的事。」

趁著麥肯的經濟團隊傾聽時，我繼續說：「你們應該這麼做：寫一份演講稿；做一個四點計畫。甚至哪些點並不重要，只管做。也許寫些有關衍生性金融商品結算所和透明度的內容。當恐慌發生時，在財政部前集合你們的支持者，向媒體宣讀計畫。美國人民將瀕臨恐慌；他們會發現他的演講能令人心安。這將使候選人出類拔萃。」

麥肯的視訊會議主持人說：「謝謝詹姆斯，但我們不認為這是個問題。危機已經結束，我們必須專注在我們的成長訊息。」會議在這番話後結束。那是我第一次、也是最後一次當競選顧問。我沒再被邀請回去。

危機果真在二〇〇八年九月十三至十四日的「雷曼週末」（Lehman Weekend）達到關鍵時刻。雷曼兄弟在九月十五日聲請破產。那一天，道瓊工業指數下跌超過五百點，重挫了四・四%。結果對麥肯是一場災難。他對經濟一無所知，但他的競選團隊必須採取行動。麥肯似乎慌亂又困惑。二〇〇八年九月二十四日，麥肯震驚共和黨，因為他暫停競選，回華盛頓處理危機。麥肯堅持與布希會面，討論因應對策。距離選舉日只剩六週，布希危機團隊不能表現出偏袒。九月二十五日布希邀請麥肯和歐巴馬到白宮西廂房，以提供危機諮商。歐巴馬團隊對危機動力的了解不比麥肯多。不過，他們很聰明，知道要保持冷靜、少說話，並表現出鎮定的外表。麥肯顯得緊張、臉色蒼白、幾近恐慌。市場直線下墜，美國人注意到兩位候選人的不同。

二〇〇八年選舉以來，主流看法是，麥肯的挫敗是選擇裴琳（Sarah Palin）當競選夥伴，這事件在二〇一二年HBO的電影《選情告急》（*Game Change*）已被植入社會大眾的想像。這符合美國政商界視裴琳在政壇無足輕重、而且是麥肯負擔的觀點。但資料不支持這個描述。雷曼破產前一天，麥肯在RealClearPolitics平均追蹤民調中以四七・四%領先歐巴馬的四五・三%。雷曼事件爆出後，兩位候選人各以四五・七%平分秋色。次日，歐巴馬以四七・一%領先麥肯的四五・二%。此後歐巴馬在民調中未曾再落後。歐巴馬勝出的臨界點不是裴琳，而是雷曼。

二〇〇七年我對布希財政部、二〇〇八年對麥肯競選團隊警告崩潰即將來臨的警告，未被聽進去。不只布希和麥肯無法了解複雜理論提供的洞識，從鮑爾森到柏南克、從美林執行長沈約翰（John Thain）到雷曼的傅德（Dick Fuld）等人，都是霧裡看花。

二〇〇八年九月二十九日，LTCM紓困十年後當天，國會拒絕鮑爾森和柏南克所提以納稅人的錢支撐大銀行的問題資產救助計畫紓困法案。次日，道瓊工業指數下挫七七七點，跌幅八%，為歷來最大單日跌點。

兩天後的十月二日，《華盛頓郵報》登出我的評論專欄「視而不見的一座山：風險模型如何辜負華爾街和華盛頓」。這是我首度公開嘗試以複雜理論解釋發展中的金融崩潰。我在評論專欄中寫道：

一九九〇年代以來，華爾街的風險管理一直被稱為「風險值」的模式支配。風險值決定每一種證券的風險因素，並將投資組合的風險因素加總起來，找出互相抵銷的風險。剩下的即為「淨」風險，然後在歷史模式下考量。該模式預測有九九%的機率投資機構不可能虧損超過特定數量的錢。投資機構比較這個「最糟情況」和它們實際資金，如果資金額較大，就可以高枕無憂。監管當局知道機構使用這類模式，所以也無憂無慮。

不過，潛伏在這種模式後面的是個巨大的錯誤概念：以為風險是隨機分布，且每個事件在順序上與下個事件無關……這個系統被以鐘形曲線呈現，顯示出我們近來看到的事件類別在統計上機率如此小，以至於實際上是不可能發生。這就是當它們發生時市場措手不及的原因。

然而，如果不是像丟銅板呢？……如果新事件會從根本上受到之前事件的影響呢？自然和人為的系統都充滿這種複雜性，其中微小的初始改變就能造成分歧和無法預測的結果……即使用最強大的電腦也無法為它設計出模式。資本市場就是這種複雜動力系統的例子。[12]

《華盛頓郵報》對投稿的評論專欄採取極嚴格的標準，我對複雜理論的投稿正值危機的高點時刊出，但在刊出前曾與前公開市場操作委員會貨幣經濟學家兼市場泡沫專家萊因哈特（Vincent Reinhart）開過一系列視訊會議。萊因哈特當時擔任《郵報》編輯部的審稿人。當時我正在旅途中，所以在布達佩斯的一個旅館房間與他討論我的理論。我一一回答了他的技術問題，並經過修改一些字詞後，《郵報》登出我的文章。我很確定那篇專欄對當時的公共政策辯論沒有造成影響。儘管如此，我在聽過幾位朋友私下勸告不要投稿後，很高興有機會公開發表看法。

隔天二〇〇八年十月三日，國會通過問題資產救助計畫（TARP），布希總統幾個小時後簽署實施。市場參與者、新聞記者和美國民眾，對體系在短短幾週內就失控大感驚訝，從雷曼到美國國際集團到問題資產救助計畫。現在新謠言說，需要更多紓困。問題資產救助計畫協助止住了資本市場的自由落體下跌。但實質經濟的問題才正要開始。美國陷入大蕭條以來最嚴重的衰退。失業率攀升超過一〇%。道瓊工業指數從二〇〇八年十月一日的一〇八三一·〇七點，跌到二〇〇九年三月九日的六五四七·〇五點——除了從二〇〇七年十月的高峰已經大幅下挫後，又重跌了驚人的四〇%。

和一九九八年的情況一樣，政策制訂者忽視危機教訓，做了避免未來崩潰相反的事。政策錯誤立即發生在使用新批准的問題資產救助計畫基金。鮑爾森和柏南克向國會推銷這個構想，當作一個用來向銀行收購壞資產的基金，然後慢慢賣回給它們以回收納稅人的錢。這個技術有其根據；類似的版本曾被有效用來清理一九八〇年代的儲貸危機。另一個好處是，銀行得以卸除壞資產。資產負債表乾淨的銀行得以恢復放款給最有活力和創造最多就業的中小企業。

然而鮑爾森並未執行對國會的承諾，而是把錢給了銀行業，允許它們保留壞資產，希望它們能挽回虧損。納稅人無法享受市場回升的利益。鮑爾森把未來的利得給了銀行家，包括他在高盛的前合夥人。

歐巴馬政府在二〇〇九年三月擴大鮑爾森的透餌與調包（bait and switch）手法，暫停實施依市價計值會計。這表示銀行的假會計資產會比以前更有價值。價值既已膨脹，銀行耐心等待聯準會以寬鬆的貨幣拉抬資產價格，直到市值接近假會計價值。最後一步是銀行慢慢拋售資產，獲利落袋，而獲利則以主管紅利和股息的形式轉移給銀行家和持股人。布希和歐巴馬都犯下這種詐欺，這顯示出銀行的勢力凌駕政治，而且這在華盛頓已是常態。

後果（續篇）

白宮和國會從二〇〇九年到二〇一〇年草擬並通過陶德－法蘭克（Dodd-Frank）華爾街改革與消費者保護法案，並在二〇一〇年七月二十一日由歐巴馬簽署為法律。陶德－法蘭克法案最後定案時厚達一千多頁，投票通過它的國會議員幾乎沒有人閱讀過。陶德－法蘭克法案是真改革、假改革、玩法弄權，和遊說者許願單上的非必需品的奇怪組合。

一些陶德－法蘭克法案條款，包括提高銀行的資本要求，以及限制若干形式直營交易的沃克法則（Volcker Rule），對提高金融體系的安全有其效用，雖然效用有限。最被過度吹捧的條款是「有序清算」（orderly liquidation）權。理論上，這是解決大到不能倒銀行倒閉問題的方法，而不引發雷曼倒閉式的混亂，也不必採取銀行紓困。但在實務上，有序清算是另一個華盛頓拼湊的東西，在面對真實的恐慌情況時將立即潰敗。監管當局將和以前一樣，訴諸親信政治和隨機應變

從陶德－法蘭克法案要求的兩百多項擬訂法規計畫，可以明顯看到國會怠忽職守。國會列出未包含在該法案中的重要事項，然後授權制訂法規的工作給各機構。從二〇一一年後，這些法規的制訂引發銀行遊說者的瘋狂勸誘，以破壞立法的意旨。到最後僅存的立法意旨已經不比《老人與海》中那條馬林魚的肉。陶德－法蘭克法案裡無關宏旨的內容包括創立一個專橫的新機構，稱作消費者金融保護局。截至現今，消費者金融保護局已迫使金融機構達成

逾一百一十億美元的和解，並導致消費者信用更難獲得，進而對復甦造成傷害。消費者金融保護局的執法如何避免新銀行恐慌一直是個謎。

陶德－法蘭克法案透過建立另兩個機構，確實直接處理了系統風險問題：金融服務監督委員會（FSOC）和金融研究局（OFR）。

金融服務監督委員會是昔日總統工作小組的新化身，總統工作小組曾在一九九八年壓制了葆恩的衍生性金融商品警告。金融服務監督委員會則包括財政部長、聯準會主席，和證管會、商品期貨交易委員會、聯邦存款保險公司和其他金融監管機構。陶德－法蘭克法案把金融服務監督委員會的權力正式化，並將權力集中在財政部。金融服務監督委員會的宗旨是協調未來體系危機的應變反應。

金融研究局是一個新智庫，設置於財政部中，以使金融監管機構能趕上華爾街的神童在衍生性金融商品風險度量上的發展。金融研究局是金融服務監督委員會的分析部。原則上，金融服務監督委員會對恐慌的系統風險和政策反應，將由金融研究局的分析師提供資訊。兩個機構原本應緊密合作。

二〇一三年初，我受邀在華盛頓的財政部對上述兩個機構的官員發表不公開簡報。簡報在四月十二日週五舉行，主辦簡報的財政部官員有興趣多了解複雜理論，和複雜理論在辨識資本市場系統風險的應用。我受到邀請的鼓舞。也許二十五年前蘇聯的「改革開放」（glasnost）現在也在華盛頓發生。

我事先準備一份報告，討論我的主要風險管理模型，寄給財政部。在華盛頓，我與九位來自上述兩個機構的官員會面，並開始我的簡報。會議持續約兩小時，對財政部官員來說那是很大方撥出的時間，我很感激有這個報告的機會。

不過，當簡報進行時，我獲得的印象是儘管官員很注意聽，財政部對採取下一步措施並不感興趣。官員們似乎只是盡盡聽取新意見的本分，但沒有真正把意義聽進心裡。

我在報告一半時，轉向在場最高位階的財政部官員說：「我不羨慕你們的工作。新見解似乎無關緊要，你們也無計可施，因為銀行業才是這裡的老大。」

我預期這懷抱憐憫、但挑釁的話會引起不滿的反應，但那名官員看著我說：「你說的沒錯。」他坦白承認風險管理的重要性不如銀行的獲利。

稍後我在報告中問資產金融研究局官員，他們用何種模式評估系統風險。我知道他們不是用複雜理論，而還使用風險值。我想知道他們是否對風險值做任何調整或改善。那名官員說：「我們真正在做的是執行陶德－法蘭克法案法規。我們把系統風險管理留給聯準會處理。」

這句話比前面有關銀行是老大的話更令人不安。我從與資深聯準會官員和研究幕僚知道聯準會的模式有何種缺陷，因此希望金融研究局會高明些。但華盛頓供應的菜單大同小異——大銀行、更多衍生性金融商品、更多複雜交錯的關係。金融研究局從聯準會獲得它的風險管理的線索，這就像盲人為盲人帶路。

在過去三十年，全球資本市場達到臨界質量，並曾四度完全崩潰。第一次是一九八七年十月十九日黑色星期一，美國股市單日下跌逾二〇％。第二次是一九九四年十二月二十日的龍舌蘭危機，墨西哥一天內貶值披索一五％。第三次是一九九八年八月十七日，俄羅斯貶值盧布並讓債券違約，進而造成ＬＴＣＭ倒閉。第四次是二〇〇七年六月二十日，兩家貝爾斯登的避險基金在救援嘗試失敗後倒閉，導致次年的雷曼危機。資本市場正處在物理學家所稱的超級臨界狀態，這表示一個臨界事件可以觸發連鎖反應和災難性的結局。從這個三十年的時間線做的一個簡單推論，透露出下一個臨界事件早已該發生。

這段期間還有其他主要市場事件，包括一九九〇年日本資產泡沫破滅，和二〇〇〇年達康泡沫爆破。這些泡沫事件造成投資人龐大損失，但並沒有全球體系性的影響。二〇一六年六月二十三日對英國退出歐盟投票的反應，有潛力發展成臨界事件，但也可能不會。暫時來看，英國脫歐（Brexit）已受到央行承諾的控制，就像核子反應爐營運商把控制棒插入放射性核心，藉以避免爐心熔解。

一九八七年、一九九四年、一九九八年和二〇〇七年的觸發事件都達到超級臨界狀態，危機的連鎖反應只有靠大規模央行和其他政策的干預才得以避免。

我經歷這四場危機時分別扮演銀行家、避險基金主管和分析師等不同角色。我沒有預見前三次危機來臨，它們就是發生了，或者說我在當時這麼感覺，而我也竭盡全力處理。根據這些經驗，特別是一九九八年的經驗，我做了研究並發展必要的模式，以深入了解風險的統計特性。回顧一九八七年、一九九四年和一九九八年，我可以看出那些危機並非「就是發生了」，而是可以預測的臨界狀態動力結果。如果利用適當的模式，二〇〇七年的危機在二〇〇五年就能預見，正如我在當時提出的警告。

利用相同的模式並往未來看，我所看到的遠景令人擔心。再一次的，系統已閃起紅燈。

| 第六章 |

地震：2018年

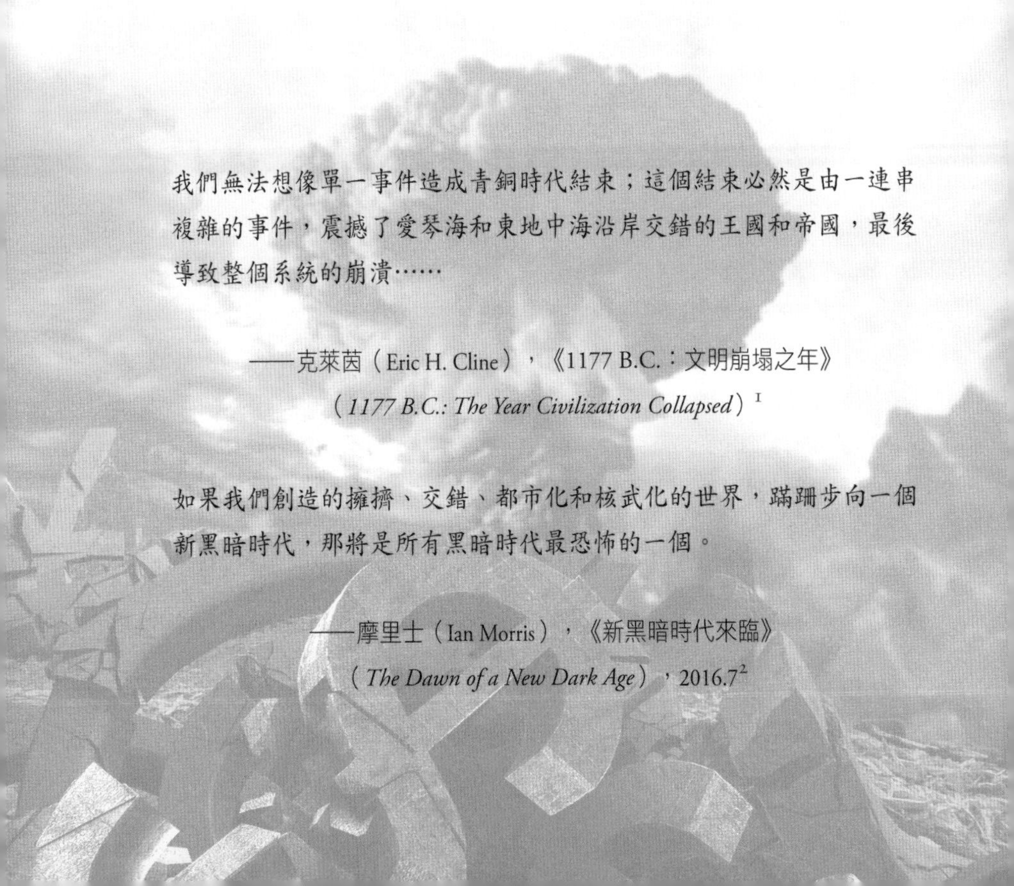

我們無法想像單一事件造成青銅時代結束；這個結束必然是由一連串複雜的事件，震撼了愛琴海和東地中海沿岸交錯的王國和帝國，最後導致整個系統的崩潰……

——克萊茵（Eric H. Cline），《1177 B.C.：文明崩塌之年》（*1177 B.C.: The Year Civilization Collapsed*）[1]

如果我們創造的擁擠、交錯、都市化和核武化的世界，蹣跚步向一個新黑暗時代，那將是所有黑暗時代最恐怖的一個。

——摩里士（Ian Morris），《新黑暗時代來臨》（*The Dawn of a New Dark Age*），2016.7[2]

「沒有臉孔的人」

當我問到，聯準會是否預見像一九九八年和二〇〇八年那樣的泡沫爆發釀成巨災？福斯特（Jon Faust）的回答是：「還沒有。」他的回答真令人不安。這顯示聯準會沒有從以前的經驗學到教訓。如果聯準會不能看到即將爆破的新泡沫，就不會阻止它爆破。

福斯特是柏南克主席於二〇一二年親手挑選的聯準會內部人。「內部人」（insider）這個詞經常廣泛地用來形容可能偶然參與的人，而且不是字面意義的機構內圈人。這個廣泛用法不適用於福斯特，他在聯準會的角色用「內部人的內部人」可能是較恰當的形容。

福斯特在聯準會的任職期，從二〇一二年一月到二〇一四年八月，包括柏南克把主席位子交接給葉倫期間。他的角色很廣，但專注在溝通。這指的不是公共關係或媒體連絡。溝通的角色意謂福斯特是前瞻指引（forward guidance）方面的顧問和首席文膽。

前瞻指引是央行在零利率或低利率世界的主要貨幣工具。聯準會利用前瞻指引來操縱市場預期。操縱讓聯準會可以緊縮或放鬆政策而不改變利率。聯準會改變對利率的預期，以文字透過演講、聲明、會議紀錄和洩露消息給新聞界來達成目的。這些文字即前瞻指引，而由福斯特撰寫。

雖然不是理事會成員，福斯特據說是聯準會第三號有權力的人物，僅次於主席和紐約聯準銀行總裁杜雷（William C. Dudley）。事實上他在聯準會外鮮為人知，反而強化深藏不露的影響力，用幾個精挑細選的文字就能扭轉市場。用間諜小說的用語，福斯特是一個「沒有臉孔的人」。

為前瞻指引撰稿不是局外做得了的。為公開發表的文字提供精確的用詞，必須熟稔公開市場操作委員會（FOMC）的內部運作，以及柏南克和葉倫的私人觀點。在福斯特任職期間，幾乎每一場公開市場操作委員會會議他都坐在聯準會有著挑高天花板的華麗理事會廳，其中包括聯準會歷來最大的印鈔計畫第三輪量化寬鬆（QE3）會議。柏南克在二〇一三年五月的演講中揚言減少印鈔票，二〇一三年十二月實際開始減少印鈔票。在FOMC會議空檔，福斯特會在柏南克和葉倫的辦公室進行腦力激盪，測試文字和語句對市場的潛在影響。日後我和柏南克談到福斯特的角色，他告訴我：「是的，福斯特的辦公室就在我的辦公室對面。」在前瞻指引方面，福斯特是聯準會的腦。

福斯特在凱因斯派貨幣學家的學術圈裡是備受推崇的人物，他在一九八八年取得加州大學柏克萊分校博士學位。葉倫在擔任聯準會資深官員前是柏克萊教授。福斯特的論文指導教授、曾獲諾貝爾獎的經濟學家阿克洛夫（George Akerlof）是葉倫丈夫。福斯特從一九八一年到二〇〇六年在聯準會擔任不同職務，最後是國際金融部助理主任。因此，當二〇一二年他被徵召為理事會提供建言時，福斯特對聯準會、柏南克或葉倫已知之甚深。

二〇一五年一月二十日，在福斯特離開聯準會前不久，他和我在紐約座無虛席的國民牛排館（The National）二樓包廂共進晚餐。這家餐廳的裝潢是典型的牛排館風——深色木頭、銅邊、白桌布和暗淡的燈光。我認識福斯特已經多年，但這是二〇一二年柏南克重用他以後我們第一次有機會單獨會面。我們分別坐在直角的位置，距離約一呎。我們談了兩個小時，邊享用鮭魚、奶油布蕾和好葡萄酒；福斯特喝紅酒，我喝平時常喝的白蘇維翁（sauvignon blanc）。

除了注意公開市場操作委員會成員的演講和文章外，我偶爾與聯準會理事和聯準銀行總裁談話，因此對福斯特的同僚有一些概念。這使得談話更生動些，因為我們可以分享對個人的印象，不只是談政策。

我特別對史坦（Jeremy Stein）感興趣。史坦從二〇一二年五月到二〇一四年五月擔任委員會理事兼成員，與福斯特在聯準會任職期間重疊。史坦引起我的注意，因他是唯一對聯準會的零利率政策製造隱藏的危險和泡沫動力有技術性了解的人。當時一些公開市場操作委員會成員，包括達拉斯聯準銀行總裁理查德・費雪（Richard Fisher），對必須升息和不升息的危險向來直言不諱。但費雪和想法相同的費城聯準銀行總裁普洛瑟（Charles Plosser）都有直覺、甚至民粹的理由支持升息。這些理由一部分牽涉到反對不公平地不給存款人合理報酬，而華爾街銀行家卻用寬鬆的錢、藉槓桿的股票買回來自肥。

史坦則較委婉，他看到運作機制的內部。史坦知道資產交換合約——以垃圾擔保品交易好擔保品，以便交易者可以在別的交易中用來當作好擔保品——會增加隱藏的槓桿。他了解增加的法規正在推動去中介化（所謂影子銀行業）使情勢比二〇〇八年還惡劣。他了解衍生性金融商品的風險存在於總名目值，而非淨值。這從他的演講和文章可以明顯看出。史坦看到泡沫的動力。但後來他離開了。留在委員會的人似乎沒有一個有史坦的見識。

我問福斯特的問題很直接。史坦曾在聯準會內部發出警告，他的分析十分嚴謹，不帶民粹意味。史坦也知道，如果新泡沫在二〇〇八年後不久就爆破，將摧毀一世代的信心，讓聯準會從上次危機以來扶持經濟重回成長道路的努力付諸流水。我湊近問福斯特：「葉倫是否看到史坦所見的？她是否相信市場處在泡沫狀態？」他的回答是：「還沒有。」

這個回答解釋了許多問題。它意謂聯準會堅守過時的模式。聯準會不應嘗試戳破泡沫、應該等泡沫爆破後收拾殘局的想法由來已久。這種方法的討論最遠可追溯到傅利曼和施瓦茨（Anna Schwartz）對大蕭條原由的經典研究。傅利曼和施瓦茨批評聯準會在一九二八年決定提高利率以冷卻股市泡沫。聯準會在通膨還不成威脅的時候提高利率，引發一九二九年的衰退，而這次衰退也成為同年十月股市崩盤的近因，該崩盤經常被指為大蕭條的開端。葛林斯班和柏南克都支持傅利曼和施瓦茨的批評。葛林斯班因為任由從一九九六年開始的達康泡沫在二〇〇〇年自行爆破而備受讚譽，他成功地「收拾爛攤子」，未造成嚴重的經濟傷害或系統傳染。柏南克以密集發表的文章，和二〇〇四年三月二日在一次探討大蕭條原因的重要演講中，呼應葛林斯班處理泡沫的方法。

但葛林斯班－柏南克因應泡沫的方法既是錯誤解讀歷史，也不符合較晚近的經驗。聯準會在一九二八年提高利率確實失策，但失策之處不在於攻擊泡沫，而是他們未遵守遊戲規則。美國在一九二八年採用金本位制，當時昂貴的黃金從歐洲流入。根據貨幣遊戲規則，黃金流入必須採取貨幣寬鬆，以促進通貨膨脹，提高出口價格，並調整有利於歐洲的黃金流動平衡。提高利率增加黃金流入美國，並降低世界其他國家的流動性。這個政策與金本位制下必須採取的政策相反，是導致大蕭條的直接因素之一。

葛林斯班和柏南克誤解的是，現今既不採用金本位制，也沒有任何貨幣標準。若沒有可用來測度政策的貨幣基準，聯準會必須更努力思考它是泡沫的原因，而不只是一個旁觀者。提高或降低利率的決定不是受到黃金流入驅使，而是一時突發的想法，以及錯誤的通膨與就業的相關性，也就是所謂的非加速通貨膨脹失業率（non-accelerating inflation rate of unemployment, NAIRU），和菲力普曲線（Phillips curve）。

經驗顯示，葛林斯班處理達康泡沫反應並不靈光。他收拾善後的做法包括讓利率保持在太低的水準太久，以至於直接造成房宅泡沫和二〇〇八年的金融崩潰。柏南克的零利率政策（葉倫延續他的做法）從二〇〇八年實施到二〇一五年，極有可能重蹈葛林斯班的覆轍。

較好的分析是，泡沫並不會自動變危險。重要的是它們是否有債務助長。達康泡沫是被葛林斯班稍早所稱的「非理性榮景」（irration exuberance）所吹破，而不是債務，而且雖然爆破時投資人損失慘重，對當時總體經濟造成的傷害卻相對較小。比較之下，房貸泡沫則完全因債務和衍生性金融商品而膨脹，並導致大蕭條以來最嚴重的衰退。所有泡沫都不一樣，史坦了解這一點。

在了解這些泡沫動力時，槓桿是比債務更恰當的度量標準。槓桿可以包括除了傳統貸款之外的衍生性金融商品。這是史坦另一點了不起的見識。柏南克和葉倫不僅未能區分債務與非債務驅動的泡沫，而且未看出衍生性金融商品是債務形式的一種。二〇一六年仍在擴大的是壞類別的新資產泡沫——由債務和衍生性金融商品驅動的類別。葉倫過時的不干涉方式，忽視了這種區別。

經濟學家沒有能力預見恐慌並非新鮮事。有名的例子之一是著名的經濟學家艾爾文・費雪（Irving Fisher）在一九二九年十月二十八日股市崩盤、導致市場兩日內重挫二四%之前，曾預測股市已來到「似乎永久的高原」。[3]股市持續下跌，從一九二九年的高點滑落八〇%，直到一九三二年才觸底。這裡不是要嘲笑費雪——他是二十世紀最聰明的經濟學家之一，而是要說明，經濟學家、特別是聯準會的經濟學家看不到泡沫。

有一些模式利用複雜理論、因果推論和行為經濟學，在辨識泡沫上有很好的表現，雖然崩潰的精確時間仍然難以預測，因為觸發因素的細微，以及路徑依賴的隨機性質。史坦和前聯準會理事米希金（Rick Mishkin）在利用遞歸函數來了解風險上進步最大。不過，福斯特的回答讓我希望破滅，知道這些想法在聯準會只不過是好玩的念頭而已。在葉倫的觀念，一切正常運作，沒有什麼泡沫問題。

福斯特的回答另一個令人不安的是「還」沒有這個字。這暗示了泡沫可能正在形成，但還有時間控制它。其中的想法是，央行官員有可能讓汽球慢慢消氣。換一個譬喻來說是調溫器。如果屋子裡太冷，你可以把溫度調高。如果屋子太熱，可把溫度調低。言外之意是，控制經濟是一個線性和可逆轉的程序，只要扭轉控制器就行。

一個經濟體幾乎像一座核子反應爐，而非溫度控制器。反應爐也可調整上下，但這個程序既非線性也不可逆。當一個超級臨界狀態達到後，反應爐核心會熔毀。不管如何調整也無法逆轉熔毀。核子反應爐是複雜系統，資本市場也是。福斯特無意中透露出聯準會不知道資本市場的行為方式。

對照福斯特對泡沫的評論，他對量化寬鬆的看法令人耳目一新。他坦承在聯準會內部，量化寬鬆的效果被認為「模糊不清」。量化寬鬆似乎值得做，可能比什麼都不做好，但如果有效也不是很明顯。

柏南克在二〇一五年的談話承認這一點。我在與其他委員會成員私下談話也聽到類似的看法。他們承認不知道二〇〇八年以後在做什麼。柏南克告訴我，他的理想典範是大蕭條期間的小羅斯福。小羅斯福善於臨機應變，他的政府敢於憑直覺大膽嘗試推行政策。有些構想有效，有些則以失敗收場。有些做法有用，但卻明顯違法且被法院推翻。這都無關緊要。小羅斯福的口號是嘗試所有可能的路徑，為經濟困境殺出血路。小羅斯福感覺在危機中最好做一些事，總比不做好。柏南克告訴我，他同意這種方法。

事實上，那要視情況而走。有時候最好什麼都不做，勝過輕舉妄動。這是醫學希波格拉底誓言（Hippocratic oath）的根本精神，以現代英文表達就是：「我不會以說『我不知道』為恥……尤其是，我絕不能扮演上帝。」以及「預防勝於治療」。歷史紀錄強烈顯示，如果不是小羅斯福的即興創作造成的不確定性，大蕭條可能早點結束。從二〇〇八年以來的長期不景氣（以持續低於趨勢成長率為定義）也歸因於柏南克－葉倫的即興創作。在治理的不確定狀態下，資本的反應是罷工。

福斯特對每次委員會會議後發表的新聞稿起草過程也直言不諱。他形容這個程序很「荒唐」。許多改變措詞是為了修改而修改，而字詞卻缺乏實質的意義。讀者被帶領一趟詮釋符號學之旅。柏南克曾看著兩份委員會聲明草稿，一份的意思是要傳達不會改變政策的訊息，另一份是傳達緊縮訊息。柏南克抬頭問福斯特：「哪一份是不好的？」措詞可以任人解釋，一切只是作秀。福斯特最重要的工作是打電話給《華爾街日報》的記者希爾森拉斯（Jon Hilsenrath），解釋聯準會希望措詞應如何解釋，不管用的是哪些字句。希爾森拉斯會忠實地報導應有的意思，而市場則一如預期做反應。傅柯（Michel Foucault）應該會感到得意。

與福斯特談話約一個小時後，我們從政治問題轉而討論從歷史背景看後二〇〇八年的時代。儘管我對聯準會的批評，我承認聯準會至少自認採用了正確的方法。但這引發一個反事實的想法：如果聯準會當時知道它現在知道的，它會不會走同樣的路？這個問題的前提很單純。聯準會二〇一〇年十一月推出第二輪量化寬鬆時，它預期二〇一一年將產生顯著的效果。當二〇一二年九月推出第三輪量化寬鬆，它預期二〇一三年會有明顯效果。期望的成長並未實現。經濟並未惡化，也創造出就業；但成長仍然疲弱，遠低於潛力。這整個過程是一個箱形峽谷，一個現在沒有出路的死胡同？

福斯特沒有直接回答問題。反而若有所思地說，五十年後「將出現一位新柏南克，一名年輕的學者，他將回顧一九三〇年代和我們現今的情況，並且比較方法，看哪些有效，哪些無效。那個人會有兩個數據點。」福斯特事不關己的數據點學術評論，打開了聯準會思維的另一扇窗。

除了老舊的均衡模型，聯準會幕僚堅守頻率派統計法（frequentist statistical methods），這種方法與另一種統計法恰成對比，是一種根據貝氏定理的推論法。頻率派和貝葉斯派都致力於從因與果來預測。和許多兩派互相辯論一樣，近幾年來也出現一些綜合觀點；兩種方法的採用者都看到對方有一些優點，但戰線仍然清楚畫出。

頻率派主張，只有在大量資料和長時間序列可得時，才能得出統計上有效的結論；愈大量和時間愈長愈好。這些大量資料組透過基線、迴歸和相關性的整理和分析，用來假設因果關係和發現異常。這個產出形成可靠的未來行為預測的基礎。有一種用在經濟學的特定技術叫蒙地卡羅模擬（Monte Carlo simulation）。電腦被用來旋轉一個模擬的輪盤，或丟數百萬次數位骰子，得出呈現度分布（degree distributions）的產出，以便觀察具體的結果頻率和可信的預測。愈多資料和愈多觀察，統計者對預測就愈有信心和愈滿意。這就是「頻率派」名稱的由來。

貝葉斯派只需要很少資料就可操作，不是因為他們要如此，而是因為有時候必須如此。

如果你要解決一個攸關生死的問題，卻只有一個數據點，貝氏定理可幫助你找出答案。貝葉斯派在資料組很小、甚至不存在時就能解決問題。[4]他們藉做一個稱為先驗（prior）的假設來進行，並利用先驗來形成假說。先驗的根據因素包括歷史、常識、直覺，以及可能存在的稀少資料。先驗根據最佳的可得證據，訂出可能為真的機率。在沒有任何資料的情況下，先驗被訂為五十比五十的機率，也就是最接近不確定的機率。

貝葉斯派從後來的觀察往回推論，以測試先驗的假說。每個後發生的事件被評估在假設為真的情況下，賦予另個會不會發生的機率，然後先驗被更新以提高或降低它正確的機率。長期下來先驗可能變得愈來愈堅實，正確的機率達到九〇%；或者可能變弱，終至被放棄。優秀的貝葉斯派會對後續觀察如何影響初始假說保持開放的心態。頻率派對發展先驗和在缺少資料下指定機率的猜測大感驚恐，他們認為這不是科學方法，而是只比巫毒好一些。

貝葉斯派以實用主義（pragmatism）駁斥頻率派——如果你沒有很多資料，而問題卻很急迫怎麼辦？如果 U-boat 已切斷英國的糧食補給線，而你的任務是破解納粹恩尼格瑪（Enigma）密碼以突破 U-boat 封鎖呢？等頻率派有足夠資料解決問題時，英國可能已迫於饑荒而投降。這是何以貝氏法被廣泛用於軍方和情報活動的原因。這些操作者面對攸關生死的問題，不能等候更多資料。

福斯特的評論是徹底的頻率派。事實上他說，從二〇〇七年到二〇一五年的柏南克－葉倫政策只有一個數據點——大蕭條。柏南克被視為排名僅次於傅利曼和施瓦茨的大蕭條學者，傅利曼和施瓦茨是公認該領域的天王和天后。五十年後，假設在另一次經濟災難中，一位未來的政策制訂者將有一九二九年和二〇〇八年兩次蕭條可供研究，且可能比較和對照兩者的政策反應，好像回答大學期終考的問題。為了對福斯特公平起見，我與柏南克談話時，他也表達類似的觀點。這位前聯準會主席沉思道，現在斷定他的政策已經成功仍言之過早。這需要未來的學者，也許幾十年後，才能斷言。

我對柏南克－福斯特頻率派心態的評價是，以一世紀一個數據點的速率，我們正在邁向到二〇二五年才了解貨幣政策與蕭條關聯性的路上。我認為福斯特的意思是，當危機在二〇〇八年爆發時，柏南克只有一組參考點，並且已盡他最大能力。有趣的是，葉倫在她出任央行官員前的學界資歷是在加州大學柏克萊分校，也就是過去一世紀來頻率派統計科學的思想發源地。葉倫甚至比柏南克更資料導向和重視模式。

對這個世界來說，不幸的是聯準會未能深入掌握貝氏技術。當學者轉任的央行官員等待數十年的更多資料來說服自己已經失敗時，資本市場只能默默承受連續發生的災難。

福斯特和我在距離餐廳一個街口的華爾道夫飯店（Waldorf Astoria）裡取了有趣店名的公牛與熊酒吧，結束我們一晚的會談。我們啜飲純威士忌，是一瓶由我們的朋友避險基金億萬富豪諾蘭（Dave "Davos" Nolan）仔細挑選的陳年佳釀，並與我們另一位晚餐同伴世界級生物學家溫德蘭（Beverly Wendland）共享。諾蘭、溫德蘭和我舉杯祝賀福斯特不久前回到學界——我形容他是「擺脫聯準會」。

遺憾的是，全球經濟卻擺脫不了。

黃金的力量

只能看到市場崩潰，儘管是透過複雜理論的透鏡看，對不關心事情會如何演變而想知道何時崩潰的投資人來說是不夠的。貪婪扮演重要角色。投資人可能同意資本市場即將崩潰，但他們一直留在市場直到市場崩潰。事實上，投資人會說：「我知道股市是泡沫，但獲利好到令人難以抗拒。在崩潰前一天請打電話告訴我，我會賣掉所有股票，然後抱緊現金，守住獲利。這是我的電話號碼。」

這種傾向的合宜回答是：沒有人能知道哪個小時，或哪一天。無法回答不是因為分析不足；而是純粹科學所致。複雜性的根本是，初始狀況看不到的改變會產生極為不同的系統結果。市場程序是非線性的，且實際上是非決定論的。觸媒和崩潰之間可能有因與果的關係。不過，這種關係很微小以至於觀察不到，且時機很難預測。預測市場崩盤就像預測地震，我們可能很確定事件會發生，且能估計其震度，但沒有人知道確切的時間。

實驗科學，特別是沙堆實驗（類似於雪花－雪崩的動力）和使用細胞自動機（cellular automata）的電腦模擬，揭露了極端事件的度分布。不過，一百萬次實驗也無法讓你預測哪一粒特定的沙粒會導致沙堆的崩潰。

系統不穩定而非個別的觸媒，會摧毀你的財富。焦慮的投資人不應該專注在雪花，應該對雪崩保持警戒。儘管如此，尋找雪花很誘惑人。

最引人注目的雪花可能是一家著名的銀行未能交付實體黃金的消息曝光。這將震驚市場，就像二〇〇七年的房貸基金違約一樣。搶購黃金的恐慌、金價突然暴漲，以及其他市場的漣漪效應，是這種事件可預測的結果。

黃金是全世界最不被了解的資產類別。令人困惑的是因為黃金像商品一樣交易，但黃金並非商品，而是貨幣。有數千噸黃金庫藏的國家樂於模糊這個差異。央行知道黃金是貨幣；它們只是不想讓你知道。

不過，存放在政府金窖的三萬五千噸黃金——大約歷來所有開採黃金的一五%——證明了黃金的貨幣角色，儘管官方否認。即使是一九七四年正式宣告黃金非貨幣的國際貨幣基金（IMF），也持有二千八百噸。被稱為「央行中的央行」的瑞士國際清算銀行（BIS），本身持有一百零八噸。各國央行和財政部不持有銅、鋁或鋼鐵，但它們持有黃金。央行持有黃金的唯一解釋顯而易見——黃金是貨幣。

不過，央行偏愛法幣形式的貨幣如美元和歐元，所以必須貶抑黃金。原因是央行共同壟斷法幣。截至目前，沒有央行壟斷黃金。

對黃金特性的困惑結果之一是精神分裂式的交易。有時候黃金被以商品交易，並對通貨膨脹、通貨緊縮有反應，並和其他商品一樣隨著實質利率波動。紐約商品交易所（COMEX）直營黃金交易商喜歡出售即月期貨合約、並買進遠月合約，以賺取調整倉儲和持有成本後的獲利，稱之為正價差（contango）交易。機構黃金買家如中國的祕密主權財富基金國家外匯管理局（SAFE）喜歡低價，因為它的收購黃金計畫尚未完成。部分黃金持有人苦候黃金期貨交易商通知紐約商品交易所他們需要實體交付而不可得。沒有足夠的實體黃金可滿足這種需求；如果交付實體黃金，黃金期貨交易所將很快關閉。何況，交易商為什麼要實體交付？銀行和經紀商從目前的做法賺大錢。小交易商或大型機構沒有急迫的理由，要打破這種有利可圖的金價動力。

黃金終將暴漲奔向它內在貨幣價值的每盎司一萬美元，遠高於目前期貨每盎司一千四百美元，不是因為交易商造反，而是因為實體與衍生性黃金市場的傳動機制將打破。黃金的商品價格與黃金實質貨幣價值的分歧，將往貨幣的方向發展，若干跡象已經顯露。

二〇一四年十一月出現其中一個跡象，當時黃金價格大幅偏離湯森路透連續商品指數（CCI）。黃金是該指數的成分之一，多年來跟隨指數波動。這不足為奇；指數成分通常會追隨指數走。但在二〇一四年十一月指數加速下跌，而黃金卻反轉上漲。走勢分歧持續到二〇一六年。二〇一四年十一月標記了認識黃金是貨幣、勝過是商品的起點。

其他跡象雖不明顯，但卻暗藏玄機。二〇一四年七月十八日，我在紐約一家高檔私人俱樂部與一名朋友晚餐，他是全球最有經驗的黃金交易商。我朋友告訴我的事令我震驚，但與我在香港和蘇黎世聽到的類似說法卻很一致。

坐在螢幕前看報價無法深入了解黃金。黃金是實體的，不是朝生暮死的。實體黃金的專家包括交易商、礦商、冶煉商，以及經營私人金庫、負責把黃金送到世界各地的武裝車輛與包機的保全運輸商。我的習慣是，只要有機會就與這些實體黃金會談。

俱樂部的餐廳沒有窗子且燈光昏暗，裝飾著典型的老派桃花心木厚鑲板。牆壁上掛著緊密排列的畫，大多是裸體像，散發波希米亞味。俱樂部是討論黃金這種真正老派貨幣的絕佳地點。我們一邊享用牡蠣、軟殼蟹和陳年香檳，一邊談話。

我的交易商朋友在二〇〇九年目睹一連串奇特的事件，牽涉一家大到不能倒的銀行滙豐，和一家全球數一數二的黃金交易商。滙豐在曼哈頓西三十九街紐約公共圖書館附近有一座金庫，金庫外觀毫無特別之處，每天經過的數千人幾乎不會注意到。三十九街有三個裝卸貨處，供裝甲車輛停靠以存入或運出金塊。每個裝卸貨處經常有一輛雙軸武裝車待命，以往返於Queens甘迺迪機場較大的布林克金庫（Brink）運送黃金。從甘迺迪機場，黃金被運送到世界各地如瑞士和上海。

在裝卸貨區的門後是一個黃金計數室。小量運交的交易商可以走路過來提領或交付用快遞包裝的金幣和金塊。計數室以防彈玻璃保護，讓計數室一區的交易商可以觀察四周的活動。我的朋友在計數室存入一百盎司的金幣，他看到一批更大的四百盎司金塊被從連接的裝卸區卸下。他對計數室的職員開玩笑說：「嘿，我用這些金幣跟你換那裡的金塊。」職員看他一眼，小聲說：「那樣你不划算，這些金幣更有價值。」暗示那些金塊「摻鹽」，或一部分是假的。

這個奇怪的事件之後不久，滙豐突然宣布結束除了大客戶以外的所有黃金儲存業務。中小客戶被要求領走他們的金幣，許多後勤職員被開除，包括那位警告我朋友假黃金的職員。主管實體黃金儲存業務二十多年的女士席芙曼在睡夢中過世。

故事還沒結束。不久後，中國發現一批滙豐交付的外表鍍金假金塊。滙豐在這筆交易有一名中間人，假金塊的來源並未向中國解釋，中國要求補償性的交貨，滙豐也立即照辦。整個過程被掩飾並且很快被遺忘。從二〇〇九年以來，中國大量擴張採礦和冶煉產能，現在已較不仰賴西方的供應。中國也堅持從西方來源採購的舊四百盎司金塊，要在瑞士重新冶煉成更純的一公斤金塊，以避免銀行假造。交付假金塊給冶煉廠根本不可能，因為黃金一融化就會立即發現造假。假四百盎司金塊都留在西方。

交易黃金衍生性金融商品因為實體黃金庫存萎縮而受到支持。中國的假黃金事件只是實體黃金供應緊俏的徵狀之一，我的交易商朋友說，供應緊俏已到危險的地步。十噸以上的訂單已很難買足。美國法律規定遠期實體黃金銷售必須在二十八天內交割，否則將被重新分類為期貨合約，必須在受監管的期貨交易所交易才合法。在目前緊俏的市場情況下，這項法規經常被忽視，因為交易商發現很難在二十八天的規定內完成交貨。美國政府對執行這項法律興趣缺缺。這些違法的期貨銷售應被列入期貨交易所的未平倉合約報告中，以了解倒金字塔型的黃金衍生性金融商品，實際上是建立在實體供應日益萎縮的支點上。

在倒金字塔型紙黃金之下的實體黃金是浮動供應，這有別於總供應。浮動供應包含可供立即交付的黃金，以支持交易商的活動。總供應包括全球所有實體黃金。大多數黃金存在民間金庫或是戴在身上的珠寶，無法方便地用來支持交易。浮動供應與總供應的差別，直接關係到無法交付實體黃金的事件如何演變成全面搶購黃金的恐慌。

在西方央行、ＩＭＦ和ＢＩＳ金庫的黃金，是可供市場租賃的浮動供應的一部分。一旦透過金塊銀行的租賃取得權利，那筆黃金就被用於不分配性的遠期出售。「不分配」這個詞是委婉的話，意思是買家有金價曝險和一紙合約，但不是黃金。一噸德國黃金存放在紐約聯準銀行，並在倫敦透過ＢＩＳ的仲介租賃給高盛，可用來支持市場上十噸的遠期銷售。這十噸黃金的每一位買家都認為自己擁有黃金，但只有一噸實體黃金支持十噸黃金銷售。甚至這一噸實體黃金是租賃來的，可能被出租者從市場贖回。

當央行的黃金被賣給中國政府並運送到上海，這些黃金將被半永久性地儲藏，無法用來租賃。總供給未改變，但浮動供給減少了。當荷蘭和德國等國家從紐約聯準銀行把它們的實體黃金運回國，放在阿姆斯特丹和法蘭克福的金庫時，也會發生同樣的情況。這些黃金可以供德國人或荷蘭人租賃，但兩國都沒有發展完備的租賃市場。租賃以紐約和倫敦為中心，兩地的商務法很完備，且法律上的先例讓交易各方對合約的執法充滿高度信心。因此黃金運回歐洲會減少浮動供應。

浮動供應也因投資人要求把他們的黃金從瑞士銀行或瑞士信貸等銀行的金庫，運送到盧米斯（Loomis）或布林克等私人金庫而減少。放在銀行金庫的黃金可用來租賃，或做多重的未分配銷售，而私人金庫的黃金則不能。私人金庫經營商的資深主管向我確認，可以從銀行金庫轉運黃金到私人金庫。

實體黃金市場另一個失靈之處是分配式金塊的非法替代品。有些買家以完全分配方式擁有自己的黃金，這表示他們有特定金塊的所有權，而不是一紙合約的約定。標準的四百盎司合格交割金塊上印有冶煉商的名稱、試金章和具體的重量（可能略多或略少於四百盎司），鑄造金塊的日期，純度（介於九九・五〇％和九九・九九％間），和獨一無二的序號。根據這些辨識章，每個金塊都獨一無二。但純金是可互相取代的；這向來是黃金的吸引力之一。我曾聽到無數故事說黃金投資人要求實體交付，但收到的金塊上日期與其他標章卻和載貨單上不同，這表示原始金塊已被掉包，交付的是替代品。收到的一方很少抗議，因為黃金就是黃金。這在替代品不是假貨的情況是正確的。出現替代品就是黃金稀少的證據。

紐約商品交易所倉庫黃金漸少、黃金運送到歐洲、中國直接購買黃金、私人非銀行的黃金儲存、非法替代品以及黃金造假，所有這些趨勢都在加速中。其結果是一個更大的倒三角形黃金衍生性金融商品，架在一個較小的實體黃金浮動供給。黃金交付短缺、延遲和詐騙日益興盛。就目前而言，這些失靈現象都被市場參與者忽視，即使發生延遲情況他們也樂於收到黃金。

實體稀少對內部人來說更加明顯，一個相變（phase trasition）已然浮現。那些擁有黃金權證卻未實體擁有的人，已開始要求擁有實體。這股趨勢從近日德國和荷蘭運回黃金可以看出。要求實體黃金也出現在紐約聯準銀行的黃金儲存報告上。二〇一四年，聯準銀行儲存的黃金減少了一七七・六四噸；[5]減少的數量有一半以上發生在二〇一四年十月和十一月兩個月間。[6]減少的趨勢始終一貫，沒有一個月份的黃金儲存增加。實體黃金急劇減少正值金價與商品價格指數分道揚鑣。數量減少和價格走勢分歧，符合黃金是貨幣且供應短缺觀點。

這個趨勢只有專家和內部人知道。一般大眾和美國的政策制訂者並未警覺其中的含意。實體黃金相對於合約黃金的短缺，以及合約交易對手對合格交割的緊張，已觸發一個典型的銀行擠兌——雖然擠兌的是黃金。

這個動力類似一九六八年到一九七一年黃金市場的情況，當時歐洲人以美元兌換存放在諾克斯堡的黃金，導致尼克森總統在一九七一年八月十五日關閉黃金窗口。現今黃金沒有固定價格，且黃金不是來自諾克斯堡，而是來自聯準會和指數股票型基金（ETF）支持者等民間私人保管。儘管如此，其動力是類似的。

目前的環境已瀕臨爆發未交割事件的邊緣。當發生這類事件，擁有紙合約形式黃金持有人將希望立即取得實體黃金。當中介商爭搶稀少的實體黃金以履行交割義務時，價格將暴漲。過去對黃金不感興趣的機構，將突然想把黃金納入它們的投資組合，因而增添上漲的動力。其結果是黃金的九重冰。黃金交易所將停止交易，合約將終止，並以最後的美元收盤價結算。交易對手將損失未來的價格上漲，也無法取得實體黃金。沒有黃金的人將無法以任何價格買到黃金。

如果搶購黃金的恐慌局限於黃金而不外溢到資本市場，金融系統將很幸運。金融災難有傳染性，即使黃金恐慌暫時獲得控制，不表示資本市場是穩定的。還有其他雪花正在飄落。

美元短缺

黃金不是唯一供應短缺的貨幣，全球的美元也處於短缺，而且日益嚴重。極度的美元短缺不久後將引發違約、通貨緊縮和銀行倒閉。通貨再膨脹性的政策反應將包括貨幣創造、債務貨幣化，和金融機構和貨幣市場基金的九重冰凍結。通貨緊縮和通貨再膨脹間的衝突力量極大，對累積的財富極具破壞性。

美元短缺的說法聽來可能很奇怪。聯準會在二〇〇八年到二〇一五年間創造逾三兆三千億美元的新貨幣，其他央行創造的貨幣以它們的經濟體來看規模也一樣大。在新貨幣氾濫的情況下，美元怎麼會短缺？

答案是在聯準會創造三兆三千億美元新貨幣的同時，市場創造了逾六十兆美元的新債務，和數百兆美元的新衍生性金融商品。新創造的錢透過各種管道被以五十比一的槓桿使用。並非所有新債務和衍生性金融商品都包含傳統定義的「貨幣」，但這些債務代表交易對手預期在合約到期時能依約「回收他們的錢」。當這種合約違約時，或當合約的擔保品價值減損，或當履行合約的展望有疑問時，慢動作的清算就將啟動。短期債權人漸漸地開始拒絕延展金融信用，銀行拒絕借款給其他銀行，會計師要求資產減值，全球體系也將陷於去槓桿。人人都想把錢拿回來，但真正的貨幣不夠讓所有人拿回錢。這時候清算開始加速，美元短缺就會開始張牙舞爪。

這種清算證據有幾個來源。主要美元指數從二〇一三年到二〇一六年所呈現的美元強勢，是全球美元需求的證據。從二〇一六年六月開始主要義大利銀行出現嚴重的歐洲美元（eurodollar）銀行間融資問題，是另一個跡象。中國、俄羅斯和沙烏地阿拉伯在二〇一六年上半年淨賣出美國公債，則顯示這些國家必須取得美元以滿足資金外流需求，或維持難以永續的聯繫匯率。

美元短缺最有趣的證據是五年期抗通膨債券（TIPS）、黃金和十年期美國公債價格糾纏的三角價格關係。抗通膨債券是一種特別類型的公債，其本金會隨著通貨膨脹調整。這表示抗通膨債券殖利率是實質殖利率；不必在名目殖利率上加通膨溢價，因為本金已經不受通膨影響。當投資人支付高於標準的溢價購買抗通膨債券時，產生的到期實質殖利率是負的，因為投資人將收到通膨調整後的本金減去支付的溢價。

從二〇〇六年到二〇一六年，黃金和五年期抗通膨債券（以逆收益率為準）顯示出強大正相關性。這是可以理解的。當債券殖利率是負值時，黃金就更有吸引力，因為黃金沒有收益率。抗通膨債券的負殖利率愈大，黃金的美元價格就愈高，兩者呈正相關，而且實際走勢也是如此。負實質殖利率和黃金美元價格上漲，是通貨膨脹的早期警訊。在世界各國央行創造龐大貨幣的情況下，通膨預期上升是可以想見的。

這個三角關係中落單的是十年期美國公債。這類公債的本金並未隨通膨調整，因此投資人尋求較高的債息，或以較低價購買債券以免於通膨侵蝕。十年期公債到期殖利率代表部分信用風險（通常很低）和通膨風險（視經濟情況變動）的組合。如果黃金和五年期抗通膨債券發出通膨訊號，十年期公債殖利率將上揚，價格將下跌。反之亦然。十年期公債殖利率於二〇〇七年七月六日從五・二%，到二〇一六年七月八日跌至一・三%，為歷來公債市場上最大一波漲勢。避險基金和機構因預測債券市場泡沫放空市場而損失數十億美元，因為殖利率不斷下滑而價格則屢創新高。這波價格走勢強烈顯示，市場預期通貨緊縮和疲弱的經濟成長，甚至出現蕭條。

黃金和抗通膨債券價格預告通貨膨脹，十年期公債則發出通縮訊號，哪個正確？對效率市場經濟學家來說，市場永遠是對的，如果這些市場發出相反結果的訊號，它們怎麼可能都對？答案是通膨和通縮力量共存於今日，形成一個不穩定的動態緊張，像一條斷層線在地震中那樣可能向任何一方斷裂，並製造出一波大多數投資人尚未準備好的價格震撼。

要深入探究黃金、抗通膨債券和十年期美債的價格，必須了解這是個出於恐懼的怪異三角價格關係。恐懼通貨膨脹的投資人購買抗通膨債券和黃金，恐懼通貨緊縮的投資人購買十年期公債。聰明的投資人購買全部三種，因為通貨膨脹和通貨緊縮同時存在。可能的發展之一是因為債務、去槓桿、人口結構和科技造成的短期通貨緊縮和衰退，緊接著是因為央行和財政當局因應通貨緊縮的政策帶來的通貨膨脹。物理學家發現這種反覆的行動很熟悉，是複雜系統瀕臨混亂邊緣的例子，是完全失控前的搖擺現象。到最後通貨膨脹必須勝出；政府需要它，且永遠能想出辦法。但短期內通貨緊縮將當道，直到政府了解它的影響，並採取更強力的補救措施，例如債務貨幣化（debt monetization）。

這個通縮和通膨相互拉鋸的不確定前景，因為通膨性的央行印鈔與債務創造被衰退性債務違約抵銷、導致美元短缺而被放大。現今的美元短缺是一九五〇年代美元短缺的重播。在第二次世界大戰結束後，美國工業產能占全球的比率，和美國黃金準備都是歷史最高峰。在同一時候，歐洲人和日本人無法購買美國的東西，因為他們缺少美元。解決方法的第一部分是美國透過馬歇爾計畫和韓戰支出來提供世界美元。第二部分是美國藉龐大的貿易逆差（入超）和預算赤字供應美元。這需要花些時間，但很管用。到一九六〇年代末，美元短缺已變成美元過剩。隨著通膨升高，貿易夥伴不再想要美元，而開始以美元兌換黃金，導致美國關閉黃金窗口。

一九五〇年代美元短缺和一九六〇年代美元過剩的順序，是一個簡明的特里芬難題（Triffin's dilemma）的例證；這個詞是以比利時經濟學家特里芬（Robert Triffin）命名，他最早在一九六〇年提出這個理論。特里芬正確預測了美國將對全世界採行貿易逆差，以供應世界足夠的美元來融資全球貿易和銀行業。這個困境是，如果美國採行無限制的逆差，最後將破產。到二〇一六年，美國已接近特里芬六十年前聰明的預測點。這限制了美國繼續以美元供應世界。不過，由於世界仍仰賴美元，導致美元短缺危及全球資本市場。真正的難題是，還沒有普遍認同、被接受的美元替代品出現。特別提款權（SDR）正等著拾起美元的皇冠，但這個轉換需要時間，除非危機加速它。

整個世界是個壞帳等著爆發成全面美元流動性危機的地雷，問題只是哪一個地雷先爆開罷了。從二〇〇九年到二〇一五年有超過五兆四千億美元的能源相關債務產生，大多數是在裂解業。這些債務能否延續是以油價每桶七十美元以上為前提，由於油價從二〇一四年底到二〇一六年保持在六十美元以下，能源相關債務已開始攀升。同樣危險的是新興市場美元計價的公司債，瑞士國際清算銀行估計超過九兆美元。這不是二〇〇九年杜拜和二〇一一年希臘造成危機的主權債務，而是由各國製造商以及從俄羅斯到巴西、墨西哥、印尼、土耳其等國的商品生產商所發行的公司債。

主權債務的償付可以動用發行國的強勢貨幣準備，並借助IMF貸款、外匯交換，必要的話由央行購買。公司債遠為脆弱，發行公司可能從出口賺取美元，但也可能不賺錢。近來的強勢美元意謂即使出口公司賺進的美元相對於債務也已減少，這將使償還債務變得更負擔沉重。公司可能從本國央行獲得強勢貨幣準備，但不保證能獲得，尤其是像俄羅斯等國家需要寶貴的外匯準備以償付主權債務。

能源和新興市場的違約率可能只有一〇%，但仍會造成逾一兆美元的貸款損失，關聯的衍生性金融商品損失還更大。全世界可能將再次難以承受一次重大的債務震撼，就像二〇〇七年的情況。

這波新債務震撼的來源顯示，央行官員比起二次大戰的將領並沒有更高明。在一九九八年，全球危機來自新興市場主權債務和避險基金長期資本管理公司，當時的監管當局下令銀行業更嚴密監視避險基金，同時新興市場也積極地累積預防性的美元準備部位。二〇〇八年的危機來自預料之外的方向：抵押貸款。於是監管當局提高抵押貸款標準，增加頭期款，並改善承作標準。現在這個新危機來自另一個出其不意的方向：企業債務。

中國的信用危機也是可能的危機來源。從二〇〇九年到二〇一六年，超過十兆美元的中國投資被浪費在大而無當的基礎設施、鬼城和貪瀆上。這些支出的來源一部分是小儲蓄者投資在龐氏騙局的財富管理產品。中國銀行和外國放款人急於參與虛幻的中國成長故事。中國人民銀行（央行）藉由操縱利率和準備要求而粉飾這種情況，任由壞帳問題更加嚴重。監管當局不斷解決上個問題，卻無視於下個問題的預防。這是因為真正的問題並非壞帳，而是從源頭製造債務的寬鬆貨幣政策。在尋找創造債務和衍生性金融商品的方法上，市場參與者比央行聰明（雖然門檻很低），這就是史坦的洞識和感到沮喪之處。

通貨緊縮是另一項致命的威脅。即使已開發國家的財政赤字減少，債務對ＧＤＰ比率因為名目成長率如此低而持續上升。通貨緊縮之謎在於它容許在負名目成長時出現正實質成長。一個經濟體可能出現商品和服務的美元數值減少，但如果名目美元因通貨緊縮而價值升高，仍會出現實質成長。這對生活水準來說是好事，但對維繫債務卻是夢魘，因為債務都是以名目計價。如果每一美元的價值增加，債務負擔將隨著赤字下降而增加，這就是從通縮透鏡看的奇怪世界。

貨幣戰爭導致各國央行相繼降低利率，以壓抑本國貨幣相對於貿易夥伴貨幣的匯率。日本、瑞士、歐洲央行的政策匯率都是負的。在一些主權債券市場，公債提供負總報酬。負利率為緩慢的成長提供暫時的紓解，但下一次恐慌時寬鬆將來自何處？央行假設它們在下次恐慌襲擊前可以讓利率正常化。利率正常化的時機是在二〇〇九年底，現在為時已晚。下一次危機將在目前這個寬鬆循環反轉前來臨。除了透過龐大的新量化寬鬆計畫，央行已毫無防衛力。這波新貨幣創造熱將測試世界對央行貨幣信心的極限。

除了這張從黃金、債務、通貨緊縮和違約的觸媒清單，還有外在威脅會從地緣政治領域出現，並將很快外溢成金融恐慌。這些威脅包括傳統戰爭、網路戰爭、暗殺、著名人物自殺、電力網中斷，以及恐怖攻擊。

最後還有天災，如地震、火山爆發、海嘯、五級颶風，和致命瘟疫。

懷疑者說，戰爭、地震、瘟疫和其他災難向來與我們同在。我們總有辦法撐過，並在災難結束後更加興盛。這是事實，不過，過去全球從未如此深陷債務。如果有災害可以重建，低債務負擔的社會較能承受災難打擊，可以動員資本、增稅、增加支出。高負債社會較為脆弱，驚恐的債權人要求償還導致資產賤價求售、市場下跌和違約。這種恐慌氣氛對資本形成不利。緊俏的預算無法再擴展以支援緊急支出。負擔沉重的納稅人無法承受再增稅。政策制訂者可以加油踩檔，但變速器已經壞了。負債的社會無法復原，只會沉淪。

動盪二〇一八年

地震和雪崩的譬喻對說明金融崩潰的動力很有幫助，但這些動力不只是譬喻。用來描述天災和財政災難的複雜系統動力和數學模式，基本上是一致的。在考慮這些系統譬喻時，時間尺度必須容許誤差。核爆發生在納秒間。地震發生的時間以秒計。這些時間尺度不同是因為系統規模的動力發生不同，以及系統包含的反應機能不同。金融崩潰是一顆超級新星——一個可以持續許多年的重大事件，甚至就真正的超級新星來說，可以持續一千年。這不是因為事件動力較小，而是因為系統規模較大。

曾發生過的一場貨幣崩潰是英鎊以慢動作沒落，同時美元崛起成為主要全球準備貨幣。一九四五年十二月二十七日通過布列敦森林會議最終文件，被視為美元正式超越英鎊的代表時刻。這是以一九四四年七月在布列敦森林協議為基礎的新世界貨幣秩序，定義了美元以黃金為本位的特殊角色，加上其他貨幣與美元聯繫，並在IMF監督下限制貶值幅度的架構。

但美元超越英鎊實際上發生在更早三十年的一九一四年十一月。當時美國和英國之間的黃金流動開始回流美國。大量黃金在一九一四年七月二十九日開始流入英國，因為英國結算投資以兌換黃金，用於資助第一次世界大戰。美國沒有別的選擇，只能運送黃金以履行應盡的義務。從美國流出的黃金都由摩根（Jack Morgan）和他在摩根公司（J. P. Morgan & Company）的合夥人處理。

到一九一四年十一月，結算階段已經完成，短期票據市場穩定下來。現在貿易平衡變成焦點，不再是資本流。英國迫切需要美國出口的糧食、棉花、戰爭物資。一旦戰時保險和船運障礙解決，物資便大量從美國運出。根據遊戲規則，由此造成的對美國有利的貿易平衡必須以黃金結算。這是新成立的聯準會和它的民間持有人累積大量黃金的開始。

英鎊從一九一四年到一九四四年的角色只是虛有其表。倫敦仍維持是個金融中心，英鎊仍然是準備貨幣，原因主要是英國仍為大英國協最愛的市場，以及摩根公司內部親英派銀行家的堅持，而非因為倫敦的實力。學者艾肯格林（Barry Eichengreen）在他的著作《金鍊鎖》（*Golden Fetters*）中精彩地描述這個轉變，以及美元和英鎊在兩次大戰競逐全球準備貨幣寶座的過程。[7]

英鎊在一九一四年喪失實際的準備貨幣地位，但全球直到一九四四年才看到結局。三十年不是一納秒，不過，英鎊沒落是一個無法阻擋的動力過程。摩根公司的內部人了解這個勢力消長；他們每天處理黃金，看得見全球的流通。也許現今美元已喪失它的獨霸地位，一些內部人早已看清，但投資人因為美國仍然投射的帝國假象而渾然不覺。美元地位消蝕可能不是一件戲劇化、天崩地塌的事件在未來等著我們，它可能已經來臨。在《空心人》（*The Hollow Men*）中，艾略特（T. S. Eliot）寫道：「世界這樣終結／沒有轟然巨響而是一聲啜泣。」大多數人聽不到啜泣聲。[8]

未來的歷史學家可能回顧二〇〇八年九月十八日，視為美元死亡的日子。聯準會瘋狂印鈔以撲滅雷曼、AIG和高盛的大火。在此同時，中國開始大舉買進黃金，不是在金本位的體制中進行，而是利用祕密代理人和交易手法偷偷購買。然而，美元的基礎已經轉移。

雖然我們可能在事後指出最高點，但這不是金融崩毀真正發生的樣貌。崩毀分成不同階段、歷經多年發生，其中包括平靜無波的時期，這時候解除警報可能響起，投資人從防空壕走出，但炸彈隨即又密集落下。

系統中的複雜性孕育系統自身崩潰的種子。為什麼歐洲文明從羅馬衰亡到文藝復興的一千年間未曾經歷總崩潰？答案是當時的歐洲稱不上是系統。歐洲的土地只是彼此甚少關聯的小王國、諸侯和維京劫掠部族的區塊。當時有戰爭、征服、文化、宗教和美術，但沒有可明確定義其規模的歐洲系統。

直到中央集權的政治實體如法國、瑞典、俄羅斯和英國在十六世紀崛起，大規模的系統才出現。密度提高的機能導致三次大型的體系崩潰——三十年戰爭、拿破崙戰爭，和二十世紀的兩次世界大戰。每次崩潰都繼之以聯合的努力以協議的遊戲規則來穩定體系。三十年戰爭的解決方案是一六四八年的西發利亞和約，建立了現代主權國家系統，確立國家理由（raison d'etat）為國家治理的指導原則，取代宗教和君主神權。拿破崙戰爭的解決方式導致一八一五年六月九日的維也納會議最終文件。該協議削弱法國的力量，但未過度懲罰法國。維也納會議奠定了現代外交的基礎，和國際關係中的均勢運作。維也納會議後相對穩定、平和繁榮的時期被稱為歐洲協調（Concert of Europe）。

第一次世界大戰結束後並未像一六四八年和一八一五年那樣建立穩定的系統。一九一九年六月二十八日簽訂的凡爾賽合約，對德國施以政治懲罰，但經濟上的措施錯誤。合約導致惡性通膨和全球蕭條，也成為第二次大戰的近因。直到第二次大戰結束後，在一九四四年和一九四五年的一連串協議，包括布列敦森林和聯合國憲章，才在美國和蘇聯霸權領導的新世界秩序中重現穩定。

從西元五〇〇年到一五〇〇年的一千年間，與一五〇〇年以後的五百年之間的對照，說明了系統規模的重要。中世紀的王國來來去去，但沒有災難性的崩潰。政治上的破碎有如船上的水密艙，低網絡密度有利於抵擋政治和經濟傳染。從一五〇〇年後，歐洲的規模和密度增加帶來級數性擴大的崩潰，正如複雜理論所預測。

歐洲協調在維也納會議之後約六十年分階段瓦解。德國和義大利的統一於一八七一年完成，象徵歐洲網絡密度和系統規模大幅增加。這種政治密度因電話、火車運輸、輪船、電力和其他發明形成的經濟網絡而放大。隨著複雜性增加，更錯綜複雜和嚴重的危機隨之而來。奧圖曼帝國衰亡、一九〇五年日俄戰爭，和一九一二年巴爾幹半島危機都是整體的一部分，導致歐洲的破壞和從一九一四年到一九四五年的各帝國崩解。第一和第二次世界大戰將被未來的歷史學家視為單一的歐洲、日本、中國和大英帝國的大規模系統崩潰。複雜性具有毀滅的力量。

我們現在的處境又是如何？金融危機已取代動能戰爭（kinetic warfare），成為複雜系統動力的核心。一九九八年和二〇〇八年的金融危機類似於一八七〇年到一九一二年的俄羅斯、法德，以及巴爾幹戰爭。它們是警訊——一場無法想像的災難之前的震動。這不是推測，而是系統動力預期的結果。這個結果並非無法避免，但它很可能發生。若要懸崖勒馬，必須縮小銀行規模、減少衍生性金融商品、降低槓桿和可靠的貨幣，也許要與黃金聯繫。但眼前看不到任何這類補救措施，只見系統崩潰逐漸迫近。

| 第七章 |

菁英的篝火

拙劣的經濟觀念最可悲的是，一旦它們抓住社會的想像，就變成幾乎不可能說服人們放棄它們。這些觀念必須……由經驗來推翻。

——帕利（Thomas I. Palley），美國經濟學家、
《從金融危機到停滯》（*From Financial Crisis to Stagnation*, 2012）作者[I]

牛羚和母獅

牛羚對抗母獅的方法是成群結隊，因為一隻牛羚無法抵抗母獅。從肯亞延伸到坦尚尼亞的塞倫蓋提（Serengeti）平原上，一隻母獅走向牛羚群，選擇一個攻擊目標，然後往前衝。牛羚群做出反應，因驚慌而四散逃竄，激起滿天灰塵，改變方向，然後當母獅攻擊時，又匯聚成小群，迫使母獅屈服並撤退。但母獅很少餓著肚子離開，最後牠撲捉到一隻，在陽光照耀的平原上大啖牛羚肉，口鼻沾滿鮮血，驕傲地分享牠的獵物。從牛羚的觀點看，雖然很不幸損失一隻，但牛羚群卻得以生存。

塞倫蓋提平原這一幕投射出菁英的貨幣心態。貨幣菁英是獸群。他們不是潛伏的影子，而是鮮明的個人集合——財政部長、央行官員、學者、新聞記者和智庫名家。他們經營從波士頓到北京的財富管理公司，提供建議給總統和總理，並且有門徒在適當時機接班。

人物隨著時間更迭，現今的菁英名單包括拉加德、德拉吉和桑默斯等。在過去，特里謝（Jean-Claude Trichet）和史特勞斯康（Dominique Strauss-Kahn）是核心人物，他們以類似魯賓的風格風靡於公眾和私人舞台。他們在達弗斯或亞斯本（Aspen）會議場外互相問好。他們在巴塞爾瑞士國際清算銀行的祕密會議會談，不留下任何會議紀錄。他們控制全球金融，因而也控制全球政治，因為政治受制於金融。他們掌管全世界。

現今他們是驚慌逃竄的獸群，母獅尾隨在後。母獅代表他們失敗的構想。

菁英表現出儀式性的爭議，以供大眾消費。這些爭議大部分是作秀。在這些辯論後面有著驚人的一致性。央行官員如民主黨的布蘭納德（Lael Brainard），和共和黨的弗布斯（Kristin Forbes）幾乎同意每一項政策點。他們的政黨關係打開了強力的任命之門，不管選民選擇哪個黨。政策本身沒有改變，選民的期待也落空了。

凱因斯同意正統貨幣主義理論，並支持促進成長的央行。貨幣主義理論為凱因斯派的財政刺激措施開路。凱因斯派和貨幣主義者在所謂的新自由共識（neoliberal consensus）大傘下攜手共進。

獸群同意市場是有效率的，雖然並不完美。他們同意供給與需求製造地方性的均衡，而這些均衡的總合就是全面的均衡。當均衡被擾亂時，可以透過政策恢復。獸群同意浮動匯率可以製造對總均衡有用的價格訊號和市場反應。他們同意源自李嘉圖比較優勢的自由貿易可以讓財富創造最佳化，雖然會有個人贏家和輸家。他們同意黃金是野蠻的遺跡。

在凱因斯派中，鹹水和淡水學派之間還有一個假區別。鹹水與海岸學校有關，如哈佛和麻省理工學院。淡水與內陸學校有關，如芝加哥大學。兩派都同意市場存在不完美，但對補救方法看法不同。鹹水派學者的觀點是，政府干預可以紓解不完美。淡水派學者則認為，干預的成本超過紓解的利益；市場不完美不應擅加干預。但他們同意更大的均衡和效率問題。兩個學派都未面對複雜性和非理性，只會空談後者而已。在這些辯論上不分兩邊，只有同一主題的變形。

菁英同意從少數幾個學派挑選的經濟學博士是嚴肅政策討論的必要條件，雖然少數幾位聰明的律師如魯賓，或反應靈敏的新聞記者如蓋納，也擠進名單中。一貫的觀點和排外的審查，讓這群菁英得以永續傳承。

新自由共識有嚴重的缺陷，而且可以透過經驗來證明。這些缺陷在政治方面也印證在英國脫歐公民投票和川普的公民自覺運動上。英國脫歐和川普先是遭到獸群訕笑，繼而在它們的茁壯中激起謾罵，最後在沒有人預見的成功中製造震撼。我們正目睹一場菁英的崩裂。

市場並沒有效率，它們由非理性塑造。均衡是一個假相，掩蓋了不穩定的複雜動力。根據李嘉圖比較優勢理論的自由貿易無法製造最佳結果，因為它從來就不自由；它是一棟建在流沙上的房屋，它的假設基礎並非真實世界，而且永遠不會是。浮動匯率並不穩定；它們會招徠貨幣戰爭。黃金是最佳形式的貨幣，因為它是其他形式的基石。菁英共有的信念都已陳舊過時，從菁英政策的失敗我們已見到無數例證，多到不容否認。

如果菁英共識有如此多缺陷，這個共識為何能持續這麼久？事實上它並未持續多久。新凱因斯經濟學從一九四七年麻省理工學院的薩繆森（Paul Samuelson）提出以來僅七十年。貨幣主義自一九六〇年代由芝加哥大學的傅利曼倡導以來，成為主流思想只有約六十年。法馬（Eugene Fama）的效率市場假說在一九六〇年代出現於學術研究，但直到一九七〇年代布列明克（Fischer Black）、修斯、莫頓提出選擇權定價模式才對市場產生影響力。布列克－修斯模式讓衍生性金融商品和槓桿得以存在。李嘉圖的比較優勢理論已有兩百年歷史，但卻是首度以一種廣泛規範的方式，實施在一九四七年後的關稅暨貿易總協定（GATT）。貨幣與黃金的關係在一九七一年到一九七三年被分階段放棄，與浮動匯率體制的崛起同一時期。簡單說，獸群的認知地圖還相當新。

這些思想轉向點都沒有獲得立即的效忠。它們每次都在人數漸少的古典經濟學家、奧地利人和非正統派異議者的反對中，分階段興起。菁英共識蔚為盛行只有約五十年——在思想史上只是一瞬間。

均衡是現代總體和個體經濟學的聖杯。均衡模式一開始是最簡單的供需概念——如果價格降低，消費者將購買更多東西；如果價格上漲，生產商將製造更多東西。下降的需求曲線與上升的供給曲線交叉，交叉點代表均衡點，也就是供給和需求在雙方滿意價格的均衡。

交叉曲線應用在供應鏈輸入和無限種類的成品上。這個曲線也應用於勞動和資本成本。曲線根據偏好而改變形狀。曲線可能很有彈性，價格微小的上漲可能導致需求大幅滑落；也可能沒有彈性，不管價格如何，買方的需求仍會購買相同的數量。

自由市場允許價格訊號在買方和賣方間閃爍，以便供給和需要的錯置獲得矯正。如果消費者在一個價格減少特定產品的需求，賣方會推出二五%折價的促銷以消化產品。如果特定商品供應短缺，消費者會出更高的價格，鼓勵農民或漁民努力生產更多商品。

最後，這個供需曲線的整體，包括互動，結合成一個總均衡，外表受到幾個因素輸入的影響，包括對勞動和資本的偏好。這兩個生產因素——勞動和資本——和對兩者的偏好展現為工資和利率，是聯準會的兩大權責。菁英的觀點是，如果找對博士經濟學家坐在聯準會主席的位置，緊緊釘住兩大權責，並以貨幣供給做為移動世界的操縱桿，全球經濟就可推向均衡，像一只精密的瑞士表那樣運作。

細看這種思想就可暴露出其荒謬性。其中幾乎沒有一項是真的。一旦做到欺騙自己，很快就轉變成欺騙他人，以維持假象。菁英獸群已聽到新國家主義的母獅吼聲，並開始奔跑。

經濟學家已花數十年尋找自由市場模式的不完美。價格訊號受到市場操縱，壟斷的力量被用來限制供給和哄抬價格。資訊不對稱容許賣方藉隱藏瑕疵來剝削買方。這些發現雖被公開承認卻不影響總均衡，菁英只是一味地提出矯正的公共政策。壟斷藉由反托拉斯執法來解決，資訊不對稱藉由保證來克服。這類矯正措施不計其數。矯正的成本與利益引發激烈爭議，但總均衡絲毫未受質疑。

總均衡的根本假設是理性行為。理性的人為退休而儲蓄；理性的人在大拍賣時買更多東西；理性的人買進並抱緊股票；理性的人在利率低時借貸；理性的人會未雨綢繆；這些信念稱作理性預期理論。一切都這麼順理成章。

理性預期理論認為：人的行為可以預測，會對價格訊號做出反應。市場是訊號的媒介。當系統的均衡受到失業或衰退的擾亂，央行官員操縱市場以發出為引發理想行為而設計的訊號。一旦理想的行為結果達成，均衡將可恢復，成長也再度最佳化。

在真實世界裡，行為很少像經濟學家的定義那樣理性。經濟系統不是均衡的，它們是複雜、動態，並且可能處於臨界混沌和崩潰的狀態。理論學家應該三思從操縱價格發出有用價格訊號的難題。麻省理工學院教授格魯伯（Jonathan Gruber）相信一般美國人很愚蠢，依賴這個信念有助於政策制訂者解決此一難題，但這個信念經不起教授休閒室外的檢驗。

人類行為不是理性的，不像經濟學家為了讓他們的機構運轉所需要的方式。現代人類的非理性（如果以冰河時代的背景來看實際上是理性的）已經被社會學家卡尼曼（Daniel Kahneman）、特沃斯基（Amos Tversky）、艾瑞利（Dan Ariely）和其他人在過去三十年證實。人們儲蓄的錢不夠多，大多憑著衝動購物，在不同的市場階段表現出恐懼或得意忘形。因此，理性預期理論已經被推翻。儘管如此，央行官員在政策考量上仍相信這套理論。

總均衡模式也犯了合成謬誤（fallacy of composition）。菁英們假設地方的均衡可累積成一個稱作經濟體的大均衡。這就像沒有見過一個人而從一股去氧核糖核酸（DNA）來推斷人性的全部。我們無法從人類化學成分的完整資訊，推斷出說話、認知或愛。這是整個人的突現特性。同樣的，從無限的偏好曲線形狀的完美資訊，也無法推斷一個經濟的行為。

均衡模式的致命錯誤是市場價格移動的度分布被假設為鐘形，或所謂的正常分布。鐘形曲線系統和另一種力曲線（power curve）系統的差別，不只是對兩種曲線形狀的陳舊學術辯論，兩種曲線本身只是系統運作情況的圖形代表，鐘形曲線代表具有均值回歸性質的均衡系統，而力曲線代表具有開放的極端事件能力的複雜系統。經驗資料顯示，市場價格和極端事件呈現出力曲線分布。正常分布是幻想。

蘋果與貓

菁英殿堂傾倒的支柱不只是總均衡、理性預期和效率市場。自由貿易是另一個神話，而且代價高昂。反對假自由貿易的現代理論比對效應市場的批評還新，獲得菁英經濟學家的支持還更少。要了解為什麼菁英處於守勢，以及獸群的恐懼感為何擴散，必須先了解這項批評。

自由貿易的理論基礎可從李嘉圖在《政治經濟學和稅收原理》（*The Principles of Political Economy and Taxation*, 1817）闡述的比較優勢理論中找到。[2] 李嘉圖的理論不適用於全球化的情況並不丟臉，他的思想在當年極有見地，且推動了當時才在萌芽期的經濟學邁向古典階段。

牛頓的情況亦然，他的天體力學創見被愛因斯坦的相對論超越。牛頓是歷來最偉大的天才之一，連愛因斯坦也這麼認為。但我們無法以牛頓的力學來探索遙遠的銀河系，也不能用李嘉圖的原理來管理二十一世紀的經濟體。你需要愛因斯坦來探索銀行系，你需要新貿易理論才能在全球化時代不搞砸美國的經濟。

李嘉圖的理論是什麼，它有什麼致命缺陷？比較優勢的理論建立在「比較」這個詞上。在李嘉圖之前，有一套絕對優勢理論：如果兩國是貿易夥伴，一國生產產品比另一國有效率，那麼較低效率的生產國向較高效率的國家購買，對兩國都有利。進口國取得較便宜的產品，而出口國取得市場，對兩國都得利。例如，冰島有可能種植藍莓，但稱不上有效率。冰島從智利進口藍莓可能更有利，智利有理想的種植環境。智利有種植藍莓的絕對優勢，所以贏得其產品的市場。

李嘉圖把這個觀念往前推一步，他說，即使一國沒有某種產品的絕對優勢，也就是較低效率的生產國，但如果它有兩個貿易夥伴生產的其他產品的比較優勢，它仍然是個有效率的出口國。經濟學家佛萊徹（Ian Fletcher）以簡潔的方式解釋了這個看似反直覺的觀念：

> 整個（比較優勢）理論可以用一個簡單的問題來拆解：
>
> 為什麼職業美式足球球員現在自己推草坪？
>
> ……一般美式足球員幾乎肯定能更有效率地推自己的草坪，超過一般專業的除草服務者……以經濟語言來說，因為足球員推草坪較有效率，所以他有絕對優勢。但沒有人會覺得奇怪他會從較低效率的生產商「進口」推草坪服務。為什麼？顯然是因為他可以更善用時間，做更好的事情。比較優勢理論說，美國進口一些產品比較有利，可以釋放美國的勞動力，去生產更有價值的東西……其結果是，有時候美國從較低效率的國家進口產品較有利。[3]

換句話說，即使美國是較有效率的汽車製造國，如果美國從南韓進口汽車能釋出美國的勞動力和資本，以用於發展比汽車更有比較優勢的奈米科技，那麼從南韓進口汽車就有利。

這個理論建立在效率的概念上。如果無法測量效率，並全面比較衡量標準，就無法即時應用這套理論。效率來自生產因素的利用，這些因素是勞動和資本。勞動出於不同的形式——技術的、低技術的、知識的和體力的。也來自多樣的形式，包括金融、專利、商業祕密、技術和天然資源。以最低成本應用生產因素來創造產品的生產商，是最有效率的。絕對效率製造絕對優勢，而在各種產品和產業中的比較效率則製造比較優勢。效率歸結為成本衡量，而成本衡量的前提是一套以貨幣衡量、從市場產生的系統。

因此比較優勢的理論完全仰賴一個由生產、成本、價格、市場和貨幣等因素來執行其意志的綿密網絡。如果其中一個網絡節點遭政策操縱或扭曲或不完美，比較優勢理論就會因為沒有比較基準而失靈。現今每一個節點都被扭曲、不完美，兩者兼具。比較優勢是空中樓閣——在想像中很完美，但卻完全不真實。

比較優勢是新自由共識的試金石，新自由共識則為自由貿易、開放資本帳和其他全球化面向的理論基礎。當李嘉圖和更早的亞當斯密發展這些自由市場和自由貿易概念時，世界仍採用金本位制；匯率仍以黃金為標準。價格有可能比較。在沒有金本位或固定匯率下，比較如何做？理論上浮動法幣匯率容許比較和隨著貿易條件而較易調整。那麼利率操縱、貨幣戰爭、骯髒浮動匯率（dirty float）等問題如何處理。貿易條件反映的是真實的比較優勢或操縱優勢？如果是後者，這是自由貿易嗎？

菁英擁抱的扭曲之一是浮動匯率，一個傅利曼在一九七〇年代推銷給世界的瑕疵概念。

如果一家建築商僱用你以一把一呎的尺規蓋一棟房子，然後第二天告訴你一呎是十三吋，第三天又說一呎是十吋，不斷改變，那麼蓋出的房子勢必不堅牢，有倒塌之虞。這正是比較優勢在浮動匯率下的運作方式。遠期外匯避險通常不超過一年，對長達五年到十年的資本承諾來說時間太短。

浮動匯率讓貨幣交易商和投機客獲利，但對商務和阻止資金流動增添成本。匯率操縱的條件已經成熟。以比較優勢為基礎的自由貿易假說的支持者，必須考慮從一九四四年到一九七一年這段成長與高實質收入黃金時代採用的固定匯率體制。菁英獸群偏好自由貿易與浮動匯率，而這卻是美國因外國操縱而損失就業的藥方。

自由貿易理論另一個缺陷是生產因素的流動性。李嘉圖斷定生產因素的根本在本國，市場決定的比較成本是貿易的基礎。現今的生產因素，尤其是資本，卻沒有根，它們是流動的。想想中國具備較有效率的勞動因素（因為成本較低），而美國有較具效率的資本（因為有較深的流動金融系統）。如果生產因素不流動，美國即使勞動成本較高也可能有製造業的比較優勢，因為它的資本成本較低。如果低廉的美國資本移動到中國，與低廉的中國勞力結合，中國將同時具有比較和絕對優勢。這不是一個假想的例子；這是全球化的典型例子。李嘉圖的理論在流動因素的世界行不通。

李嘉圖的另一個缺陷牽涉跨期通量（intertemporal flux）：靜態比較優勢與動態比較優勢的差別。一個在十年之初沒有比較優勢的國家可能利用保護主義來培植幼稚工業，並在十年結束時獲得比較優勢。不公平的貿易措施被國家用來削弱貿易夥伴的比較優勢。作弊的國家可以在取得優勢後加入自由貿易組織。

美國是採用這種方法的典型例子之一；它從一七七六年到一九四四年藉保護主義建立了世界史上從未見過的強大工業力量。從一九七〇年代以來，美國則承受了來自日本、韓國、台灣和中國的保護主義。現在的明日高價值工作都由亞洲創造，原因不是亞洲一開始就擁有比較優勢，而是透過保護主義和匯率操縱而創造了比較優勢。

其他比較優勢理論的缺陷牽涉所謂的外部效應。它們是未列入直接成本比較的隱藏成本。中國似乎在礦業比美國更有效率，因為中國把氰化物（用來從礦砂提煉金屬）排放到河流中。如果氰化物中毒的成本不列入金屬出口產品的價格，我們應該在貿易上獎勵中國嗎？

比較優勢理論最大的缺陷是，除非每個國家照遊戲規則來，否則它將失靈。布列敦森林的關稅暨貿易總協定（一九四七年）和取代它的世界貿易組織（一九九五年）的誕生，是為了迫使簽署國遵守自由貿易。農業補貼等例外和中國的作弊導致世界遠離自由貿易的理想。美國的自由貿易政策就像在打樸克牌一樣，而美國是唯一不能看其他人手牌的參與者。

現今中國的貿易政策類似十八世紀英國的政策，和十九世紀美國的政策。過去這類政策牽涉保護主義、偷竊智慧財產權和累積黃金。這些重商主義政策對英國和美國來說很管用。大不列顛一度是稱霸世界的工業和貿易強權，直到一八四六年廢除保護主義的穀物法（Corn Laws），繼之出現七十年的衰敗，直到一九一四年近乎國家破產達到谷底。美國在一九四四年的布列敦森林協議前是獨霸的工業和貿易強權，隨後也出現七十年的沒落，並以二〇〇八年的危機跌至最低點。

衰敗和崩潰不同，英國在一八六〇年代享有繁榮，和美國在一九六〇年代享有繁榮一樣，都在兩國擁抱自由貿易後。這種繁榮有如一場玉米種籽盛宴，兩國只是享受之前重商主義的勢頭，當勢頭無以為繼後，衰敗接踵而至。

新自由派自由貿易菁英對美國就業流失不以為意，因為他們的心態讓他們想像美國經濟某些還保留比較優勢的部門會創造工作。美國在高等教育和高科技領先世界，但兩個領域的總就業比起近幾十年損失的製造業工作只是九牛一毛。即使我們接受全球貿易體系會有贏家和輸家，但如果贏家是少數，輸家卻是多數呢？答案是低勞動力參與率、低生產力、薪資增加停滯，和所得不平衡擴大——正好是一九九〇年代北美自由貿易協定和世界貿易組織誕生以來美國的經歷。

即使從貿易造成就業增加或減損的數字可以比較（實際上不能比較），創造的工作也各不相同。某些工作不會消失，但是前景有限，無法驅動成長。咖啡師可能是個穩定的工作，薪水也不差，但就只是如此。咖啡師會永遠在櫃檯後面工作，但不會從這項工作產生別的，因為他的功能有限，無法應用許多新科技。可以製造外部效應的樂高式組裝工作，不是新增工作的來源，

反之，一位創業家使用改善的製程直接創造新工作，分割智慧財產權，並刺激供應鏈和

銷售鏈上、下游的就業成長。高附加價值製造業工作支持材料、工具機和製程供應鏈的不斷改進，是美國應該透過政策支持的就業。缺少好的外部效應而沒有前景的工作，不如留給貿易夥伴。

這些自由貿易的失靈早已被認知，熊彼得在他一九四二年的經典著作《資本主義、社會主義與民主》中寫道：「傳統理論……從馬歇爾和埃奇沃思（Edgeworth）的年代就已經發現有關完美競爭和……自由貿易的舊命題出現愈來愈多例外，搖撼了從李嘉圖到馬歇爾的世代重視的不當信念……」[4]

熊彼得在一篇分析寫到大規模的企業製造有利的外部效應，抵銷了大產生的問題。熊彼得的觀點是，創業家對靜態競爭的關心程度不如關心他所稱的「創造性破壞」的動態力量。創造性破壞來自創新。現代分析師對明智的保護主義政府抱持同樣的觀點。美國企業並非真的與外國人競爭，而是與未來競爭，且正節節敗退。

問題不在於李嘉圖的理論錯誤，而是他的理論基礎的假設與真實世界不符，因此在做為政策的指導上一無用處。如果比較優勢是妖怪，如果想像的自由貿易是作弊的牌局，為什麼菁英堅持採用它？

菁英支持所占的自由貿易是因為菁英共有一個與美國利益不一致的全球觀點。犧牲美國以製造世界成長的政策受到支持，讓美國受益卻減緩世界成長的政策被排拒。隨著各國重估各自的利益，現今全球化凌駕國家主義的情勢正刺激國家主義者捲土重來。

若干全球大企業從目前有瑕疵的體系獲得龐大利益。要說明這種情況，不妨想想兩家位於重商主義鴻溝兩邊的公司——製造備受喜愛的 iPhone 手機的蘋果公司，和世界最大的重機設備製造商卡特彼勒公司（Caterpillar）。

蘋果出口資本到中國，這些資本在中國結合廉價的勞力，創造出製造 iPhone 的絕對和比較優勢。中國藉維持低匯率以方便這種做法，藉以提高美國消費者的購買力相對於中國的單位勞動成本。美國是世界上最大、最富裕的消費者市場，而中國取得智慧財產、就業和強勢貨幣準備。蘋果賺進龐大利潤卻遞延繳美國的稅。蘋果生意興隆，但在美國只製造少量的就業機會。

卡特彼勒主要在美國製造重機械設備，主要銷往國外。卡特彼勒克服各式各樣的外國重商主義政策，包括保護主義、非關稅障礙和低匯率。重商主義讓日本和韓國的重機械在新興市場更有吸引力。不過，卡特彼勒在美國自己的工廠創造高薪、高附加價值的工作。

蘋果和卡特彼勒分歧的動態，與貨幣戰爭和強勢美元通縮效應的辯論有直接關係。經濟學家帕利（Thomas I. Palley）總括這種分歧如下：

當美國公司在國內生產並出口到國外，弱勢美元對它們的生意有利，而且他們遊說美元過度升值。不過，在新的模式下，美國公司希望在海外生產，並進口到美國。這反轉了他們的商務利益，使它們轉而支持強勢美元。這是因為強勢美元會降低海外生產的成本，提高它們的海外產品以美元價格在美國銷售的利潤。[5]

這段摘要顯示比較優勢的無足輕重。一小群全球大公司，擁有流動資金和隨時遷移工廠的能力，並有在非金本位制下改變匯率、蔑視自由貿易的政治影響力。這些公司創造它們自己的優勢，並寫自己的遊戲規則。操縱不僅限於設在美國的全球公司，德國、日本和中國的大企業操作起來還更成功。

蘋果和卡特彼勒分歧的利益比較顯示出為什麼自由貿易是海市蜃樓。流動資本、技術轉移、保護主義和匯率操縱，被用來抵銷美國原本有的比較優勢。當輸入因素完全轉移時，比較優勢就會永遠流行。美國將只留下沒有前景的工作，甚至完全沒有工作。

美國的貿易政策主要是為卡特彼勒打開海外的大門，但政策反而應該瞄準把蘋果的工作帶回國。蘋果應該把更多價值鏈放在美國。任何根據李嘉圖理論宣稱這不具效率的人應問下列的問題：如果美國勞工找不到更好的工作，並且深陷高債務，誰會購買全球公司製造的東西？美國應積極利用關稅和貿易障礙來促進刺激成長的就業機會——正好是漢密爾頓（Alexander Hamilton）一七九一年向國會提出的製造商報告所建議的。

美國將可立即從各種來源所有產品的三〇%進口稅獲益。美國可藉降低薪資稅的一〇%來抵銷這項關稅，達成稅收中性（revenue neutral）。一支進口的 iPhone 可能變更貴（除非蘋果選擇降低價格而減少獲利）。但薪資稅省下的錢將協助消費者購買 iPhone。預期的結果是，蘋果將把好工作移回美國，並在美國獲得降低關稅和降低薪資稅的雙重好處。這項政策的影響將不只是蘋果和 iPhone，也包括所有高附加價值進口產品。

從《外交關係》（*Foreign Relations*）到《紐約時報》種種支持貿易宣傳的輿論，誤導了菁英獸群的思維。這獸群的黨路線是：自由貿易是好事，關稅是壞事。這是記者在十或二十年前的大學經濟課堂被教導的。

菁英意見的擁護者鄙視那些質疑自由貿易的教條。那些假出口商告訴你，斯姆特－霍利（Smoot-Hawley）關稅法導致大蕭條，但這是無稽的觀點，因為大蕭條早已發生，而且由聯準會錯誤的貨幣政策造成。在斯姆特－霍利關稅法前，美國的平均關稅為四四．六％，之後為五三．二％——增幅不致過大。[6] 經濟學家佛萊徹指出，一八六一年、一八六四年、一八九〇年和一九二二年提高關稅都沒有製造蕭條，而一八七三年和一八九三年衰退時都未提高關稅。關稅和衰退因果關係的證明很薄弱，甚至毫無關係。大多數專家可能對這個事實感到相當意外。

新美國關稅將把若干沒有前景的組裝和農業工作留給貿易夥伴，但會在美國創造更高附加價值的就業。關稅可阻擋美國貿易夥伴藉貿易障礙、竊取智慧財產和當地成分要求（local content requirement），攫取高附加價值工作。世界最大消費者經濟體美國需要這種結構變革，以提高其潛在成長。結果將是更高的生產力和實質薪資，這是邁向債務永續性的重要步驟。

開放市場和低關稅有其用處，不過它們要用在特殊情況，而非通則。當經濟體強盛而貿易夥伴破敗時，例如美國和歐洲在二次大戰後的情況，提供開放市場和廉價融資給破敗的對方以重啟動力是必要之舉。以關稅同盟形式建立的自由貿易在飽受戰爭與破壞摧殘的國家間，也有存在的價值——正好也是當時歐洲內部的情況。

一九四〇年代末罕見的特殊情況匯聚，以重啟世界貿易和避免戰火再起為要務，使得布列敦森林體制不僅有用，而且不可或缺。這些特殊情況不適用於現今的中國、印度和世界其他國家。美國不再幫助它的夥伴，而是在傷害自己。

債務帝國

菁英的世界觀建立在均衡模型、貨幣主義、凱因斯學說、浮動匯率、自由貿易、全球化和法律的思想支柱。另一方面，真實世界必須從複雜理論、條件機率、行為心理學、貨幣戰爭、新重商主義和黃金來理解。菁英世界觀和真實世界經濟的認知不一致，正傷害菁英的自信和掌控。菁英現在分裂成兩類：那些對喪失威信感到困惑的人，以及因為了解自身思想的失靈及其後果而暗自恐慌的人。

對批評菁英共識的主要辯駁是，二次大戰結束以來明顯可見的全球成長和繁榮。一九五〇年代和一九六〇年代美國、加拿大、西歐和日本級數性的成長，伴隨低失業率和輕微的通膨。當然，這種成長出現在戰爭破壞後的低基準。輸入因素的利用有極大的空間，特別是豐沛的人力資本，以及由美國供應的金融資本。

不過，在這段初期繁榮期的主要條件與現今的條件不一樣。在一九五〇年代和一九六〇年代是固定匯率、金本位、平衡預算、關稅和貿易優惠（trade preferences）。所有這些條件都與現今的菁英公式對立。

一九七〇年代和一九八〇年代是戰後布列敦森林機構的轉型期。黃金被放棄做為貨幣本位，浮動匯率在一九七〇年代中期興起。金本位之死繼之以雷根政府期間的新美元本位。美元國王（King Dollar）在財政部長貝克（James Baker）策畫下，透過一九八五年的廣場協議（Plaza Accord）和一九八七年的羅浮宮協議（Louvre Accord）而確立，在主要經濟體間達成可接受匯率的廣泛協議。美元國王不是固定匯率體制，卻是次好的選項，並因沃克帶領美國度過一九七七年到一九八一年幾近惡性通膨的難關、達成低通膨而益加確立。歐洲的貨幣整合努力雖然一波三折，卻也能填補金本位留下的空缺。

一九七〇年代和一九八〇年代也是新凱因斯學派和貨幣主義的全盛期。凱因斯學派為預算赤字提供理論基礎，而貨幣主義則貶抑固定匯率，並堅持控制法幣存量可製造最大的永續實質成長而不造成通貨膨脹。一場思想大戰展開，一方是海耶克和傅利曼，另一方則為凱因斯和其他人，但兩個學派都屬於學術界。他們的共同點是渴望政府控制；唯一的差別是控制來自財政當局或貨幣當局。新自由共識兩方都支持。

全球化的菁英崛起發生在一九八九年後，也就是全球化第二階段的開始，與一八七〇年到一九一四年第一階段的全球化遙遙呼應。一九八九年冷戰結束，柏林圍牆倒塌，華盛頓共識（Washington Consensus）在威廉森（John Williamson）一篇研討會文章中宣布，當時這位英國的經濟學家在華盛頓特區工作。[7]威廉森的文章總結了一些從一九七〇年代就開始演進的觀點，他將這些觀點濃縮成新全球化世界的一本教戰守則。威廉森呼籲推動自由貿易、開放資本帳、直接外來投資和保護智慧財產權。他也呼籲建立財政紀律，但實務上只要求新興市場這麼做，已開發經濟體本身卻不遵守。在魯賓帶領的美國財政部督促下，華盛頓共識在整個一九九〇年代由ＩＭＦ無情地執行。

一九九〇年代是假相自由貿易的最高潮。北美自由貿易協定、中美洲自由貿易協定（CAFTA），和其他跨國貿易協定都在這段時間實施。菁英盡情享受美國史上最長的和平擴張期，也就是從一九九一到二〇〇〇年第四十一任老布希政府，到幾乎整個柯林頓政府任期。俄羅斯轉向資本主義體制，中國從一個混亂的世紀崛起，亞洲四小虎也蓄勢待發。這些表現似乎證實菁英的世界觀正確。

在表象之下，腐化正悄悄侵蝕。貪腐在俄羅斯和中國已體制化，所得不平等激升，而新興市場可輕易達成目標的因素很快便消失。從歷史觀點看，一九九〇年代的經濟成功可以類比英國在十九世紀末，和二十世紀中葉美國在自由貿易上明顯的成功。但這種成功主要並非新政策的果實，而是收割之前保護政策的成果。成長確實可觀，卻無法長久持續。此外，一九九〇年代和二〇〇〇年代初菁英共識表面上和無法持續的成功，可用一個詞來解釋：債務。

一九九〇年代和二〇〇〇年代初爆炸性的債務成長——個人、企業和主權債務——是前所未見的。在一九九〇年代，債務成長的動力主要是消費者信用、家庭房貸和企業債。從二〇〇〇年到二〇〇七年，這個組合轉向已開發經濟體主權債和次級房貸。二〇〇七年後，已開發經濟體主權債持續增長，而助學貸款和新興市場債則以指數性成長。

從二〇〇九年，新興市場美元計價企業債擴增九兆美元。能源探勘與發展公司總發行的總證券超過五兆美元，大部分低於投資級。各種形式的債務超過六十兆美元，且這個趨勢似乎永無止盡。

債務永續性的標準指標之一是債務對GDP比率。從二〇〇〇年到二〇一三年，不包括金融公司的全球債務對GDP比率，從一六三%上升到二一二%。在同一期間，已開發經濟體債務對GDP比率從三一〇%上升至三八五%。這些趨勢顯示，槓桿未因二〇〇八年金融危機而停止上升或去槓桿。雖然私人債務水準在二〇〇八年後略有下降，政府債務的成長遠超過減少的部分，使總債務上升。已開發經濟體的政府債務從二〇〇九年初占GDP的八〇%，到二〇一四年增加到占一一〇%。不含金融公司的新興市場債務主要在中國推動下，從二〇〇九年初的占GDP比率一二五%，到二〇一四年升為一四〇%。光是不含金融公司的中國債務占GDP比率，到二〇一四年就已超過二〇〇%。

在二〇一四年一份決定性的研究（「日內瓦報告」），很有影響力的日內瓦國際貨幣銀行研究中心總結說：

> 世界的槓桿仍在上升……債務比率仍持續刷新歷來最高紀錄……截至二〇〇八年，槓桿上升是由已開發市場帶頭，但此後新興經濟體（尤其是中國）已成為驅動力……日本的整體槓桿水準已經破表……
>
> 與廣被認定的看法相反，先進經濟體發生金融危機之後六年，全球經濟仍未步上去槓桿的道路。根據我們的估計，不含金融業的全球總債務占GDP比率……正以不停息的腳步打破新紀錄……[8]

如果全球成長足以支撐債務，即使債務水準創新高也可能長久維持。但成長不足，過去十五年來的全球成長停滯是菁英共識失靈的另一個面向。

日內瓦報告的研究人員製作一項已開發經濟體GDP指數，以二〇〇八年為一〇〇，根據危機前的趨勢比較危機後的實際成長與潛在成長。到二〇一四年，潛在成長達到一一一的水準，但實際成長只勉強達到一〇二。潛在成長和實際成長的差距稱為產出缺口。在正常的經濟復甦中，經濟成長會短暫地超越潛在成長（因為閒置產能和高於趨勢的因素利用），而使產出缺口消失。但在這次復甦並未發生，產出缺口持續存在且擴大。即使只考慮個人福祉和生活水準，產出減少就已經很不幸了；產品減少加上過度負債更是毒害。日內瓦報告如此描述這個危險的組合：

持續進行的惡性循環一方面是槓桿和去槓桿的政策嘗試，另一方面是名目成長減緩，為一個緩慢、痛苦的去槓桿過程鋪路，或者是為另一場危機埋下伏筆……根據我們的觀點，這讓世界仍然極易受到從過去二十年來不斷發生的連串金融危機進一步的爆發。[9]

這份報告大聲疾呼，警告高負債和低成長的惡性循環：

> 從金融危機復甦的重大障礙之一是，成長和槓桿的惡性循環……因為償付高負債會阻礙經濟活動，GDP動力因而減緩，進而使去槓桿的過程更痛苦。[10]

有一種有用的危機分類法，就是把崩潰和復甦循環分成三類：[11]

> 第一類危機牽涉實際產生水準下降。如果接續的是高於趨勢的V形復甦，產出缺口就能獲得彌補，趨勢成長得以繼續。第一類危機的經濟效應很痛苦，但短暫。一九九〇年代的瑞典是個例子。
>
> 第二類危機牽涉潛在產出水準下降。在這種情況下，初期產出損失可能小，但與之前趨勢比較的產出缺口會出現，並隨著時間而擴大。第二類危機的長期成本極龐大。從一九九〇年以來的日本被認為是第二類的例子。

第三類危機牽涉實際產出和潛在產出水準都下降。在這種情況下，初期產出損失很大，遲遲無法復甦，產出缺口也隨著時間而擴大。這是最糟的情況，損失大、沒有復甦，且成長持續疲弱。

根據日內瓦報告的資料，以美國為首的先進經濟體陷於第三類危機。這個診斷未更早提出來的理由是，使用槓桿掩蓋了政策的失敗。日內瓦報告的結論說：

> 從一九九〇年代末到二〇〇七年觀察到的加速成長，是獲得全球債務累積的支持……而同時鼓勵許多經濟體增加槓桿，以提高資產價格和擴大資產負債表。這個擴張階段最後在二〇〇八至二〇〇九年的金融危機陷於停頓。[12]

菁英的全球化和共享繁榮夢是債務助長的幻象。幻象在二〇〇八年消失，但債務仍在。擺脫債務的道路在最好的情況下也是充滿險阻，最糟則是釀成巨災。最安全的道路牽涉結構改革，以便推翻菁英共識，並且恢復新重商主義政策以便在美國國內創造就業和成長。最危險的道路就是繼續走老路——更多債務、更多槓桿、更多衍生性金融商品——虛妄地追求永難實現的成長。

隨著這層認識的普及，菁英獸群的本能隨之高漲。央行資產負債表已經膨脹以刺激通貨膨脹，提供名目而非實質成長來因應債務。儘管如此，通貨緊縮仍尾隨獸群，有如大草原上的母獅。菁英知道印鈔可能無法製造價格通膨，而是資產通膨，形成新泡沫並爆破和摧毀兩個世代的信心。萬一發生這種情況，九重冰解決對策已準備就緒。現在的情況是，有如一支孤軍般向通貨再膨脹挺進的菁英正陷於已深至脖子的泥淖。

死路

菁英新自由共識的理論基礎是從亞當斯密、李嘉圖到傅利曼描繪的自由市場和自由貿易，但自由市場和自由貿易在理論上有缺陷，在實務上則不存在。

理論上，自由市場的典範類似廣受喜愛的大富翁（Monopoly）這種大蕭條時代發明的遊戲。在大富翁裡，每個玩家以相同數量的錢在相同的地方開始遊戲，遵循相同的遊戲規則。和在真實生活一樣，運氣在丟骰子扮演一個角色，但長期下來運氣勢必攤平。玩家的技術影響很大，這正是遊戲的重點。精明的玩家知道擁有從聖詹姆地開始的橘色房地最好，因為它們接近監獄；其他玩家會更常停在靠近它們的房地。理論上，市場會獎賞這種技巧。

如果有人不理會遊戲規則呢？想像一盤大富翁走了幾輪後，一名玩家突然宣稱他的錢比其他玩家值兩倍，並輕鬆地到銀行拿了一大疊五百美元鈔票。遊戲會陷入混亂，自由市場的元素將蕩然無存。這正是央行貨幣政策、貨幣戰爭和貿易操縱整個過程的情況。自由市場模式被推翻了。

對美國和世界來說，解決之道不是抱怨不公平，或盲目追逐妖怪，而是採取確保美國成長和就業的政策，並尋找與合作的夥伴共享繁榮的方式，而容許夥伴走自己的道路。不合作的夥伴應任由他們自己決定。

從一九九〇年代債務擴張的更長遠觀點看，二〇〇八年的金融崩潰是一個遠為凶險情況的徵兆。公共政策利用信用擴張和資產泡沫來取代永續的成長。勞工未能分享全球化下的資本獲得的高報酬。造成的所得不平等已不只是道德問題。所得不平等傷害消費，進而延後投資，使得淨出口（和相關的貨幣戰爭）與政府支出（和相關債務）成為僅有的成長引擎。

通貨緊縮是菁英最深的祕密恐懼。葛林斯班從二〇〇二年到二〇〇五年持續太久、太低的利率政策備受批評，他嘗試延緩二〇〇一年出現的通貨緊縮。通縮遭到延遲，但未被摧毀。葛林斯班的政策延緩了通縮，卻付出資產泡沫在二〇〇七年開始爆破的代價。然後這場從未真正消失的通縮捲土重來。黔驢技窮的聯準會重蹈葛林斯班的覆轍，柏南克和葉倫從二〇〇八年到二〇一五年採取零利率政策，其結果是現今更大的資產泡沫。政策制訂者從未處理通縮的根本原因，也就是人口結構、科技、去槓桿，以及從墨西哥到馬來西亞等國家採取的新重商主義。

自由貿易和開放市場支持者的答辯之一是，美國強到足以吸收不公平體系的成本，而其他國家的就業創造則使全世界受益。如果全世界受益，而美國的受益只比原本應有的略少，那就只是為一個更富裕、更和平的地球付出一點點代價。

先不管這個全球主義觀點暗含了對美國失業勞工階級的傲慢態度外，它說的是真的嗎？

或者只是繼續讓全球成長掩蓋荒誕的所得不平等，雖然勞工的生活略好，但大部分所得被貪腐的寡頭攫走，用以購買從溫哥華到梅菲爾（Mayfair）每棟五千萬美元的豪華公寓？

如果美國公共政策專注在支持國內高附加價值的製造業，所得增加將可散布更廣，因為美國的「寡頭」問題嚴重程度不像亞洲、非洲和拉丁美洲。美國勞工有較高的實質所得，除了國內產品外也買得起進口產品。美國的貿易夥伴將專精於較差的工作，而美國勞工將獲得較好的工作。

美國的政治問題是，民主黨和共和黨在自由貿易議題上步伐一致，有些人表達異議，但自由貿易典範已落實在北美自由貿易協定（NAFTA）、新的跨太平洋夥伴協議（TPP），和跨大西洋貿易與投資夥伴協定（TTIP）等協議，凌駕了夥伴關係。NAFTA由老布希政府協商，並由柯林頓簽署。TPP由歐巴馬提議，並獲得共和黨領袖支持。當兩黨聯手時，集體思考總是能克服僵局。

解決這種政治停滯的好方法，要先從廢除公司所得稅、提高最低薪資，和透過德國共同決定法（codetermination law）的新版本讓勞工代表進入企業董事會、賦予勞工權利來著手。左派會抨擊降低企業稅，右派會譴責共同決定法，世人將認清他們代表的意識形態。聰明的政策——協助資本和協助勞工——是美國未來希望所託。

隨著菁英發現世界並未步上景氣循環的道路、反而陷於長期蕭條，他們的恐懼也日益升高。正如凱因斯的定義，蕭條是：

相當長時間處於低於正常活動的慢性情況，未有任何朝向復甦或完全崩潰的傾向。[13]

凱因斯的觀點經過日內瓦報告的調整，報告中描述第三類危機是產出大幅下降且未大幅回升，而呈現永久的低趨勢。日內瓦報告說：

> 二〇〇七年後發生的是一場債務危機，而非衰退：直到二〇〇九年第一季的產出損失五%依舊持續……且這種損失被認為一直持續到二〇〇七年的趨勢實際上還擴大，原因是成長大幅減緩。[14]

蕭條無法以貨幣政策治癒，只能改善。蕭條的解方是結構改革。大蕭條一直等到大規模舉債融資投資、和動員勞工投入第二次世界大戰才結束。

結局已經浮現。債務複合增加的速度超過成長。貨幣政策除了吹漲泡沫和爭取時間外一無用處。結構改革受到政治失靈阻礙。私人債務取代主權債務的過程已接近終點；現在主權已自身難保。

債務、通貨緊縮、人口結構和蕭條，正摧毀菁英夢想的自由貿易、自由市場和自由資本流。菁英希望翻出一張好牌，但整疊牌是由數十年否認所得不平等和就業流失的牌疊成的。

部分菁英正在棄船，帶著他們的戰利品，購買大樓公寓、私人飛機，甚至島嶼，儲存黃金和藝術品在私人金庫裡。其他菁英儘管愈來愈困惑，仍舊繼續走全球化的死路。

| 第八章 |

資本主義、
法西斯主義和民主

沒有理由相信……社會主義將意謂正統社會主義者夢想的文明誕生。它較可能呈現法西斯主義特性。這將是對馬克思祈禱的奇怪回答。但歷史有時候喜歡對差勁的品味開玩笑。

——熊彼得（Joseph A. Schumpeter），
《資本主義、社會主義與民主》（*Capitalism, Socialism and Democracy*, 1942）[1]

告訴我哪個人，我會幫你找到罪行。

——貝利亞（Lavrentiy Beria），史達林時代祕密警察首腦[2]

重新評價熊彼得

看到熊彼得的大名，令人想起「創造性破壞」這個詞彙，這是他最為人知的思想貢獻，二十世紀最有影響力的經濟洞見之一，至今仍具有深遠的意義。

熊彼得的概念是：資本主義是一種動態力量，比在其中興起和殞落的企業更為有力。資本主義者的進步注定了資本主義者的失敗。熊彼得在一九四二年的經典著作《資本主義、社會主義與民主》中簡潔闡明如下：

> 資本主義……從來就不是靜態的……讓資本主義引擎保持動態的基本衝動，來自資本主義企業創造的新消費者產品、新生產與運輸方法、新市場、新形式的工業組織。新市場開發……不斷地從內部為經濟結構帶來革命，不斷摧毀舊經濟結構，不斷創造新的。這個創造性破壞的過程是資本主義的根本事實。[3]

和許多原創的觀察一樣，後見之明看似明顯的道理，在剛提出時卻是革命性的。資本主義是一股動態的財富創造力量，早已被一七七六年的亞當斯密和十九世紀的古典經濟學家所認識。熊彼得的創造性破壞新奇之處不是創造的力量，而是破壞的力量，也就是資本必須被摧毀，以釋出資源供新的資本主義創造。

熊彼得的寫作正值大蕭條結束和二次大戰開始的重要時機。當時資本主義面臨考驗，而社會主義正流行，包括在美國這個十九世紀末和二十世紀初的上一個社會主義循環中未能生根的國家。一九三三年到一九四五年的小羅斯福政府充滿社會主義改革者，也充滿從大規模的田納西河谷局電力計畫到加州馬里斯維爾聯邦農業公社等做法。

資本主義在大蕭條時期普遍被認為是失敗的系統，令人聯想到RCA、通用汽車、紐澤西的標準石油（Standard Oil）、美國鋼鐵之類的大企業。競爭不再是資本主義獨有的特性，反而獨占大行其道。

熊彼得對資本主義遭到獨占的指控並不以為意，他讚賞大企業，並支持獨占式做法。根據他的觀點，大企業提供消費者更多種類、更廣的流通網絡和更低的價格。他寫道：

> 在分析……企業策略時……做調查的經濟學家或政府機構，發現看似掠奪性和限制產出的價格政策……但他看不到這類限制在持續不斷的狂風和事件的環境中……是一個他們保護的長期擴張過程，而非阻礙。
>
> 在許多情況下，如果從一開始就不了解競爭不會被大資本需求或缺乏經驗所抑制，或不了解有哪些手段可抑制或阻礙競爭，以為進一步發展取得時間和空間，那麼最大規模的計畫將完全無法實現。[4]

要調和熊彼得提倡創造性破壞，和他支持獨占性大企業的矛盾並不困難。熊彼得了不起的直覺是，企業並非彼此競爭，而是與未來競爭；摧毀獨占的是未來無法預見的企業，而非現今的競爭或反托拉斯執法。熊彼得在一九四二年寫的內容，就已預期Uber破壞計程車獨占，和德拉基（Matt Drudge）摧毀報紙。不管企業多大，都難以倖免。讓壟斷事業無法高枕無憂的不是競爭，而是未來。

熊彼得的遺緒受到擁護者的崇拜——這也是偶像破壞者共同的命運。創造性破壞的口號現在處處可聞（雖然其急切性超過把它掛在嘴邊的人所了解）。熊彼得令人驚訝之處是他對創造性破壞的描述是插圖，在一本四百三十頁的標準版《資本主義、社會主義與民主》中占了五頁——幾乎是全書的一%。其餘的部分討論歷史過程以及少不了的社會主義，對了解我們現今走過的經濟道路更為重要。

一八八三年熊彼得出生於摩拉維亞（Moravia），摩拉維亞當時在奧匈帝國境內，現今則為捷克共和國境內的城市。一九〇六年他獲得維也納大學博士學位，指導他的教授是龐巴衛克（Eugen von Böhm-Bawerk），龐巴衛克是奧地利經濟學之父孟格的忠實門徒，也是該學派的早期代表人物。

熊彼得從一九三二年到他一九五〇年去世一直擔任哈佛大學經濟學教授。他過著多彩多姿的私人生活，可能是二十世紀唯一也是決鬥者的經濟學家。根據他的傳記作家麥克勞

（Thomas McCraw）的說法：「他經常說他渴望成為世界上最偉大的經濟學家、情人和馬術師。最妙的是：他跟馬的關係一直沒搞好。」[5]

儘管在維也納受教於龐巴衛克，熊彼得並未遵循奧地利學派，而是遵循一個十九世紀在德國發展的歷史學派經濟學。這個學派混合歷史、政治和社會科學，對經濟學採取一個較踏實的觀點。它排斥大部分的數學模式，因為模式受限於特定的時間和地點，只反映暫時的經濟情況。對照之下，歷史提供更廣泛的觀點，更精確地揭露人類行為的推動力。更重要的是，歷史學派強調現實超過抽象概念。

結合歷史學派學者的不是他們的結論，因為結論差異很大（甚至彼此矛盾），而是他們歸納的方法，這種方法仰賴審慎考慮長期過程和從這種考慮得出的印象。歷史學派的早期擁護者包括白芝浩（Walter Bagehot）、韋伯（Max Weber）和馬克思（Karl Marx）。熊彼得是這個學派最後一個真正的代表人物，雖然閔斯基（Hyman Minsky）、葛林斯班和諾貝爾獎得主梭羅（Robert Solow）都受到他深刻的影響。歷史學派的歸納方法和利用歷史，在現今已被新凱因斯學派的公式和奧地利學派堅持貨幣機構排擠到一邊。

但熊彼得對資本藉由創業精神而形成、及其破壞流行企業模式——創造性破壞——的洞識，似乎與亞馬遜（Amazon）和 Netflix 時代一致。這個復興正值奧地利學派貨幣理論陷於流通速度（velocity）起伏波動的困境，和新凱因斯模型證明對新流動性陷阱沒有防備。我們早該重新評估熊彼得，給歷史方法應得的評價。

現今熊彼得獲得的重視主要來自對個體經濟感興趣的人士——公司和個人的理論。熊彼得理論的復甦必須考慮他的總體經濟觀點，包括他對全球成長動力的闡釋。熊彼得的長波歷史觀點似乎可以用來正確對治波普緩慢、穩定的點滴社會工程。熊彼得的方法將可對治SDR六十年來徒勞無功地補救世界貨幣的嘗試。熊彼得讓我們從歷史背景了解這個過程，並預言它的路徑。

二十世紀末熊彼得聲譽沒落，部分原因是他預測社會主義將取代資本主義。在這個觀點上，熊彼得同意馬克思，雖然他無情地挑出馬克思理論的缺陷。具體而言，熊彼得說馬克思的革命理論是無稽之談；他諷刺革命只為革命者帶來利益。

熊彼得讚賞馬克思的不是他的預測，而是他的方法，把數世紀以來社會階級的崛起和沒落納入考量。熊彼得以馬克思的方法看到社會主義緩慢而穩定的興起，與資本主義並肩存在——一段期間，並在民主架構中自然運作。

看到資本主義先在一九六〇年代歐洲和日本的成功，然後在一九八〇年代柴契爾－雷根的革命，及一九九〇年代中國鄧小平「致富光榮」口號下興盛，似乎很難相信熊彼得的社會主義論點。自由市場資本主義的勝利已根植於從西雅圖到上海各地，熊彼得對社會主義的觀點不可避免地看起來像是錯了。儘管如此，熊彼得是對的。

對熊彼得來說，社會主義不是無產階級專政，而是一套由國家指導的經濟體系，由他稱為「計畫者」的菁英來管理，以便為勞工謀求假想的福祉。這個願景的贏家是計畫者和勞工，輸家則是小資產階級——我們所稱的中產階級。

熊彼得是一位預言家。現今美國的中產階級已空洞化，所得不平等已達到一九二〇年代和之前的一八九〇年代以來未曾見過極端水準。社會大體上一如熊彼得預期的演變成為菁英和勞工階級。

在美國，中位數家庭所得以二〇一四年的美元為標準，在一九九九年達到五萬七千八百四十三美元，到二〇一四年的可比較數字為五萬三千六百五十七美元，十五年間減幅達到驚人的逾七%。[6]美國家庭正變得愈來愈窮困。不過，減少的金額分布並不平均。華盛頓特區的中位數家庭所得在同期間的十五年間增加近二五%，在全國所得停滯時，首都的居民卻變富裕。這種對照顯示菁英成功地透過稅賦、法規和寄生機構（parasitic agencies），從一般美國人汲取財富。

麥肯錫全球研究所二〇一六年七月公布以「比父母輩更窮」為題的研究，顯示所得不平等的趨勢不只發生在美國，而是普遍存在從西歐到澳洲的全球已開發經濟體。這項報告說：

> 先進經濟體不平等升高的辯論一向著重於最上層所得者獲得不成比例的所得和財富，我們在這項研究探討一個較少受到注意的面向：已開發經濟體家庭的所得比過去家庭未呈現增加。我以三種不同的方法檢驗此問題，發現這種家庭的數量極大幅地增加。
>
> 在二十五個先進經濟體中，六五%到七〇%的家庭，相當於五億四千萬人到五億八千

萬人，屬於所得分布的這個區塊，也就是他們二〇一四年的實質市場所得——來自資本的薪資和所得——比二〇〇五年呈現持平或減少。比起從一九九三年到二〇〇五年，只有不到二%的人出現這種情況，相當於不到一千萬人。政府轉移和降低稅負減輕了可分配所得的效應：二〇%到二五%的家庭落在可支配所得呈現持平或減少的所得分布區塊，相較於一九九三年到二〇〇五年只有不到二%。[7]

換句話說，中產階級所得停滯，雖然富者變得更富裕。以政府形式呈現的社會主義轉移支付減輕了一部分影響，但不是全部。這正是熊彼得所預測的——社會主義的崛起不是靠革命，而是悄悄地，利用資本主義的財富收買勞工階級，同時壓抑資產階級。

麥肯錫的研究凸顯這個有關社會主義所得的轉移：

> 現今的年輕世代可能將來比他們的父母更窮。大多數人在二〇〇二年到二〇一二年間所得持平或減少，以年輕、教育程度較低的勞工遭受打擊最重……
>
> 政府政策和勞動市場的做法協助決定了所得持平或減少的幅度。例如，在瑞典，政府藉干預以保護工作安全，市場所得減少或持平只有二〇%，而且幾乎所有人的可支配所得增加。在美國，政府的稅收和轉移扭轉了八一%所得階層的市場所得，變成幾乎所有家庭的可支配所得增加。

> 大多數人口所得持平或減少可能削弱需求成長，並提高社會支出的必要性。社會後果也可能發生……
>
> 長期的人口和勞動力趨勢將持續對所得提高帶來壓力。即使經濟體恢復它們的高成長趨勢，我們預測，如果勞動市場出現職場自動化加速等轉變，三〇%到四〇%的所得階層在未來十年可能不會有市場所得增加。如果二〇〇五年到二〇一二年的成長減緩情況持續，在先進經濟體有高達七〇%到八〇%的所得階層，到二〇二五年可能出現市場所得持平或減少。[8]

熊彼得覺得付給工人每年四萬美元，然後國家課稅一萬美元很可笑。更有效率的做法是國家支付勞工三萬美元。勞工的淨所得是相同的，而沒有效率的假私人薪資和公共稅負則應被取消。熊彼得的建議出現在各種新形式的基本保障所得政策提議，包括左派的薩德斯（Bernie Saders）和右派的墨瑞（Charles Murray）所提。食物券、失能給付、歐巴馬健保、聯邦醫保（Medicare）以及低收入現款津貼（earned income credit），都是各種形式的政府所得支付，是朝向真正社會主義移動的證據。

熊彼得說，民主不是一種實現人的意志的意識形態，而是菁英競逐領導角色的程序。一旦選舉結束，選民即被忽視，而勝選的菁英則執行早已想好的計畫。美國和其他民主國家採行選舉，但不管選舉的結果如何，福利和官僚系統仍不斷膨脹。

還有世界第二大經濟體中國，官方遵從共產主義，但採用熊彼得稱為社會主義的國家資本主義模式。熊彼得明白表示，不管有沒有民主機制，社會主義可以運作完美。與熊彼得對民主是個計畫者輪流控制的管道這個概念一致的是：在經濟上重要的不是投票，而是計畫。現今世界上所有主要經濟體都是由中央委員會或由中央銀行計畫的。

矽谷資本主義英雄的創業方式，是熊彼得早在電腦發明前就已了解的創業方式。但熊彼得不認為創業精神就等於資本主義。他預期創業家除了在最壓迫的情況外，會永遠扮演一個角色。他認為創業精神和社會主義並不衝突，因為一位成功的創業家很容易融入菁英階級，與政治人物和計畫者為伍。

現代創業家致力於外包或自動化生產，已導致中產階級大幅減少，提供勞工成本低廉的娛樂，並把龐大財富分配給菁英。消失的是中產階級，也就是熊彼得和馬克思所稱的資產階級，而不是創業家。

熊彼得對資本主義沒落的診斷極為正確。他認為沒落不是一夕間發生的事，而是一個分階段展開的過程，造成不適當的總需求，也就是他所稱的「停滯」（stagnationism）。熊彼得在一九四六年寫道：「成功經營一家商業企業取決於……更多與勞工領袖、政治人物和官員打交道的能力，超過一般定義的商業能力……不斷因為必須「應付」各種會議而停止前進的企業人士，已經沒有力氣處理他的技術和商業問題。」[9] 而熊彼得在寫到「當最重要的『行動變數』——薪資、價格、利率——轉移到政治領域……且根據一些計畫者的想法來處理，商業有機體將無法依照設計來運作」時，完全正確預期了現在聯準會的做法。[10]

熊彼得在他對二十世紀末的預測中，摘要了資本主義的結局：

> 勞工動亂、價格管制、無理取鬧的行政和非理性的稅制，很可能製造出來的所得和就業結果，將看起來像停滯理論的證明，且可能真正製造公共赤字支出的情況。我們甚至可能目睹……人們將不願意執行投資決定的情況……不管是何種情況，它將是社會情勢的支配因素之一，不僅在美國如此，在全世界亦然。但這將僅限於在下個五十年左右會如此。長期的預測……（也就是說，資本主義沒落和社會主義崛起）將不受影響。[11]

熊彼得不是一個意識形態主義者，很少為社會主義辯護。他是一位敏於觀察的經濟歷史分析師。他對社會主義沒有偏好，只是表示它無可避免地將取代資本主義。社會主義已相當程度取代了資本主義，只是大多數人未注意到。從熊彼得的觀點，資本主義被社會主義取代的最後一步是政府控制資本。在下一波金融危機實施九重冰將達到這一步。

熊彼得為他的社會主義研究留下一個令人不寒而慄的結尾。他指出一旦計畫生根後，社會主義將融入法西斯主義，企業和政府將混雜不清，政黨將有極高同質性。他看到法西斯主義是左翼的產物，多於右翼的產物。他對自己寫作時由史達林統治的俄羅斯做的描述，很適合用在七十年後：「俄羅斯的問題不在於它是社會主義國家，而在於它是俄羅斯……基本上是一個軍事獨裁國家，因為它由單一且紀律嚴格的政黨統治，且不承認媒體自由，帶著法西斯主義的基本特性，並以馬克思主義者認為的方式剝削社會大眾。」[12]

最後，熊彼得預測現今的美國將出現普遍的厭戰：「當因為宣傳而群情激動，國家可能進入或接受對海外進行活動主義的干預進程。但它很快感到厭倦，而且現在它已厭倦……讓俄羅斯再吞併一、兩個國家，那又如何？」[13]

稱熊彼得是複雜理論家太過牽強——他去世十年後複雜性才被發現，而成為物理學的分支。但他的歷史過程觀點符合複雜理論最具有解釋力的長時間框架。複雜性提供的模式可以理解緩慢、穩定建立的密集網絡突然災難性地崩潰。地震斷層、森林和金融市場都是動態陣列，系統可能外表穩定，直到突然地震、大火或崩盤摧毀一切。複雜理論家知道，外表的穩定遮掩了升高的緊張。

文明的興衰是複雜理論應用在人類事務上最宏觀的例子。熊彼得對資本主義興衰的考慮雖然不是針對特定的文明，卻是複雜理論能提供寶貴工具的那種研究。熊彼得避開凱因斯模式，因為該模式把大多數變數視為常數，而片面地從研究中隔離出一個現象的「因」。現今一個二十一世紀的熊彼得長期觀點與大規模電算能力的結合——在熊彼得的時代無法得到的——容許透過細胞自動機（cellular automata）快速擴大遞迴函數和人類行動的模擬。熊彼得勢必會樂於見到這類努力，並視為他深刻的歷史程序的合理模擬。

社會帶著複雜理論的新工具站在熊彼得的肩上，眺望社會主義和法西斯主義從山脊後面升起，看到兩者一模一樣。

新禁衛軍

在古羅馬，禁衛軍是一支菁英部隊，負責皇帝的安全。他們的演進是值得警惕的故事。

禁衛軍在打仗時守衛指揮官的居所。「禁衛軍」（praetorian）這個詞衍生自執政官（praetor），即羅馬的將軍；他的營帳稱為大廳帳（praetorium）。在羅馬共和國末期，凱撒（Julius Caesar）擁有一支禁衛軍。經過長期演變，禁衛軍人數愈來愈多，包括配備最精良、最菁英的軍隊，並由指揮官親自挑選。

戰場上出現個人衛隊不是問題，當指揮官在打勝仗後回到羅馬，衝突開始產生。羅馬共和國禁止軍隊駐紮城內。凱撒故意忽視這項禁忌，他在西元前四九年凱旋回羅馬渡過盧比孔河（Rubicon）時，把禁衛軍帶進城。凱撒說：「我們沒有退路了！」（alea iacta est）

凱撒在西元前四九年一月進入羅馬。這個叛亂的舉動立即引發內戰，凱撒遭到暗殺，羅馬共和國滅亡，由奧古斯都（Augustus）統治的羅馬帝國崛起。奧古斯都根據之前個人護衛隊的傳統，正式建立了禁衛軍，規模訂為九千人，約為現代陸軍一個師的軍力。奧古斯都把大部分禁衛軍駐紮在羅馬城外，以示尊重傳統，但保持一些軍力在城裡執行現役任務——事實上，是史上第一支警力。

在西元開始的幾個世紀，禁衛軍的角色從護衛皇帝變成挑選皇帝。他們自行發動或在菁英要求下暗殺皇帝，這些菁英包括祕密社團和參議員。禁衛軍擁立新皇帝，有時候自行挑選，有時候根據野心求官者的賄賂。禁衛軍的象徵流傳至現今，例如出現在美國總統的空軍禮兵儀隊臂章上的花彩裝飾羅馬頭盔。

但禁衛軍的傳統不只是象徵性的。美國已快速從一個共和國變成軍隊和武裝警察的國家，這些軍隊和警察在白宮政治指導下執行司法部的命令，配備了高科技監視裝備和大數據關係認知程式，並根據政治或社會信仰，以人民為目標。理想的美利堅共和國在現今不過是一個動聽的神話；新禁衛隊已經出現，駐紮在城裡，為菁英服務。大多數市民不知道這種情況，因為他們心甘情願聽從命令。部分無辜的市民知道有新禁衛軍，因為他們吃過警察棍棒、脫衣搜身、突擊檢查、無搜索證搜索或選擇性起訴的苦頭。

新禁衛軍滲入美國的深度並未廣為人知，因為它的影響是有高度選擇性的。沒有出現廣泛的社會動亂，也沒有廣泛的壓迫。行動是地區性的，例如，特種警察部隊（SWAT）以閃光彈炸花兒童的臉，和針對杜澤（Dinesh D'Souza）、彼得雷烏斯（David Petraeus）等人物的政治性起訴。未來將拆解社會，才能強迫新禁衛軍退出；將瓦解金融、凍結九重冰、惡性通貨膨脹和沒收。那將造成貨幣暴動。

這個反烏托邦的預覽建立在四個基礎上——日常行為的罪刑化、司法的政治化、警察軍隊化和監視數位化。菁英追逐權力不是新鮮事，那是人性的一部分。新鮮的是，這表示為達到目的而不擇手段。

《三項重罪：聯準會如何羅織罪名》（*Three Felonies a Day: How the Feds Target the Innocent*）作者席弗格列特（Harvey Silverglate）描寫日常行為的罪刑化如下：[14]

> 平均而言，忙碌的上班族早上起床，送孩子上學，去上班，使用電話或電子郵件，開會，處理公開說明會或銀行貸款，回家，用晚餐，哄小孩睡覺，讀報紙，上床就寢，但渾然不覺這一天的過程中他／她很可能犯三項重罪。野心勃勃、富於想像力的檢察官可以從這一天的活動挑出三項重罪，並控告這個人。[15]

這不是席弗格列特的臆測，而是近幾十年來聯邦刑法大幅擴張的結果。人民似乎對罪刑化不以為意，原因是忽視或天真地自認不是罪犯。從一七七六年獨立宣言直到晚近，聯邦刑法的範圍一直受限，與憲法規定國會有限的權力一致。直到一九二〇年代，聯邦刑法主要規範叛國、偽造、暴動和軍法，都在聯邦政府的合宜範圍內。

從一九二〇年代開始，為了因應銀行搶劫和綁票犯跨州逃亡、憲法第十六次修正後的稅法立法、逃漏稅和禁酒，聯邦刑法因而擴大。聯邦調查局（FBI）的前身在一九〇八年成立，稱為調查局（Bureau of Investigation），並在一九二四年任命新局長胡佛（J. Edgar Hoover）後，開始扮演更積極的角色。胡佛局長開啟了「人民公敵」（Public Enemy）時代，以傳奇罪犯迪林傑（John Dillinger）、「機關槍」凱利（Machine Gun Kelly）和卡彭（Al Capone）為目標。胡佛對他的調查員下達格殺令，造成銀行搶匪迪林傑被槍殺。ＦＢＩ從胡佛在位期間開始利用侵略性的監聽。

一九三〇年末和一九四〇年代，聯邦刑法在最高法院建構擴張性的商業條款（Commerce Clause）下進一步擴大。法庭上的緊張出現在西岸飯店對芭莉希案（West Coast Hotel v. Parrish, 1937）以五比四的決定，和美國對達比木材公司案（United States v. Darby Lumber Co., 1941）分別允許國家對私人合約的規範，以及聯邦根據最低的州利益規範商務。一旦允許國家對商務規範，刑事執行工具也很快跟進。胡佛管理下的ＦＢＩ勢力比以往更擴大，並在一九四二年列出將目標人選關進美國集中營的名單，在當時委婉地稱之為「重安置」（relocation）。

到一九七〇年代，聯邦侵入土地使用、僱用、醫療、銀行業務、投資、教育、運輸、採礦、製造業、能源和其他領域，幾乎無所不在。每一項民事法規都有搭配的刑事懲罰跟隨在後。一旦核心刑法在串謀、報導和假陳述法條，整張網就完成了。席弗格列特估計的三項重罪並不誇張。

為什麼檢察官要以一般市民為目標？答案是司法政治化。尼克森—雷根—柯林頓對毒品宣戰、小布希的反恐戰爭，以及歐巴馬對他的意識形態敵人茶黨（Tea Party）的戰爭，證明法律的應用已不局限於司法部門和維持公共秩序。刑事法規是警察首長手中的一根大棍棒。

尼克森、雷根和柯林頓政府都投入大量警力、軍事和檢察資源，基於要嚴厲打擊犯罪的政治考量，大力掃除大麻作物和藥用大麻。事實上，大麻產業的運作方式就像傳統黑市，供應消費者想要、但被政府禁止的東西。大麻對國家安全或公共秩序不構成威脅。現今大麻使用已被廣泛接受，在某些管轄區已合法。大麻使用是政治辯論不可少的議題。尼克森、雷根和柯林頓對辯論不感興趣，他們對選票感興趣。

戰爭需要軍事化。利用美國軍力在國內執法需要軍事指揮鏈的授權，包括上至總統層級。根據一八七八年的民兵團體法案（Posse Comitatus Act），地方當局被禁止指揮美國軍隊執行警察任務。

如果市長不能指揮軍方，他們想把警察軍事化。從一九六〇年代洛杉磯設置特種警察部隊（SWAT）到一九七七年通過國防授權安全法案（National Defense Authorization Security Act）及其聲名狼藉的一〇三三計畫，直到現今美國軍方已供應地方警察身體護具、夜視鏡、自動武器、榴彈槍、裝甲車、閃光手榴彈，和其他供戰鬥的設計。特種警察部隊在軍事基地受訓。從越南、科威特、阿富汗和伊拉克戰爭回來的老兵，都占滿地方警察的職缺。從一九八〇年到二〇〇一年，美國每年準軍事形式的警察突擊從約三千次增加到四萬五千次。

作家巴爾柯（Radley Balko）在他的書《戰警崛起》（*Rise of the Warrior Cop*）中生動地描述，無辜的美國人面對軍隊式的警察突擊感到極度驚恐。[16] 巴爾柯的記述之一牽涉吉格羅托和他妻子伊芙琳，他們是一對住在伊利諾州柯林斯維爾（Collinsville）小鎮的平凡夫婦。[17]

晚間九點三十分剛過……吉格羅托聽到撞擊的聲音醒來……

「我下床，走了幾步，往下看玄關，看見武裝的人跑上玄關，像是帶著槍的嬉皮，大聲叫嚷。」吉格羅托跑向還在床上的太太，並說：「老天，親愛的，我們死定了。」

「說對了，你這個混蛋！」其中一個人叫道。那些人——大約十五名——衝進房間。其中一人把吉格羅托壓在床上，把他雙手反綁在背後，用一把槍頂著他的頭。

「亂動你就死定了。」那人說。然後他指著伊芙琳的方向。

「那是我太太。」……

「如果你不告訴我毒品藏在哪裡，你就非死不可。」「求求你們，在開槍殺死我們前，看看我皮夾裡的身分證。因為我知道你們找錯地方了。」吉格羅托向那個人哀求。

幾秒鐘後，有人在樓梯上叫喊：「我們搞錯了！」

那些人解開吉格羅托，一個個跑出屋外。

吉格羅托爬起身，吃力地穿上褲子，追出去對那些人大叫：「你們為什麼這麼做？」

那個剛才拿槍頂著他頭的人回答：「你給我閉嘴。」

伊芙琳最生氣的是這些警察也把他們的寵物——三隻狗和一隻貓，丟到屋外。當她問警察萬一她的寵物受傷怎麼辦，其中一個人說：「操妳的寵物。」

吉格羅托夫婦很幸運，他們的寵物還活著。事實上，遭到突擊的受害者擁有的數千隻狗被毫無理由地殺死，包括許多搞錯地址的突擊。巴爾柯從二〇〇八年搞錯地址的突擊舉出一個例子，是馬里蘭州霍華郡（Howard County）韓德森夫婦的家：

> 警察先碰上的是家犬，十二歲的拉布拉多犬／洛威那混血狗叫古蘭特……一名警察吸引那隻狗的注意，另一名警察從頭部近距離射殺牠。當那對夫婦的兒子問他們為什麼射殺狗時，一名警察用槍指著男孩的頭問：「如果你再問，我會把你的頭轟爛。」[18]

個別的突擊現在已擴大成圍捕式的大規模突擊。巴爾柯記述一名見過無數次特種警察部隊圍捕突擊的目擊者說：

> 「他們搭直升機，像軍隊，特種警察部隊式的」……「在我住的公寓裡，在那項行動裡，外面有許多小孩在遊戲。他們不在乎。他們把孩子推倒在地上，用槍指著他們的頭，他們撞破門，他們什麼都不在乎。」[19]

美國警力的擴張不限於特種警察部隊和突擊隊式的行動。濫用警力在城市街上每天都看得到，所謂的攔截與搜身（stop-and-frisk）技巧，已演變成一種在貧窮地區透過國家暴力徵稅的收入模式。

在紐約市貝德福德－斯泰弗森特（Bedford-Stuyvesant）貧窮為患的鄰區，警察經常以曖昧的理由盤查市民，然後搜索武器。偶爾也會發現武器，但大部分時候找不到。為了替沒有根據的攻擊找理由，警方用手銬銬住受害者，把他們丟進警車裡，進行搜身，並為傳喚眾多犯行發出傳喚，但其實只是以未被許可的方式站在人行道上。

從受害者的觀點，攔截與搜身的野蠻攻擊和使用的搜身法，實際上是毆打與掠奪（smash-and-strip）。攔截與搜身具體表達了特種警察部隊唯我獨尊的心態，雖然低調這野蠻行為卻十分普遍。

作家泰比（Matt Taibbi）在他的書《分裂：美國在財富差距年代的不公義》（*The Divide: American Injustice in the Age of the Wealth Gap*）中記述一個典型的例子，主角為貝德福德－斯泰弗森特區的布朗：

> 有一天，他上完駕駛執照課程在回家路上，距離他的公寓入口不到五十碼，有人從背後抓住他。「怎麼回事？我沒做壞事！」他大叫，不知道什麼時候出現的兩名便衣警探，各從一邊推他，讓他背部頂著某個鷹架……
>
> 「我做了什麼？」布朗問。
>
> 「你符合描述。」一名警察回答。
>
> 布朗知道，問什麼是描述也是枉然。「我鄰區的每個人都符合。」布朗解釋……

他們把他帶回警局，照程序處理，先搜身，給他一張行為不檢的傳票，罪行是紐約刑法裡的「妨礙人行道交通」。

換句話說，他被逮捕是因為站在人行道上。[20]

像布朗的例子，傳票可能為了五百美元罰款，而逮捕則是公然違憲。不過，受害者是窮人，他們付不起五百美元罰款，更少人付得起花一千美元請律師、損失工作天，和出席庭訊的交通費。許多受害者原本就在勞動力的邊緣討生活。警察找上他造成的干擾，很可能讓他們失去工作、退出訓練課程，或再度陷入他們嘗試擺脫的貧窮陷阱。他們在這個過程中支付了罰款，也留下犯罪紀錄。這讓他們在財務上遭到打擊，將來找工作的可能性更小，因為警方已留有紀錄。

在這種情況下，國家可能永遠無須證明逮捕有理。泰比根據他參觀布魯克林的法庭解釋其中的經濟學。他先談到許多被指控莫須有罪名的被告根本無力支付保釋金：

如果你在紐約市因為B級輕罪被逮捕……你可能被判處十五天到九十天的刑罰。但如果你不繳納保釋金，你幾乎一定會因為等候審判而在牢裡待那麼久。」

當局知道這一點，所以基本上控告一個繳不出保釋金的人B級輕罪，就等於是定罪。當局提出控告，法官設定高保釋金，你被迫回到牢裡，最後因為已被關了罪名應該坐牢的時間而認罪，因為那有什麼不同？你已經被關了那麼久。

唯一的差別是，現在你已被定一項罪名……[21]

考量保釋金和等候審判的時間，受害者寧願認罪而不對抗假指控。泰比又寫道：

你繳納罰金不是因為你做什麼事，而純粹只是認清如果當局決定刁難而繼續與你打爛仗，你付出的代價會更高。

這是耗損式司法（Justice by Attrition），就像打樸克牌，在逮捕後，被告坐上牌桌只有一個籌碼，但另個玩家是國家，有五十呎高的一疊籌碼。你要賭嗎？還是蓋牌算了？大多數人會蓋牌。[22]

如果被告是一波暴力犯罪潮流的成員，這些情況可能無法引起同情。許多案例的指控不僅未牽涉暴力，甚至情節不嚴重。一個男人晚上在他的住所外面抽菸被指控「妨礙人行道交通」，即使附近沒有別人。一位穿著緊身衣的女士被指控「為了從事娼妓行為而閒蕩」。許多案例中沒有妨礙或娼妓行為，只是窮人在居所附近做自己的事，碰上警察為了達成逮捕配額和罰款目標而到處搜尋受害者。

這些警察的作風實際上是對窮人課稅以補貼都市預算。這種情況在二〇一四年十二月曝光，當時紐約市警察暫時停止使用這些技倆，以抗議拉莫斯（Rafael Ramos）和劉文章（音譯）兩名警官遭謀殺，他們坐在警車上被來自巴爾的摩一名叫布林斯利的槍手槍殺。紐約市來自例行傳喚的收入在隨後幾週大幅減少。不過，紐約市警察局仍對暴力犯罪保持警戒。記者林德（Dara Lind）解釋這種差異：

> 資料顯示，雖然全面減少執法，但主要顯示在輕罪和輕犯行的減少。在地下鐵道巡邏的警察很少逮捕人……負責巡邏公共住宅的部門也大幅減少逮捕。逮捕減少的部分有三分之一來自這兩個類別。不過，重罪逮捕只比去年減少一七%……交通罰單和低層次傳喚比逮捕減少很多，原因之一交通罰單是都市收入的一大來源……因為執法減少，紐約市因此損失數百萬美元。[23]

紐約市警察局的槍殺事件是一件悲劇，怠工情有可原，不過，收入減少意外暴露出警察在貧窮街區使用技倆的動機。攔截和搜身的受害者不是暴力的殺警兇手，他們只是想呼吸新鮮空氣或走在街上的人。那些窮人遇上形同武裝稅吏的警察，窮人得付出代價。

現今的警察是武裝稅吏還有一個更驚人的例子，就是沒收資產（asset forfeiture）。警察在定罪前沒收市民的財產，例如現金、汽車、船舶和住宅。擁有人必須證明自己的無辜，才能收回被沒收的財產。轉移舉證責任推翻了美國法律證明有罪前假定無罪的傳統。

表面上資產沒收的做法目的在於剝奪毒販的錢或交通工具，避免他們在等候審判時持續犯罪。資產沒收便形成一項收入來源，警方用來資助特種警察部隊和購買裝甲車，以執行更致命的突擊。高速公路巡邏警察相當於是國家授權的高速公路搶匪。

資產沒收始於一九七〇年全面藥物防治法案（Comprehensive Drug Abuse Prevention and Control Act），是尼克森總統最早對毒品宣戰的一部分。沒收在一九八四年後激增，因為國會通過全面犯罪防治法案（Comprehensive Crime Control Act）。該法案設立一個資產沒收基金，由美國司法部管理。來自沒收財產出售的現金和孳息歸入該基金，並依照一項公平分享計畫分配該基金，所有參與相關調查的部門、聯邦、州和地方，都可分享該基金。這對資源有限的地方是一大恩惠。分享沒收的利益鼓勵警察攔截無辜市民，只為了沒收資產。

《美利堅警察國》（*Police State U.S.A.*）作者裘姆利（Cheryl K. Chumley），在書中描述的一個典型例子是二〇〇七年逮捕馬里蘭州的亞戈斯提尼：

> 亞戈斯提尼……正開車載著未婚妻和十六個月大的兒子艾米爾，以及亞戈斯提尼所開餐廳的一名員工，經過東德州，準備為他們的餐廳添購一些新設備。亞戈斯提尼車上攜帶五萬零二百九十一美元——一筆大錢。他表示這對餐廳設備經銷商很管用，因為如果買家支付現金，對方會以折扣價出售……
>
> 一名警官命令亞戈斯提尼停車……並發現現金，指控他們洗錢，逮捕成年人，並把孩

子交給保護服務單位。警方同時沒收六支手機、iPod和汽車……

亞戈斯提尼從未被起訴犯罪，最後他獲得釋放，連同他未婚妻和員工，並領回他的孩子，且拿回他的現金——不過那是經過幾個月在法庭上抗辯，並證明他合法透過他的餐廳生意賺到那些錢後。[24]

亞戈斯提尼是少數幸運者。財物被沒收的受害者往往沒有資源證明擁有被沒收的資產，他們被迫放棄給國家。

在「攔截和沒收」一系列得獎的報導中，《華盛頓郵報》記錄了廣泛的公民遭到沒收濫用情況，暴露警察在未經合法程序下沒收無辜市民的財物，並把所得用來資助國家和城市預算，為軍事化的警察局添購新武器。[25] 這種做法被稱為「營利警察」（policing for profit）。這一系列的紀錄揭露，警局不只是隨機沒收，還利用情報作業鎖定被認為最可能攜帶現金的平民。目標不限於毒犯。警察利用數據挖掘技術鎖定無辜的平民，除了一般黑人目標，也包括貧窮的白人。

為取利而沒收資產已變得如此普遍，一家叫黑瀝青電子網絡與通知系統（Black Asphalt Electronic Network & Notification System）的民間公司，專門訓練警察和提供沒收現金與其他財產的技術。黑瀝青設立一個叫兄弟情（Brotherhood）的社群網站，並獎助每年沒收最多現金警察的比賽，得獎人被封為皇家騎士（Royal Knight）。提到皇家兩個字無意中洩了底，皇家騎士獎獎勵的沒收技巧在過去被君王使用——正是美國憲法想限制的技巧。黑瀝青服務的對象包括地方警察、美國國土安全部和其他聯邦機構。

《華盛頓郵報》一篇描述黑瀝青的關係企業沙漠雪（Desert Snow）的文章，揭露公家和民間盤查與威嚇駕駛人權力的分際逐漸模糊的情況：

> 沙漠雪為它的三到四天的研習課程與實況訓練，每人收費只要五百九十美元，課程主題有「路邊盤問技巧」和「何時及如何沒收貨幣」等。根據紐澤西州公布的一份收費清單，該公司在旅館會議廳舉辦訓練課程，三天的「進階商務車輛、罪犯與恐怖分子辨識與逮捕研習課」，招收八十八名學生總共收費十四萬五千美元。[26]

根據《華盛頓郵報》，現金沒收變得如此普遍，華盛頓特區警察局還「為預期未來從數百萬美元的公民沒收現金與財產所得擬訂計畫，雖然聯邦規定『機構不得』預先進行這類支出……」[27]

沒收計畫假借的名義是對毒品宣戰或反恐戰爭。事實上，它們是向市民宣戰。即使部分這類技巧被禁止，但這種訓練、心態和能力，在所有現金被視為非法或在因應貨幣暴動時，仍隨時會被使用。

新禁衛軍和他們的政治主人箭袋裡最後一枝箭是監視數位化。雲端儲存和從谷歌

（Google）和臉書（Facebook）等免費媒體爆炸性成長造成的隱私淪喪，已被世人接受，使用者的私密被這些公司數據挖掘已是家常便飯。儘管隱私政策禁止向第三方透露，並不表示這些公司不會自己使用這些資料或向政府透露。谷歌記錄你造訪的所有網頁，不管你是否自行刪除搜尋紀錄。大多數網頁使用者了解這點。

不被普遍了解的是，政府與民間網路服務，以及應用大規模的運算能力與大數據運算法，即時應用在鎖定市民目標。谷歌、蘋果和臉書宣稱個人隱私受到保護是一則笑話。政府有充分的行政權力要求這些公司在緊急狀況下提供資料，包括在金融崩潰時。政府機構緊急取用私人資料只需花幾分鐘時間。

數位臉部辨識軟體比過時的指紋技術更可靠。大多數市民會反對他們走在戶外要被取指紋，但商場、銀行和超級市場的閉路電視捕捉到你的影像時，已經取得你的數位身分識別。影像掃瞄器安裝在建築物、高速公路沿途和城市的街道。這些掃瞄器捕捉臉孔影像、車牌號碼和汽車式樣及製造商。駕駛人喜歡方便的 E-ZPass 高速公路自動收費系統，但可能不知道每一個收費亭現在就是一個數位監視和封鎖點。

E-ZPass 監視系統使用無線射頻辨識系統（RFID）。你的 E-ZPass 標籤是一個傳送器，送出有關你的資訊，由裝設在收費站上方的光電子掃瞄裝置接收。現在政府在每個地方的道路裝設掃瞄裝置和攝影機，搜集同樣的資訊。紐約公民自由聯盟（New York Civil Liberties Union）最近發現，紐約市和州在許多地點裝設掃瞄裝置，以追蹤市民的行蹤。這些掃瞄裝置並不是用來收費，它們是國家無孔不入的監視醜陋面。

持續的監視不限於影像攝影機和 E-ZPass 標籤。智慧型手機和信用卡使用一種無線射頻辨識系統的變形，稱作近場通訊（NFC），以傳送你的活動給掃瞄裝置。你每次使用信用卡，就會記錄你所在地點的數位特徵。你的智慧手機全球衛星定位系統（GPS）訊號，標示出你在購物點的行蹤。政府蒐集這些資訊時採用的標準，不必遵守第四修正案要求的合理、可成立的理由。

未來的發展將是谷歌、特斯拉（Tesla）、福斯（Volkswagen）等公司倡導的無人駕駛車。無人駕駛車不是沒有駕駛，而是駕駛的不是人。真正的駕駛是一套運算法、GPS裝置和機器人工學的網絡。無人駕駛系統受政府監督。在未來，政府將徵用軟體、鎖死車門，以便把政治反對者運送到拘留中心，加以監禁。

窮人因被攔截和搜身而受害，中產階級因資產被沒受而受害，反體制菁英則因選擇性迫害而受害。沒有人倖免，因為在法規層層綑綁的國家，所有人都是重罪犯，在嚴密監視的國家裡，所有人都是目標。唯一的問題是你什麼時候會碰上。

那些懷疑國家權力被用來政治迫害的人必須想想，二〇一〇年美國期中選舉後國稅局（IRS）鎖定以勒納（Lois Lerner）為首的茶黨行動主義者。讚許這些手段的茶黨反對者應該知道，等時候到了，不同的政權將鎖定他們做為目標。

貨幣沒有意識形態，當九重冰凍結展開時，左派和右派都將成為受害者。如果對九重冰的有組織抗拒發生，特種警察部隊已蓄勢待發。新禁衛軍可能受命於支薪給他們的政府，不是他們表面上服務的對象。

新法西斯主義

法西斯主義已經降臨！

二十世紀的一股支配力量——法西斯主義，至今仍很少人了解，也是最被曲解的政治性「主義」。這是因為法西斯主義不像共產主義或社會主義是意識形態，法西斯主義者在不同時期支持某些觀點，但他們的觀點並不一致，且經常很快拋棄它們。法西斯主義者認為最重要的是持續的行動，和國家控制公民生活。法西斯主義國家可能允許私人公司和聯合公司存在，只要它們的運作符合國家目標，並接受國家監視。違背國家目標的結果是終止或取消違犯者的資格。

法西斯主義的原始定義來自創始人威爾遜（Woodrow Wilson），他在一九〇八年寫道：

> 總統可以自由地做任何他能做的事，在法律和良心兩方面上都是如此。他的能力就是限制；如果國會受到他壓制，那將不是憲法制訂者的錯……而是因為總統背後有國家的支撐，國會沒有。[28]

威爾遜的著作《國家》（*The State*）中說：「政府做任何經驗許可的、或時代所要求的事。」[29] 實踐威爾遜理念的法西斯領袖之一是義大利獨裁者墨索里尼（Benito Mussolini），他的座右銘是「國家涵蓋一切，國家之外無一物」。威爾遜和墨索里尼為二十世紀的一連串法西斯主義者創造了樣板，包括希特勒、史達林和小羅斯福。

要了解法西斯主義，必須把媒體所描述的左派、右派、自由派和保守派等區別擺一邊。真正的古典自由派和保守派仍然存在，但已瀕臨絕種。較好的圖解是把領導人放在一個從法西斯主義到自由派的光譜。從這個觀點可以看到「右派法西斯主義者」和「左派法西斯主義者」都只是追求國家行動的法西斯主義者。任何意識形態的外表都只是虛飾。

作家戈德堡（Jonah Goldberg）在他二〇〇八年的著作《自由派法西斯主義》（*Liberal Fascism*）裡，剖析了法西斯主義的無意識形態本質。[30] 戈德堡指出，法西斯政權可能各不相同，有些像希特勒和史達林的政權殺人無數；有些像墨索里尼和佛朗哥是獨裁政權；有些在民主架構下運作，例如威爾遜和小羅斯福的政權。他們的共通點是：國家是人類活動的唯一仲裁者，而且為達目的可以不擇手段。

威爾遜是民選法西斯主義者的典範，他是第一位擁有博士學位的美國總統，這個成就和二十世紀初的進步運動很搭。進步運動者相信科學和專業知識可以解決政府和社會的問題。那個時代崇拜「專家」，因而削弱了國會做為政策來源的地位。一九一三年，威爾遜執政的第一年，他簽署法案創立了聯邦準備系統和聯邦所得稅，成為此後國家權力的兩大支柱。

威爾遜由上而下的國家控制主要透過第一次世界大戰這個平台來執行。威爾遜設立戰爭工業局（WIB），有效地把廣泛的美國經濟部門國家化。戰爭工業局實施薪資和價格管制，以及生產配額。戰爭工業局成員包括華爾街金融家巴魯克（Bernard Baruch）和摩根公司的斯特蒂紐斯（Edward Stettinius Sr.）。其他成員有聯合太平洋鐵路（Union Pacific Railroad）老闆羅維特（Robert S. Lovett）和美國勞工聯合會（American Federation of Labor）會長弗瑞恩（Hugh Frayne）。另一個戰爭工業局成員是後來擔任聯準會主席和世界銀行總裁的梅爾（Eugene Meyer）。戰爭工業局是個大企業、大勞工組織和華爾街的混合體。

威爾遜在一九一七年簽署間諜法案，一九一八年簽訂制止煽動言論法案（Sedition Act），以壓制言論自由和異議分子。威爾遜的司法部長帕馬（A. Mitchell Palmer）執行惡名昭彰的帕馬突擊（Palmer Raids），以移民為目標，並利用散播恐懼的紅色恐慌（Red Scare）來規避應有的程序。戈德堡總結威爾遜的治理如下：

> 威爾遜是二十世紀第一位法西斯主義獨裁者。這種說法可能乍聽很荒誕，但要從證據看。威爾遜治理的幾年間逮捕和監禁的異議者，比墨索里尼在整個一九二〇年代還多……威爾遜……實際上放出數十萬名戴著臂章的受僱暴徒攻擊美國人，並對新聞業發動一輪惡毒的控告……[31]

希特勒和墨索里尼在寫作中讚揚威爾遜，並在義大利的法西斯運動和德國的國家社會主義運動中，採取威爾遜的部分壓制技巧。

威爾遜的進步－法西斯遺緒，在一九二一年到一九二九年哈定－柯立芝政府的咆哮二〇年代（Roaring Twenties）暫時收斂。在一九二九年到一九四五年的胡佛－羅斯福政府期間，法西斯主義捲土重來。

胡佛甚至比威爾遜更符合專家的樣板，他是一位成功且富有的礦業工程師，在成為總統前就有解決艱鉅後勤與經濟問題的優良紀錄。雖然胡佛是共和黨員，卻擔任威爾遜政府的美國食品管理署署長，在第一次世界大戰期間依照行政命令管理食品供應。胡佛擁護現今所謂的公共－民間合夥事業。他支持進步時代泰勒主義（Taylorism）的做法，承諾藉工程效率改善政府行政。胡佛堅決相信更多政府干預是解決之道，與威爾遜的觀點一致。

一九二九年股市崩盤和大蕭條發生後，胡佛的干預傾向更加狂亂。胡佛的政策非但偏離自由放任的共和黨，而且與後來小羅斯福採行的一致，包括增稅、創設政府機構如聯邦住宅貸款銀行（Federal Home Loan Bank），並透過聯邦農業局和其他機構擴大價格管制。胡佛擁抱進步的標籤，是美國品種的法西斯主義者。

繼胡佛之後，小羅斯福持續在私人領域進行政府干預。和胡佛一樣，小羅斯福在威爾遜時代謀得第一份聯邦政府職務，一九一三年到一九二〇年擔任海軍部助理部長。

小羅斯福干預私人企業和公民生活眾所皆知。他援引一九一七年制訂的對敵貿易法案

（Trading with the Enemy Act），利用行政命令沒收美國公民的黃金；設立平民保育團（Civilian Conservation Corps）徵召數百萬名男性，讓他們穿上軍人風格的制服，配上軍事階級，用部隊火車載運他們，集合在軍營裡。在小羅斯福的田納西河谷管理局下，私人電力傳輸被收歸國有。一九三三年的國家工業復興法案（National Industrial Recovery Act）建立了國家復興管理局，要求企業聯合定價，並遵守為了消除競爭而訂的規則。小羅斯福在第一個任期全力推動計畫經濟。

說小羅斯福是個法西斯主義者不只是修正主義者的看法，而是一九三〇年普遍的看法。作家兼社會批評家法蘭克（Waldo Frank）在一九三四年寫道：「國家復興管理局是美國法西斯主義的肇始……法西斯主義在美國的發展如此漸進，以至於大多數選民未發現它的存在。真正的法西斯領導人將不是德國元首或義大利傭兵將軍……而是英明、穿著黑衣的紳士；最優秀大學的畢業生……」[32]一九二八年民主黨總統候選人史密斯（Al Smith）把小羅斯福比喻成馬克思和列寧。雖然史密斯說法太誇張，但有許多證據顯示小羅斯福政府裡有許多史達林仰慕者，包括頗具影響力的特格韋爾（Rexford Guy Tugwell），他在一九二七年訪問莫斯科，並籌建政府計畫的城市，和建立美國的農業屯墾營。

這個美國政治上的法西斯主義品種由威爾遜栽種，由胡佛和小羅斯福培育，而且將永遠不會消失。在一九六〇年代因詹森的大社會（Great Society）達到全盛，在一九七〇年代因尼克森的薪資和價格管制而再度興盛。現今它仍存在。新法西斯主義在小布希的不讓任何孩子落後法案（No Child Left Behind law）、歐巴馬的社區組織觀點，和希拉蕊的舉全村之力（It Takes a Village）品牌的政治操作。不管選舉勝利或失敗，這個傾向從未完全消退。威爾遜、小羅斯福、詹森和歐巴馬屬於民主黨，而胡佛、尼克森和布希為共和黨，充分證明法西斯主義不是意識形態，而是國家擴張侵入私人領域的過程。法西斯主義特別相信國家凌駕上帝或個人，是一切權威和行為準則的來源。

法西斯主義者的計畫像棘齒，它不是一直在動，但它無法逆轉。像一九二〇年代和一九八〇年代革新主義者－新法西斯主義計畫一籌莫展，不過，當法西斯主義藉新政（New Deal）、大社會和歐巴馬健保而突破時，改變將難以扭轉。每次突破都讓國家坐大，並以付出自由為代價。對國家的依賴與日俱增、自立自強的精神隨之萎靡。美國人幾乎未察覺。

法西斯主義的前進往往藉助於危機，應用了震撼主義。威爾遜的獨裁主義傾向獲得第一次世界大戰的助力。胡佛和小羅斯福的計畫因大蕭條而得以實現。一九六三年甘迺迪遇刺和一九六五年洛杉磯華特斯（Watts）暴動的雙重創傷，讓詹森的野心變大。歐巴馬健保、陶德－法蘭克法案以及刺激方案，都在二〇〇八年金融恐慌後因民主黨占多數而實現。

投資人應預期獨裁主義者、新法西斯主義計畫將在下一次金融危機時復活並重新昌盛。九重冰資產凍結和沒收將是最立即可見的一面，但不是唯一的展現。一旦資本凍結，資本主義本身就已結束。一個薪資與價格管制、生產目標、共有壟斷、保證所得和政府工作構成的計畫經濟，將成為資本主義自然的繼承者。

貨幣連結

熊彼得預測資本主義的沒落不是因為它的失敗，而是它的成功。因為資本主義在創造財富上如此成功，熊彼得預見它撒了自己滅亡的種子。

熊彼得曾寫道，一旦無產階級擺脫煩瑣沉悶的苦役，菁英也緊緊掌控政治和金融，他們將可能追求資本主義體系的替代物。實際上，資本主義國家現在可能負擔一個不是資本主義的體系，它們可以承擔得起社會主義。

從熊彼得的觀點看，社會主義興起將不會是由下而上的革命，而是由上而下的演進。這個觀點的原型是十九世紀的普魯士首相俾斯麥（Otto von Bismarck），他提供醫療、老年保險，並縮短德國勞工的工時。他的目標不是削弱君權，而是強化。一旦提供社會福利，勞工就沒有理由藉革命手段爭取福利。

俾斯麥以社會計畫收買異議者，以便提高他所屬的菁英階級的權力，也就是君主和帝王。這個過程現今正在重演，只是金融菁英取代了皇室。贏家是勞工和菁英，輸家是自由市場資本主義和資產階級。

較陰暗的是，熊彼得的直覺認為，演進的終點可能不是社會主義，而是法西斯主義。這兩種主義並非無法相容。社會主義像上了糖衣、做善事的特洛伊木馬，讓法西斯主義可以騎著邁向權力。

有一個歷久不衰的神話，認為法西斯主義代表企業和政府權力的共同體，有時候也被稱為統合主義（corporatism）。它的論點是企業利益至上，而政府不過是保護企業的管道。根據這觀點，希特勒是由富有的德國工業控制的傀儡，以服務他們的目的，直到自大狂沖昏他，導致二次世界大戰的慘敗。另一個說法是，錢尼（Dick Cheney）是哈利波頓公司（Halliburton）的代理人，他確保了企業利益受到第四十三任法西斯布希政府的保護。

但這些看法都是無稽之談。希特勒是一個殺人法西斯主義者，包括布希等美國總統，則是民主政治中的「友善法西斯主義者」。兩種品牌的法西斯主義共同點是國家支配。企業權力很大，但明確地臣服於國家。

在法西斯主義體系，大企業和大政府完成浮士德式的交易。法西斯主義者十分願意容許私人公司和私人財產存在，他們不願意的是讓私人領域阻擋國家權力。醫院和醫療保險公司可能是私人企業，但它們的產品、價格和政策受歐巴馬健保控制。谷歌、推特和蘋果是私人企業，但網際網路通道和費用受美國聯邦通訊委員會（FCC）監管；這個機構於一九三三年由小羅斯福創立，比全球資訊網（WWW）早近六十年出現。銀行是私人實體，但受到陶德－法蘭克法案、聯邦準備法案和一系列法規的嚴密監管。

剛開始企業遊說反對新立法，最後卻擁抱它，並提供專業知識給它們原本反對的機構，因為這些機構對新興的競爭者傷害大於既有的企業。遵循成本對大企業來說較容易承擔。積極的執法增加技術性違法的罰款、處罰等遵循成本很高，因為法規綿密且不透明，導致很容易觸犯法規。

從二〇〇八年恐慌以來，數百個法規計畫在陶德－法蘭克法案下推出。一些高風險的活動已被禁止、資本要求增加、存款保險提高、消費者揭露擴大，政府也從銀行汲取數十億美元的罰款、懲罰金和賠償。

銀行營運因此陷入困頓嗎？沒有。美國五家最大的銀行變得更大，控制的總銀行資產比率比二〇〇八年還高。銀行獲利更豐厚，主管薪資更肥美。摩根大通執行長戴蒙只是為一家銀行工作就成為億萬富豪。

在一波令人印象深刻的法規制訂折衝中，銀行業透過遊說者和競選獻金塑造它們偏好的法規。陶德－法蘭克法案的受害者不是大銀行，而是面臨法規負擔而無緣享受大到不能倒利益的社區銀行。陶德－法蘭克法案的沉默受害者是從未開張的銀行，例如過去由商會類企業成立的地方銀行，它們向來是利用自己的商業存款來讓營運步上正軌。這些銀行就像被墮胎的小孩，從未等到出生的那一天。

政府對導致的寡頭壟斷很滿意。政治人物假裝對銀行家很兇悍，而銀行家則扮演逃脫像禁止衍生性金融商品這種套索的胡迪尼（Houdini）。儘管如此，財政部和聯準會仍然拿槍頂著銀行家的頭，而槍的形式則是壓力測試、生前遺囑（living wills）和清算權（resolution authority）等。當聯準會因為過度的貨幣創造而達到資產負債表的信心極限時，銀行將是最終公債發行的可靠買家。銀行如果不買公債，將發現它們的生前遺囑會在自己的葬禮上宣讀。

大企業是一個共有壟斷體，對新創企業設置障礙，並靠政府補貼獲利。當像 Uber 這樣的新創業者冒出頭，展現熊彼得的創造性破壞時，政府幾乎立即就設置新規範。私人財產有其空間，但僅限於政府允許的範圍，而且絕不允許阻礙國家的權力。

熊彼得透過長期歷史趨勢看待經濟學，認為歷史過程並非以單一的景氣循環方式進展，而是經歷數十年和數百年。熊彼得清楚地預見資本主義的終結。他寫道：「由於資本主義企業基於其自身的努力，往往把進步自動化，我們的結論是它往往也讓自己變成多餘——被自己的成功壓成碎片……社會主義真正的帶頭者不是知識分子或宣揚它的煽動者，而是范德堡家族（Vanderbilts）、卡內基家族（Carnegies）和洛克斐勒家族（Rockefellers）。」[33]他預測說，在最進步的階段「資本主義基本上處在演進的過程，將變得萎縮……利率將朝向零集中。」[34]在一九四二年寫作的熊彼得，預期社會主義會在二〇〇〇年獲得勝利。

社會主義和法西斯主義有共同的特點，兩者都讚揚國家在指導經濟上——並延伸到人類行為——的角色。兩者都支持擴大的公領域和縮小公民領域，達到很少真正私人活動或組織的程度。抽菸、吃喝、燈泡、馬桶、醫療等，都是政府的職責。

社會主義者和法西斯主義者的差別是，前者向來很耐心且願意在議會程序中運作。社會主義者相信時間站在他們那邊；熊彼得同意這一點。對照之下，法西斯主義者是行動的男人和女人。他們偏好命令勝於辯論；為達目的，不擇手段。

社會主義者和法西斯主義者的另一個差別，在於社會主義者容忍宗教和家庭等傳統權威來源；宗教和家庭藉建立規範和限制來指導行為。法西斯主義者相信，國家是唯一的規範與權威來源。法西斯主義者無可避免地會與替代的或舊式的家庭安排衝突。

法西斯主義者因行動而茁壯，從不浪費任何危機。推進法西斯主義者進程的最佳關鍵點是戰爭和金融恐慌。九一一攻擊製造出愛國者法案（Patriot Act），打開大規模無合理根據監視美國公民的大門。二〇〇八年金融危機製造陶德－法蘭克法案，將摩根大通、花旗、美國銀行、富國銀行、摩根士丹利和高盛等，六家超級銀行的角色體制化。美國的儲蓄與投資業者被集中成三類，由政府控管。另外幾家超大型資產聚集業者，如大都會人壽（MetLife）、保德信（Prudential）和貝萊德（BlackRock），也在政府的嚴密監視中。它們客戶的財富都數位化，讓國家更容易沒收和掌控。

下一次金融危機將不會是一九九八年和二〇〇八年危機的較大版本，它將在質的方面大不相同。下一次金融危機將涵蓋多種全球規模的資產類別，將出現自一九七〇年代以來未曾見過的通貨膨脹、一九三〇年代以來未曾見過的破產潮，以及自一九一四年來沒見過的交易所關閉；國家力量將應號召而來壓制恐慌，資本主義的信譽將永久破產。

二十一世紀的新法西斯主義和一九三〇年代法西斯主義的差異在於，國家資源已經擴增許多。威爾遜－胡佛－小羅斯福類的民主黨法西斯主義者，仰賴秩序、專家和政府機構，透過廣泛的命令執行國家控制。非民主黨法西斯主義者如墨索里尼仰賴全身黑衣的歹徒取得權力，一旦取得政權便成為獨裁者。歷史顯示，永遠不缺願意穿著黑衣、齊步走的人，只要有人發號施令。

現今的國家權力比以往遠為無所不在。數位監視、社群媒體、數據挖掘和客製化內容，對懷抱法西斯目標的人來說，隨時可以利用。對定義不明的犯罪進行選擇性起訴，和選擇性地執行非全面性的稅法，都可能發生在國家認定的公敵身上。當異議溢出國家允許的界限，軍事化的警察將立即出擊。

這個展望不是無政府主義的情況。國家的存在有其必要，犯罪必須懲治，法律必須執行。問題在於公民空間。國家究竟應占據日常生活的多大空間，多少應該保留給私人市民追求過去被視為理想的自由？法西斯主義的衝動是排擠自由，規範所有人類行為。私人財產被允許存在，但它的利用必須服從國家的設計。在法西斯主義者的烏托邦，公民社會的模樣是一個遵守政府規範的村莊。

熊彼得於一九五〇年去世，但死前預測了資本主義之死和社會主義崛起，以及社會主義在五十年期間發展成法西斯主義。他的歷史方法是現今的分析師只有兩秒鐘注意力的對比。時間已證明他對動態力量作用的反烏托邦解析。

|第九章|

注意一匹黑馬

假基督，假先知，將要起來，顯神蹟奇事，倘若能行，就把選民迷惑了……在那些日子……日頭要變黑了，月亮也不放光……但那日子，那時辰，沒有人知道……你們不知道家主甚麼時候來，或晚上，或半夜，或雞叫，或早晨。

——馬可福音13章22-25節

極有可能……發生另一次全球危機。

——「日內瓦報告16」（2014年）[1]

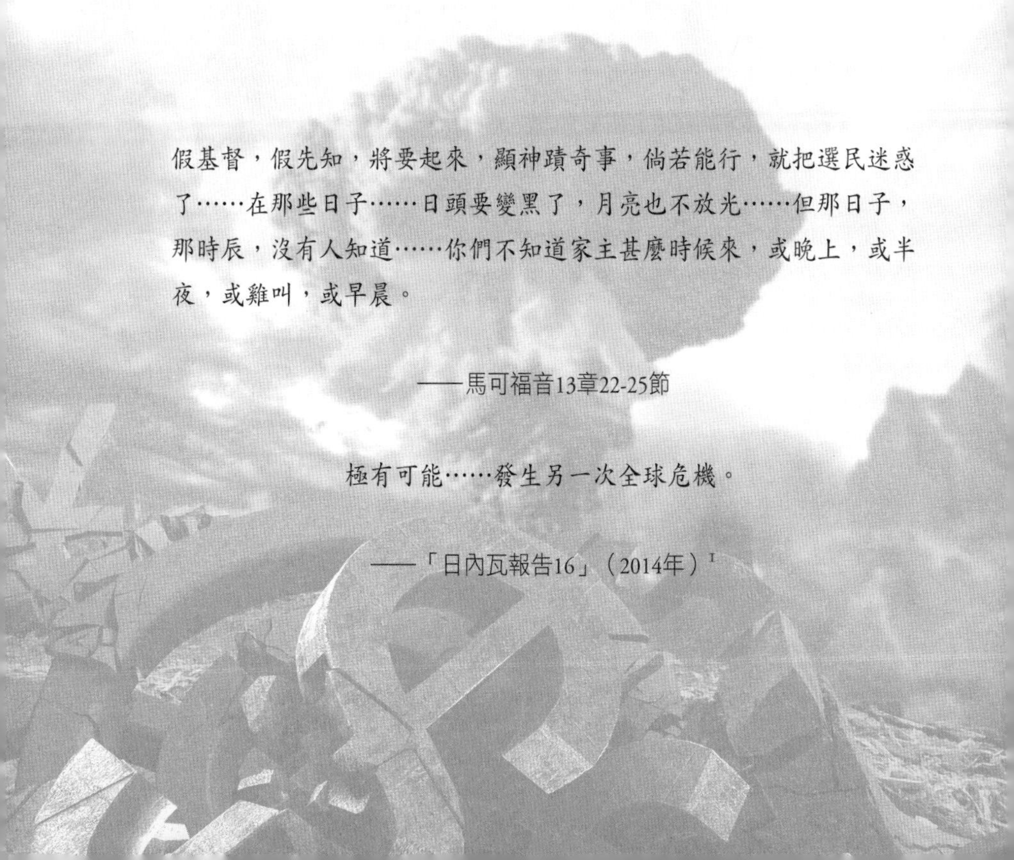

倒數計時

複雜理論說，我們無法預先知道下一次金融崩潰的時間。這個結論並不表示宣告放棄而聽任一知半解。它是一種混雜了一點人性的最佳科學。

處於臨界狀態的複雜系統是脆弱的架構，有無數由無法測量的小原因觸發的失敗。這個動力導致系統必然失敗的原因。實驗顯示，複雜系統以比例增長，最糟的事件大小則呈現指數性的擴大。小規模的不利事件頻率也增加。我們就是無法預知事件發生的確切時間。

時間的確定並非理論的失敗，那是這套理論的核心。地震學家無法精確預測地震的時間，但話說回來，我們不會把房屋蓋在斷層線上，我們會採取預防措施。而儘管時間不確定，我們會看到警訊。

美國地質調查局（USGS）定義「前震」（foreshock）為「在同一地點、在較大地震之前的地震」。當然，「較大」是個比較詞，一次3.0矩規模（M_W）的地震可能是造成輕微破壞的6.0 M_W地震的前震。一次6.0 M_W的地震可能是8.0 M_W地震的前震，力量大到足以夷平一座城市。金融的情況和地震類似。我們已經歷過前震，在一九九八年和二〇〇八年，全球金融系統距離完全崩潰只差幾小時。但金融震撼與地震有一個巨大的差別。一旦地震開始，它便無法阻擋。地震會在能量釋出後自動停止。對照之下，金融地震可藉政府干預阻止。從這個思考來看，一九九八年和二〇〇八年是8.0 M_W的地震在6.0 M_W時被阻止。兩次都造成廣泛的破壞，但金融的神廟未被夷平，環繞的城市很快就重建起來。然而付出的代價有多大？

如果累積的金融不穩定能量沒有釋放，能量就始終存在。一九九八年和二〇〇八年的政策干預，加上以後增加的複雜性，意謂等著釋放的能量可能有10.0 M_W的潛力，比有紀錄的歷史上任何地震還大，足以讓加州從美洲大陸斷開，足以關閉全世界的所有銀行和股票交易所。重要的是，這種強度的崩潰將讓已陷於困境的央行無法招架，壓垮央行的阻斷能力。阻斷的任務將落在ＩＭＦ身上，雖然ＩＭＦ本身也沒有足夠的財力。特別提款權（SDR）、九重冰和戒嚴令是環繞神廟的三道牆。其他國家權力的工具可能也會派上用場。

就金融地震來說，如果時機無法預測而規模已經知道，那麼斷層線會在哪裡？震撼會發生在哪裡？我們知道斷層線在哪裡。雖然是金融的抽象概念，但它有個名稱；流動性就是斷層線。

二〇一四年十月十五日週三，一個史無前例的震撼發生在全世界最重要的金融場所——美國公債市場。那天早上東部時間從上午九點三十三分到九點四十五分，在美國政府後來所稱的十二分鐘「事件窗口」，十年期美國公債殖利率像地震儀在蘇門答臘大地震那樣震動。在事件窗口的頭六分鐘，殖利率暴跌十六個基點，從二・〇二％跌至一・八六％。接下來六分鐘，殖利率突然急升至一・九九％，只比事件窗口開始時低三個基點。在整個包括事件窗口的交易日中，殖利率的交易區間上下達三十七個基點，從二・二三％到一・八六％。整個交易日也出現一次反彈；殖利率在收盤時比前一日低六個基點。

整體看來，在美國政府研究的過去十六年間，相當於約四千個交易日，單日殖利率變動幅度比二〇一四年十月十五日大的紀錄只有三次。第一次是二〇〇八年十月八日的四十三個基點，當時全球央行在雷曼和美國國際集團（AIG）倒閉後的恐慌高點執行聯合降低利率。第二次是二〇〇九年三月十八日降低四十七點五個基點，當天聯準會宣布擴大印鈔計畫（第一輪量化寬鬆），並把公債納入資產收購清單。第三次是二〇一一年八月九日四十基點的跌幅，當時美國債信評等遭降級。

總共四次的盤中殖利率震盪幅度介於三十七到四十七點五基點，相較於從一九九八年十月以來約四千個交易的平均盤中震幅為八個基點。（有趣的是，自一九九八年以來十年期公債盤中殖利率震幅的度分布，並非風險值擁護者預期的正常分布，而是完美的檢定力曲線〔power curve〕——正是複雜理論所預測。）

罕見的盤中三十七個基點閃崩已經夠令人擔心了，更擔心的是六分鐘內下跌了十六個基點。這是完全史無前例的。其他三次類似事件是在一整個交易日中發生的，不是在幾分鐘的事件窗口間。

但二〇一四年十月十五日最令人不安的一面是，殖利率崩跌發生的當天沒有別的事情發生。當天沒有大新聞，崩盤無故發生。財政部、聯準會、證管會和商品期貨交易委員會的聯合幕僚報告摘要當天的事件說：「如此劇烈波動和價格大幅起落，在如此短的時間、且沒有明顯觸媒的情況下發生，這在晚近公債市場歷史上是空前的。」[2]

閃崩發生在世界陷於恐慌時（二〇〇八年十月八日）、聯準會出手救援（二〇〇九年三月十八日），或是美國債信遭到降級（二〇一一年八月九日），這些都是極重大的事件。二〇一四年十月十五日，閃崩獨自發生，像一次從深層地板結構的未知隙縫出乎意料爆發的地震。

其他規模相當的前震很快會爆發。二〇一五年一月十五日週四，就在公債殖利率閃崩後三個月，瑞士法郎兌歐元在中歐時間上午九點三十分到九點五十分的二十分鐘事件窗口大漲二〇%，兌美元的漲幅也相當。事實上，那是歐元和美元兩種貶值貨幣的閃崩，在事件之前，歐元的聯繫匯率是一・二〇瑞郎，幾分鐘內就跌到只剩一瑞郎。間接傷害難以計數——瑞士股市在瑞郎重估當天重挫一〇%。

和公債殖利率閃崩不同，瑞郎震撼是由一件特定事件觸發。在當天開盤交易後，瑞士國家銀行（央行）宣布，放棄從二〇一二年以來維持的〇・八三二五歐元兌一瑞郎的聯繫匯率。維持聯繫匯率的目的是壓低瑞郎兌其他貨幣的匯率，以促進瑞士出口和觀光業。問題是全球資本持續需要瑞郎做為避險，因為瑞士有低通膨、黃金準備充足和政治穩定的條件。面對強勁的需求，瑞士國家銀行為維持聯繫匯率必須印製瑞郎以購買歐元，並以歐元投資在歐元計價的銀行存款和債券。瑞士國家銀行資產負債表的資產變成世界歐元負債的終站。這種部位是難以持續的。瑞士央行以明快的動作打破聯繫，紓解了以不斷印製瑞郎來購買歐元的壓力。

儘管如此，瑞士國家銀行的決定是個震撼。在重估瑞郎一個月前的二〇一四年十二月十八日，瑞士國家銀行總裁喬丹（Thomas Jordan）發表新聞稿說：「瑞士國家銀行……重申對最低匯率的承諾……且將繼續以最堅定的決心執行它。」四週後，喬丹棄子投降。[3]

重估瑞郎的過程一點也談不上有序。《電訊報》（*The Telegraph*）引述知名外匯市場參與者布魯克斯（Kathleen Brooks）說：「基本上今天上午的市場完全關閉，等候塵埃落定。」[4]當塵埃落定後，交易商計算成本，仰賴聯繫匯率的銀行和避險基金損失了數十億美元。

第三個前震很快接踵而至，但場景轉換到中國。二〇一五年八月十日週一，中國央行中國人民銀行震驚全球市場，容許人民幣兌美元匯率貶值。在當天開盤，一美元兌換人民六．二一元，央行干預後，人民幣立即貶值至六．三三元，跌幅二％。隨後的大屠殺更加慘烈，八月十二日，中國貨幣跌至人民幣六．三九元。到八月二十五日，人民幣跌至六．四一元，從頭到結束下跌三．二％。

雖然人民幣貶值以百分率來看不及瑞郎貶值的二〇％，這個震撼必須從中國對全球經濟的重要性來看。中國和美國是全球兩大國家經濟體，合計ＧＤＰ為三十兆美元，占全球ＧＤＰ四〇％。美國是中國最大貿易夥伴，中國是美國第二大貿易夥伴，僅次於加拿大。美中匯率對世界貿易和全球資金流動無比重要，全球最重要的匯率意外變動三％是一場大地震。

中國貶值的震撼效應立即且劇烈。道瓊工業指數下跌超過一一％，從貶值前八月十日的一七六一五．一八點，到八月二十五日人民幣跌至中期低點時的一五六六六．四四點。這次美國股市修正吃掉超過逾二兆五千億美元的股東財富。中國上海證券交易所綜合指數因預期貶值，已在二〇一五年六月十二日從二〇〇七年來的高點五一六六．三五點回跌，八月十日再從三九二八．四一點持續滑落至八月二十六日的二九二七．二八點。這次崩跌比六月的高點下挫四三％，比貶值震撼當天則滑落二五％。中國股市從二〇一五年六月到八月損失的投資人財富，超過三兆美元。除了美國和中國股市損失的五兆五千億美元，中國從二〇一五年一月到二〇一六年八月的資本外流超過一兆美元，大多與擔心貨幣貶值有關。中國的投資人和債務人都搶著在美元繼續升值前收購美元資產，或償還美元貸款。

然後是第四次前震，比以往幾次都更劇烈。二〇一六年六月二十三日，英國在公民投票中決定離開歐盟，即通稱的「英國脫歐」（Brexit）。辯論雙方的黨派選擇「去」和「留」，以反映各自與歐盟關係的立場。在投票前夕，市場的價格反映留的陣營會獲勝，推升英鎊匯率勁升到一．五〇美元。

市場如此篤定留陣營會贏的理由是誤解行為科學。投票前的民調顯示，差距十分接近。不過，由 Ladbrokes 和 Betfair 經營的賭盤顯示，留陣營有七〇％機率會贏。一位外匯市場參與者、為公司和客戶操作的年輕倫敦城銀行家表示，賭盤的賠率是以英鎊計價的「群眾智慧」（wisdom of crowds），反映的是表面的智慧。

群眾智慧的概念因二〇〇四年出版的一本同名書而普及，由蘇洛韋奇（James Surowiecki）撰寫。[5] 該書包含一篇對這個主題的行為科學研究綜覽。典型的例子讓人聯想猜一個大罐子裡的豆豆糖數量。在典型的實驗中，一大群普遍的觀察者只是猜測的平均值，證明會比單一的專家嘗試計算罐子的容量除以估計一顆豆豆糖的體積、加上豆子間不規則的空間誤差還正確。在群眾的估計中，去除極端的猜測（「一」或「一百萬」），其餘猜測的平均值相當接近實際數字，這就是群眾智慧。根據對這種科學天真的了解，這位倫敦城銀行家認為這種賭盤的一般民眾特性，能製造出比「專家」民調更好的預測。

倫敦銀行的邏輯漏洞百出。預測選舉賠率的正確性就像投注池和投票所外觀的相關性一樣，兩者的相關性很低。賭盤吸引有錢輸得起的人，以及把賭博當成正當消遣的人。下注者花錢下注，並準備輸錢，但投票者不必花錢投票。

賭盤資料中有一個很少人注意到的警示是，賭「去」的人數是賭「留」人數的四倍多，但賭留的大多金額很高。一些當紅的倫敦城銀行家賭一萬英鎊在留，而一般人賭去的金額可能只有五英鎊。賭盤業者不是預測師，他們的工作是儘量不虧錢。當賭盤業者給「留」低賠率時，他們不是在預測選舉，而是在平衡兩方賭注金額的權重。錢與投票無關，投票是免費的。無疑的，富裕的倫敦城賭客只是根據他們的偏見下注（並使賭盤傾斜），因為最終投票結果顯示，倫敦人大多支持留，而英格蘭整體則支持去。

在六月二十三日格林威治標準時間晚上十點投票所關閉後幾小時，去陣營已勝券在握。其結果是幾近恐慌。英鎊在幾小時內從一．五〇美元重挫到一．三二美元，跌幅一二%，使英鎊跌至三十多年來最低點。其他市場也劇烈波動。黃金美元價格立即從英國脫歐前的每盎司一二五五美元，大漲至六月二十四收盤的一三一五美元，單日漲幅四．八%，盤中震幅還更大。到七月八日，黃金每盎司為一三六六美元，英國脫歐後兩週的漲幅為八．八%。

此處討論到的單日漲跌三%到二〇%，在股市並不算稀奇。一家著名的公司如果聲請破產，一天內股價可能暴跌九五%。但我們的例子不是股市震撼，而是貨幣震撼，或者就美國公債來說，是世界最安全債券的震撼。

瑞士法郎、歐元、英鎊和美元都是主要準備貨幣。人民幣的自由兌換性較低，但仍然是世界第五大交易最活絡的貨幣，且從二〇一六年十月一日起，是特別提款權（SDR）五大成分貨幣之一。十年期美國公債是世界最安全的中期債券，也是世界所有主權債券市場的基準。整體來看，公債、黃金和主要準備貨幣是整個國際金融體系的基石，它們應該穩定，但事實並非如此。

回顧從二〇一四年底以來的事件：

- 十年期美國公債殖利率在六分鐘內從二．〇二%跌至一．八六%（二〇一四年十月十五日）
- 歐元兌瑞士法郎在二十分鐘內下跌二〇%（二〇一五年一月十五日）
- 人民幣兌美元剎那間下跌二%（二〇一五年八月十日）
- 英鎊兌美元在兩小時內下跌一二%（二〇一六年六月二十三日）

◆黃金美元價格在兩小時內上漲四．八%，黃金英鎊價格則上漲一九%（二〇一六年六月二十三日）

當牽涉到主要貨幣、債券和黃金時，這麼大幅度的變動在過去要花幾年時間，現在只花幾分鐘或幾小時。

這種波動性對貨幣和債券交易商來說可能很新鮮，但複雜理論家對它很熟悉，知道這種波動性是原本穩定的系統隨時可能發生的混亂，並且可能很快失控。在斷層線追蹤前震以預料下一次災難性地震的地震學家，也很熟悉這種不穩定性。以混沌理論家的話來說，是系統出現搖擺。

批評在資本市場應用複雜性的人對這一連串震撼不以為意。這些震撼都未帶來世界末日，每一次市場都會回升。公債殖利率在二〇一四年回升的速度就像下跌那麼快。最重要的歐元－美元交叉匯率在二〇一五年瑞郎貶值中大體上未受影響。聯準會藉由延緩二〇一五年九月升息的計畫到十二月，以減輕二〇一五年八月人民幣貶值最嚴重的效應。英格蘭銀行在英國脫歐後於二〇一六年八月四日宣布降低利率，以提振英鎊匯價。每次發生前震，央行都已準備好切斷動力過程，以恢復穩定的表象。

儘管如此，那是表象，並非真實。前震未釋放的能量被累積到下一次，使前震本身的頻率和規模不斷擴增。無可爭議的是，我們眼看著流動性在全世界最流動的市場消失。一個蓋革計數器（Geiger counter）正瘋狂地響起。全球資本市場正迫近超級臨界狀態，未來復甦的機會極其渺茫。

前面談到的種種流動性危機並非僅有的危機觸媒。天災、網路戰爭和中東的核子武器都在清單上。複雜理論教導我們，重要的不是崩潰的近因，而是密度、交互作用和系統規模使崩潰變得無可避免。

最大的危險來自複雜理論家所稱的連結複雜性（linkded complexity）。這發生在當一個臨界狀態體系崩潰，且此崩潰波及另一個系統，導致它進入臨界狀態並且也崩潰。

二〇一一年三月十一日，日本北部的福島災難是連結複雜性的最佳案例。第一個崩潰的臨界狀態系統是太平洋底下的構造板塊，初次的能源釋放就是習知的東北地震，矩規模達到9.0 M_W，是一九〇〇年開始有現代紀錄以來第四強的地震。這次地震引發的海嘯是第二個臨界狀態系統，激起超過一百呎高的浪。海嘯襲擊的福島第一核電廠是第三個臨界狀態系統，造成三具反應爐核心熔解，釋出大量輻射物質。接著災難消息重挫東京證交所，也就是第四個連鎖的臨界狀態系統。日經二二五指數從災難前一天的一〇四三四．三八點，到四天後的三月十五日跌至八六〇五．一五點，重挫了八．二五%。最後，第五個受影響的臨界系統是外匯市場。日本保險公司開始賣出美元、買進日圓，以準備充足的日圓流動性來支付財產與傷亡理賠。剛開始日圓從三月十一日的八一．八九日圓兌一美元，大漲到三月十八日的八〇．五九日圓，一週內上漲一．六%——以匯市的標準來看很大。然後出現政策阻截，當時的法國財長拉加德協調七大工業國干預匯市以壓抑日圓。這被認為是災後振興日本經濟的必要措施。干預奏效，到四月八日，日圓已跌至八四．七〇日圓兌一美元，從福島災難後的高點下跌五%。拉加德的做法就是個好典範，展示如何以政策壓住複雜系統動力的潘朵拉盒蓋。

從結構板塊、海嘯、反應爐核心，到股市、匯市，這些臨界狀態系統引發鏈鎖反應，在鏈子的每個環結造成接近歷來最大紀錄的災難。有趣的是，其中兩個系統——結構板塊和海嘯——屬於大自然，而其他三者——反應爐核心、股市、匯市——則屬人為。這顯示了自然和人造的複雜系統，在各代理（agents）處於臨界狀態時，會如何緊密地交互作用。

一些未預見的突現和連結複雜性——不是黑天鵝，卻是一匹在啟示錄中描繪的黑馬——是資本市場崩潰最可能的原因。馬來西亞一名小債務人的小違約，就可能導致相關中國企業的信心喪失，進而使資本流出中國、流向美國公債，而美國公債市場不流動、強勢美元，以及新興市場突然無法償付美元計價的債務，則掀起違約海嘯。在這個過程中，一隊由克林姆林宮支持的駭客小隊（APT29，代號舒適熊〔COZY BEAR〕）再升高威脅，關閉了紐約證交所，以協助阻礙美國海軍在波羅的海域活動。兩天內，全球每個市場都各自宣布關閉。這種緊密連結的一串危機的肇始，就是「蘇黎世渡鴉」索馬里在一九一四年七月底預見的第一次世界大戰。這是一個時代結束的方式。

不連貫：貨幣世界無基準

國際貨幣體系現在正處於動態不確定時期，這個動態類似一九七一年到一九八一年的階段，當時極端的通貨膨脹、利率、商品價格、匯率和地緣政治不穩定，把市場推向混亂邊緣，直到季辛吉、沃克、雷根、貝克和後來的魯賓，出面領導，並號召國際合作，重啟過去布列敦森林協議以新美元為基礎的金本位系統。現今要重新啟動的任務和當年一樣艱鉅。

二〇一五年，我與兩位世界最有權力的央行官員私下談論這個主題；五月二十七日，我在南韓首爾與前聯準會主席柏南克談話；兩週後的六月十一日，我在紐約與前ＩＭＦ總裁李普斯基（John Lipsky）談話。（奇怪的是，李普斯基是唯一擔任過ＩＭＦ最高主管的美國人；他在史特勞斯康〔Dominique Strauss-Kahn〕意外辭職時，出任代理總裁，直到執行董事會有時間找到拉加德來取代史特勞斯康。照慣例，ＩＭＦ最高主管不由美國人擔任。）兩位央行官員在沒有促銷和協調的情況，用完全相同的詞彙來描述現今的國際金融體系。這個詞彙是「不連貫」（incoherent），意思是貨幣世界沒有基準，沒有參考架構。

二〇一六年六月二十三日英國脫歐的震撼，是柏南克和李普斯基說法的最好案例。如果英鎊在兩小時內從一．五〇美元暴跌至一．三二美元，究竟發生了什麼事？是美元上漲，還是英鎊下跌？如果答案是美元上漲，為什麼美元兌換黃金價格在同一時間下跌四．八％？如果答案是美元隨著基準單位（黃金或英鎊）而上漲和下跌，為什麼一種基準會比另一種好？

從這個觀點看，現今的貨幣已迷失在估價的荒野之鏡。這是柏南克和李普斯基說「不連貫」的意思。其中隱而不宣的是需要一套新布列敦森林式的協議：改革國際貨幣體系和建立新遊戲規則。

新體系的安排之一是把黃金搬到中國。根據舊布列敦森林體系，歐洲和日本從一九五○年到一九七○年，向美國收購一萬一千噸黃金。當年市場衝擊不是問題，因為黃金價格固定在每盎司三十五美元。現今為了減緩市場衝擊，黃金必須暗中移動，利用國際清算銀行（BIS）和滙豐（HSBC）等代理人，以持續媒介黃金流從倫敦的金庫，透過瑞士冶鍊廠，最後運到上海深藏地下的金窖。

二○一五年十一月，ＩＭＦ事先宣布歡迎中國加入ＩＭＦ特別提款權貨幣的菁英俱樂部。後續動作是ＩＭＦ在二○一六年七月十五日公布研究報告中，呼籲創立以市場為基礎的ＳＤＲ（M-SDR）與正式的ＳＤＲ（O-SDR）共存。[6] 好像已排演好般，根據路透社二○一六年八月一日報導，世界銀行和中國國家開發銀行計畫發行ＳＤＲ計價的私人債券。[7] 其他ＳＤＲ債券發行，預料不久後，也將由中國的亞洲基礎設施投資銀行（亞投行）和中國銀行業巨擘中國工商銀行發行。最後，二○一六年十月一日，人民幣終於正式進入ＳＤＲ一籃子貨幣，權值達一○．九二％，超過日圓或英鎊的比重。

轉移黃金到中國，把人民幣納入ＳＤＲ，以及準備一個又深又流動的ＳＤＲ市場，是創造新布列敦森林的做法，但缺少初始布列敦森林所具備的透明和可信度。新系統是一場大交易，是暗中策畫、祕密進行的，且只有相當少數的全球菁英完全了解。

這場大交易的最後階段是通貨膨脹，除去全球主權債務的實質成本。如果央行用盡方法仍無法刺激通貨膨脹，IMF可以藉大規模發行SDR，並花在全球基礎建設和全球福利上。基礎建設的需求，透過世界銀行的媒介，將以所謂的氣候變遷為目標，是菁英的另項嗜好。

現在危機後的全球菁英計畫已完全曝光：

- ◆掌控銀行體系（二〇〇九年－二〇一〇年）
- ◆重分配黃金到中國（二〇〇九年－二〇一六年）
- ◆重新以SDR計價（二〇一五年－二〇一六年）
- ◆印製和流通SDR（二〇一七年－二〇一八年）
- ◆藉通貨膨脹摧毀債務（二〇一八年－二〇二五年）

九重冰和震撼主義是這個計畫的侍女，一場新全球金融危機如果在通膨站穩前爆發，將具有高度通縮性且與菁英的目標相反。九重冰將阻止已發生的危機，阻擋資產清算，給通膨計畫更長的運作時間。震撼主義專用來追求渴望的目標，例如氣候變遷，以及在危機中期對現金宣戰。

如果一切順利，上述做法都無須使用，消除債務將一如計畫進行。和以往一樣，贏家將是政府和銀行，輸家將是投資人，但不包括已經參加這個計畫、或可能窺知並事先做好準備的菁英。

複雜理論無視於任何計畫。最可能的路徑是沒有人看到的路徑。系統危機隨時可能發生，貨幣菁英將很快採取九重冰對策。儘管如此，公民社會將反抗。人民將不會接受自動提款機每天只能領三百美元，加上「在情勢許可下儘快」重開交易所和解凍帳戶的含糊承諾。他們將暴動，可能放火燒銀行，劫掠超級市場，毀損重要基礎設施，都是為了取得臨時財富。九重冰和貨幣暴動後，出現的是新法西斯主義、戒嚴令、大規模逮捕，和政府控制媒體。這就是結局。

科隆納宮：懂得持盈保泰的舊富

科隆納宮（Palazzo Colonna）位於羅馬市中心圭里納萊（Quirinal）山腳下，由一個家族在九百年間歷經三十一個世代擁有的私人宮殿。這個家族的功蹟始於十一世紀的皮特羅．科隆納（Pietro Colonna），住在當時羅馬南方的科隆納鎮。家庭成員於一二〇〇年在目前的宮殿興建居所，宮殿歷經幾個世紀呈現許多外貌，從一棟簡單的住房變成城堡，然後變成現今所見的宮殿。主要的營建跨越五個世紀，外觀、內部的廳室和走廊建造時間可溯至文藝復興末期，再加上十七和十八世紀增建的巴洛克建築。

這個家族的歷史和宮殿本身一樣可觀。詩人但丁（Dante Alighieri）一三〇一年擔任佛羅倫斯派駐教宗博義八世（Boniface VIII）教廷的大使時，曾是這裡的賓客。歐唐尼・科隆納（Oddone Colonna）後來擔任羅馬主教，並成為教宗馬丁五世（Martin V）。

在電影《教父》的傳奇故事中，科隆納家族與奧爾西尼（Orsini）在一四〇〇年代為了控制羅馬而爭戰不斷。在一五一一年，教宗儒略二世（Julius II）安排一次餐會，兩個家族保證遵守一項稱為羅馬治世（Pax Romana）的和平約定。一五二七年，神聖羅馬帝國皇帝查理五世（Charles V）的軍隊劫掠羅馬時，科隆納宮逃過一劫，原因是該家族與哈布斯堡（Habsburgs）關係良好。家族的知名人物之一馬爾坎托尼奧二世・科隆納（Marcoantonio II Colonna）是一位戰功彪炳的將領，在勒班陀（Lepanto）戰役與奧國的多爾雅（Andrea Doria）及唐璜（Don Juan）併肩作戰，於一五七一年擊退侵略歐洲的伊斯蘭。對這次基督徒勝利的獎賞更大大提振該家族的運勢。

除了圓頂天花板、大理石地板和鍍金飾板外，科隆納宮還珍藏許多丁托列托（Tintoretto）、老布勒哲爾（Brueghel the Elder）和其他文藝復興及巴洛克時代巨匠的繪畫與雕刻。馬爾坎托尼奧的姨媽維多利亞・科隆納是一位女詩人，是曾走訪宮殿的米開朗基羅仰慕的對象。米開朗基羅回報友誼的方式是，把維多利亞的美麗容貌畫進西斯廷教堂（Sistine Chapel）的景緻裡。

即使在二十世紀，科隆納家族的影響力並未消退——阿斯卡尼歐・科隆納（Ascanio Colonna）一九四一年十二月擔任義大利駐華盛頓大使，他在墨索里尼對美國宣戰後，以辭職表達對政府的抗議。

二〇一二年在羅馬一個涼爽的晚上，我在科隆納宮與一群世界上最富有的投資人共進私人晚餐，我的晚餐同伴主要是歐洲人、一些亞洲人和少數幾名美國人。在大理石、黃金、油畫和富麗堂皇的建築間，我沉思舊富與聚集在我康乃狄克州家附近雞尾酒會的新貴之間的比較。新舊的區別在於一邊是富裕的舊家族，例如洛克斐勒、范德比爾特（Vanderbilts）、惠特尼（Whitnetys）；一邊則是新貴，例如格林威治的避險基金專家和矽谷的執行長。這個區分隱含著舊富已證明他們知道如何保存財富，而忙於買遊艇、噴射機和鯊魚標本的新貴，還未曾受過傷害。

儘管如此，美國的舊富可能只有一百五十年之久，或者比像亞士托（Astors）和畢鐸（Biddles）等家族略久些。但在羅馬，我置身在一個有九百年歷史的舊富家族感覺從容自在。這是一個曾歷經黑死病、三十年戰爭、路易十四戰爭、拿破崙戰爭、兩次世界大戰、大屠殺和冷戰的舊富。

我知道科隆納家族並非獨一無二，歐洲各地還像他們一樣的其他家族過著非常低調的生活。這些家族很情願被富比世四百（Forbes 400）名單排除在外。這種財富和長久的傳承不可能只靠好運氣。在九百年間，有太多張牌從牌堆中翻出，光靠運氣是不夠的。這其中非有技巧不可。

我轉向右邊一位迷人的義大利黑髮女士請教：「一個家族如何才能保存財富這麼久？

那違反了機率原則，其中一定有祕訣。」她微笑回答：「當然，這不難。三分之一，三分之一，三分之一。」她停頓一下，知道我需要更多解釋，又繼續說：「把三分之一留在手上，三分之一買美術品，三分之一買黃金。當然，你可能也有家族事業，而且需要一些現金做為生活所需。但土地、藝術品和黃金是最持久的資產。」

我想「生活所需」應該包括湯姆・福特（Tom Ford，美國名牌服飾、彩妝）和香奈兒（Chanel）。不管如何，這個答案很有道理。她的建議符合投資的第一法則——分散。但這個答案指出一個深刻的意義，以她的表達就是「最持久的資產」。那正是我問她的問題：什麼財富能持續九百年之久？

藝術品和黃金是理所當然的選擇，因為兩者都可攜帶；必要時你可以帶著它們躲避災厄。有趣的是，藝術品以重量看比黃金更有價值。在一些未來的危機中，當黃金飆漲到每盎司一萬美元時，一幅特別珍貴的畢卡索畫可能價值每盎司五十萬美元。這不是最有美感的看待畢卡索畫的方式，但那是移動大量財富跨越國境而被發現風險極小的方式。以黃金儲存財富無須任何防衛操作，黃金已持續成功地達成這項任務五千年之久。

土地這部分剛開始較難了解。歷史充滿征服、掠奪和政治改變，土地可能失去。儘管如此，健全的土地所有權一旦建立，就可持續很久。邁阿密附近有成千上萬名古巴難民，會拿過去哈瓦那富裕街區的房地產證明給你看，那是他們在一九五九年逃離共產黨接管時隨身帶出的。那些房宅過去五十七年來被黨官員占用，有些已被拆毀。但難民或他們的後代仍持有那些權狀，而且他們有朝一日將回到老家。隨著美國和古巴關係正常化，這些權狀將不會被忽視。

一位十七世紀初期的人，聽到掠奪的軍隊接近他的領地，可能把他的油畫從畫框取下，將畫布放進布袋中，再把黃金放進小袋子，拎著它們逃之夭夭。幾個月後他可能回到領地，重申他的權利，把他的黃金堆在桌上，油畫掛回牆上。他的財富將毫髮無傷，而鄰居的財富可能已被摧毀。

在二十一世紀採取這種千年投資組合很有趣的優點是，土地、藝術品和黃金都是非數位的。它們不會被斷電、資產凍結和被網路軍團所抹除。它們不受九重冰影響。

實體形式的黃金，包括金塊或金幣，儲存在非銀行的金庫，是每一種投資組合的核心。一〇%的可投資資產是正確的配置方法。黃金沒有殖利率（它不應該有——它是貨幣），但黃金的財富保存和財產保險功能無與倫比。要避開所謂的稀有骨董金幣；貨幣的古老價值是零；它們被過度高估。直接向美國鑄造局或有信譽、低佣金的交易商購買新金幣或金塊。

黃金比大多數人所知更容易取得。有一次我搭拉斯維加斯的計程車，這位名叫薇勒莉的計程車駕駛問我，為什麼來拉斯維加斯？我說來參加一項投資會議，這引發一次車上的諮詢。曾當過計程車司機的我知道，沒有比乘客更專注的聽眾了。薇勒莉要我提供投資建議，而我照例建議一〇%的黃金配置。我熟練地告訴她：「如果妳有一百萬美元，用十萬美元買黃金；如果你有十萬美元，用一萬美元買黃金，以此類推。一〇%是正確的比率。」

她說：「你一定是開玩笑。我五十歲了，名下有一萬美元。就這麼多。」我說：「好，買一枚金幣，把它放在安全的地方，然後耐心等待。這是你的保險。當時候到了，政府會以通貨膨脹和稅負偷走你的一萬美元，但你仍然擁有那些黃金。」她說她會這麼做，但根據我的經驗，儲蓄者不會真的做。

大多數投資人可以買到土地。投資人可以擁有一棟房子——一個好的開始。可獲得收益的土地，不管是出租的房產或農場，可提供持續收入並保存財富。在可吸引退休人士的地點購買退休房產是買進抱緊的好投資。

最難投資的資產是藝術品。投資應該只限於美術品，包括油畫、繪畫、拼貼畫和雕塑。藝術品應該具有博物館品質，也就是已經陳列於博物館的作品，或被視為收藏家可能收購的作品。

博物館品質的美術品最大的挑戰是如何購買。億萬富豪可能支付一億美元以上購買知名的畢卡索繪畫，而這種機會不是大多數投資人享有的。有趣的是，畢卡索極為多產，除了最知名的畫作外，還畫了數千幅小畫和素描。這些作品用一萬美元或更低價格就可買到，這點值得考慮。

投資一百萬美元以下的博物館品質級藝術品最好的方法是，透過管理良好且善於策展的藝術品基金。不是每一家藝術品基金都一樣好，有些管理不善且動機不良，有些與贊助它們的交易商有難解的利益衝突。但有些藝術品基金能避免衝突，且與贊助者和投資人的利益一致，手續費也很合理。這種基金可能難找，但確實存在。

當然，三分之一、三分之一、三分之一的土地、藝術品和黃金搭配，是高規格的投資組合。這個組合絕對不是完整的投資組合，一定要擁有部分現金。一個標準投資組合也可以有股票、債券和慎選另類標的的空間。一個家族事業是屬於另一個範疇的資產。從瑞典華倫伯格（Wallenberg）家族龐大的工業持股，到地方性的乾洗或披薩餐廳經營權，一個持續經營的事業應視為獨特且分開的資產，不納入投資組合中。

對擁有專長和特殊關係的人來說，天使投資和初期創投是不錯的選項。這類投資雖然風險高，像與股市這類盲目賭博不同。它們是明智地對企業家、投資人和擅於執行企業計畫者做過風險調整後的賭注。

高品質債券能在協助投資人達成目標上扮演一個角色。債券有固定的到期日和債息。投資人有長期目標如子女教育、父母照顧或退休。一系列不同到期日的債券梯（a ladder of bonds）具有高信用品質和通膨保護功能——黃金在這方面很在行——可以按期獲得報酬，以滿足未來的需求。債券梯是真正買進抱緊的投資。

上市股票應只占相當小的配置。一直到一九六〇年代，仍有一些國家法令禁止受託人購買任何股票。一九二九年崩盤的記憶猶新，股市仍被視為無異於賭場。直到一九七〇年代，保險和退休年金的投資組合仍只是精選的債券，用以支付未來對受益人的負債。直到一九七四年通過僱員退休收入保障法（Employee Retirement Income Security Act, ERISA），才打開允許受託帳戶資金投資股票的大門。華爾街在僱員退休收入保障法、四〇一（k）、共同基金、衝突棄權（conflict waivers）和無數延伸背後操縱的影子，目的都在於把風險股票投資正常化和擴大其規模，以取代原本的保守管理財富保存帳戶。華爾街關心的是佣金，不是你的老本。

私募基金最好避免，因為不透明、高手續費和利益不一致。私募交易最早開始是掠奪目標公司前股東；接著目標公司又遭特別手續費、優惠股利和基金經理人優渥條件的掠奪。透過槓桿獲得的漂亮獲利則是另一種形式的掠奪，不時發生的交易問題把壞帳留給銀行，雖然實際上是一幫海盜攻擊另一幫海盜。（如果銀行陷於困境，可以用納稅人的錢紓困，是另一種形式的掠奪。）最後，私募基金投資人也遭劫掠，因為基金經理人訂出像公債般的報酬率，難以補償股票式的風險。所有藉槓桿可能得到的多餘報酬也被基金經理人吸走，而未留給投資人。致命的一擊是，基金經理人報稅時把實際上的管理手續費當作資本利得，因此一般納稅人再度遭到掠奪。這就是私募基金專家變成億萬富豪、住在柯羅拉多州特柳賴德（Telluride）和懷俄明州傑克森洞（Jackson Hole）的大豪宅的原因。你沒有理由自甘成為掠奪的犧牲者。

避險基金是一個值得探究的選項。它根據理論運作，而非實務。避險基金的目標是創造風險調整後的報酬率，也就是阿爾發（alpha），做法是市場擇時（market timing）、多空策略（long-short strategy）和套利。長期做多股票的投資人忍受不時發生的崩盤和長期的空頭市場，以享受豐收的多頭市場。問題是我們可能不夠長命到收復慘重的損失，或我們可能被迫在市場低點賣出。避險基金聲稱績效會超越只做多頭的投資組合。邁向績效的途徑——市場擇時和多空策略——說起來很容易，但真正懂得操作的人才難尋。

成功的市場擇時是難得的技巧，只有靠內線消息才能持續施展。有合法的內線消息——你自己發現的那種——但尋求非法消息的誘惑是許多前基金經理人身陷囹圄的原因之一。成功且合法的市場擇時除了必須跳出框架的分析——原本就難得——還需要非標準模型——更加難得。只有少數經理人能做到兩者，而他們很少受到大眾青睞。

根據股票基本面操作的多空策略較常見，某些股票類別績效往往超越其他類別。較高風險的科技和生物科學類股票在擴張的初期階段是良好的標的。在擴張中期階段撤退到低估值的公共事業和消費者非耐久財製造商，對投資人有利。在恰當的時候從一個類別轉換到另一類就是所謂的類股轉換，在華爾街是常見的操作法。避險基金經理人可做多績效看好的股票，並做空績效看壞的股票。如此經理人可放大類股轉換的獲利，並建立對抗震撼的市場中性防火牆。貝爾金（Michael Belkin）是擅長這種策略的老手；還有其他好手，但人數不多。問題是多空股票經理人往往不照著策略操作，反而擁向當紅的流行標的，因此當與經理人在企管學校學到的基本面證券分析無關的總體觸媒出現時，風險之輪的轉動將壓扁他們。

套利是一種數學導向的多空策略，應用在股票、債券、商品和貨幣。如果操作得宜，它在各種市場狀況下都管用。套利仰賴相對值。同樣的借款人發行的兩檔信用風險相同、到期日類似的債券，理論上應該以類似的到期殖利率交易，但通常它們並非如此，因為機構投資人對債券有不同的流動性偏好，端看哪一檔債券較晚發行和交易較活絡。套利者可以買進「便宜」的債券，放空「昂貴」的債券，然後坐等價格聚合（它將在到期日出現，或者更早），賺進相對無風險的利差。

套利可以應用在其他類別的便宜和昂貴資產，雖然兩者的類似度愈低，利差無法按照預測聚合的風險就愈高。視套利交易的兩種工具是否具有低波動性和低信用風險而定，交易可能被視為相當無風險，而被以槓桿擴大，以便把標普（S&P）的波動性綜合成更高的預期報酬率。

這個無風險套利的漂亮理論有個缺陷是，在恐慌時，價格差可能在聚合前擴大。利用槓桿的投資者會在應許的聚合之地抵達前，因為依市價計值的損失追繳保證金而流血殆盡。套利的成功也來自市場擇時。

事實上，所有阿爾發來自市場擇時，而成功的市場擇時唯一持久的來源是內線消息。這已由諾貝爾獎經濟學獎得主莫頓在一九八一年一篇未引起注意的論文「論市場擇時與投資績效一：市場預測值的均衡理論」所證明。[8] 內線消息若非來自非法的偷盜，就是來自完全合法、但很罕見的優越分析能力。

二〇〇九年九月十日，我在國會宣誓做證，討論二〇〇八年金融危機中風險管理模型的角色。[9] 同時也發表證詞的有著名的《黑天鵝》（*The Black Swan*）作者塔勒布（Nassim Taleb）。在聽證會中，塔勒布和我說，華爾街薪酬「正面我贏、反面你輸」的設計是崩潰的因素之一。我們做證說，銀行家的薪酬高得離譜，變成魯莽行為的誘因。一位傾向自由市場的國會議員站在高高的講台上斥責我們，說我們所提限制薪酬的建議，會讓華爾街難以吸引「人才」。塔勒布的回答精彩絕倫：「什麼人才？這些人摧毀十兆美元的財富！」

塔勒布說得對。華爾街大部分交易員不是什麼優秀的人才。從一家投資銀行跳槽到一家避險基金無助於提升交易員的才能；它只是換一種對交易員有利的薪酬模式。不過，有少數避險基金由極有才幹的交易員管理，採用全球總經、多空股票和套利策略。這類避險基金值得你支付高手續費，但卻很難找。

想在即將到來的崩潰中保存財富，減輕資產凍結影響力的全面投資組合，應該像這樣：

實體黃金和白銀，一〇％（金銀幣和金銀塊，不管貨幣收藏價值）
現金，三〇％（實體鈔票占一部分）
房地產，二〇％（可製造收益或供農業用）
藝術品基金，五％（限博物館品質）
天使投資初期創業投資，一〇％（金融科技、自然資源、水）
避險基金，五％（全球總經、多空股票，或套利）
債券，一〇％（限高品質主權債券）
股票，一〇％（限自然資源、礦業、能源、公共事業、科技）

家族事業不應計入可投資資產，應列在這個投資組合外。所有這些資產除了現金、股票和債券外，可以實體或以合約形式持有，而不依賴銀行、經紀商、交易所或數位紀錄。這些資產不會遭駭客入侵，有些流動性低，而大多數不受九重冰凍結影響。這種配置提供避免受通貨膨脹、通貨緊縮和恐慌侵害的保護。

很重要的是，投資人必須保持警戒和靈活。現金配置必須快速移動到其他類別的時候將會到來，也許是移動到土地、黃金或藝術品。同樣的，一旦通貨膨脹出現，債券必須賣出。這不是一個「配置好就忘掉它」的投資組合。不過，它仍然是不確定時代的好起點。

投資人尤其應該研讀歷史。未來要發生的事過去都曾發生過，但近來有許多事過去未曾發生過。人的記憶很短暫，心理學家已證明人類的行為總是忽視近期的經驗。華爾街仰賴人的健忘傾向，利用十年來同樣一套遊戲規則來劫掠投資人。包納姆（P. T. Barnum）說：「每分鐘都有一個蠢蛋出生。」現代的理論是，那個蠢蛋很健忘。華爾街就仰賴這一點。

閱讀是研究歷史的好方法，旅行也是。更好的是，閱讀有關一個歷史地點的書，然後到那裡去。在你建構一個投資組合前，參訪永恆之城羅馬。安排參觀科隆納宮內部。在你讚賞長廊和私人廂房，走過大理石地板，注視金邊飾條時，記住所有這些都是九百年前同一個家族一直擁有至今的，然後問自己他們是如何辦到的。

科隆納家族歷經戰爭、瘟疫、革命、劫掠和破壞，至今仍然富裕。生存不只牽涉到資產，科隆納家族還深入參與羅馬政治和教會。哈布斯堡宮庭的朋友在關鍵時刻也幫了大忙。但其他在宮庭也有朋友的人際遇卻不見得如此幸運，有錢與代代相傳的財富之間有著極根本的分野。在科隆納宮，你到處看得到這種分野。

結論

二〇一五年二月十一日，那是一個酷寒的晚上，我在曼哈頓上西邊百老匯外一家戲院參與一次面對現場觀眾的辯論。辯論的主題充滿爭議：「沒落主義者去死吧：下注美國。」[1]主題的目的在於激發兩邊的觀點，討論美國是否仍騰達，或者是一個沒落中的強權。主題正反雙方各有兩名辯論者。我的夥伴和我擔任反方。所以我們實際上還沒上台就被詛咒了；這可不是度過一個夜晚的好方法。

我的辯論夥伴是聰明的加拿大作家兼國會議員方慧蘭（Chrystia Freeland）。辯論對手是德國最大的新聞雜誌《時代週報》（*Die Zeit*）編輯喬飛（Josef Joffe），和地緣政治顧問齊漢（Peter Zeihan），他也是私人情報服務業者 Stratfor 的創始人之一。裁判為唐范（John Donvan），美國廣播公司（ABC）新聞部國際通訊員，經驗豐富且充滿機智。

觀眾先在辯論前針對主題投票，然後展開三回合的陳述，穿插來自唐范的非正式對話和提問。結尾時觀眾再度投票。辯論贏家不是由多數決定，而是由哪一隊改變最多人的想法。

喬飛的論點單刀直入。評論家說：美國已沒落幾十年，而且持續走錯誤的方向。一九五七年，美國人因為蘇聯的史普尼克（Sputnik）人造衛星而恐慌，因為那預告共產黨將征服太空。事實上，史普尼克只是一顆比籃球大一些的鋁球，帶著只能運作幾週的傳送器。十二年後，美國把人送上月球，這項壯舉至今仍沒有任何其他國家辦到。史普尼克震撼激發美國投入科學教育，直接促進電腦、微型化和通訊的進步。美國應該對蘇聯人發射史普尼克說聲：「謝謝」。根據喬飛的觀點，美國最後總是會勝利。

接著喬飛列舉一連串挑戰美國國力但像史普尼克一樣很快失敗的例子。在一九六〇年代，甘迺迪因美國人恐懼發展飛彈落後蘇聯而當選總統。在一九七〇年代，美國人擔心阿拉伯人以油錢買光美國農地。在一九八〇年代，日本稱霸的程度已達到東京皇居據說價值超過整個加州。在二〇〇〇年代，中國以廉價勞力和高儲蓄率躍升為經濟大國，大有把美國遠遠拋在後頭的潛力。

然而蘇聯、阿拉伯和日本的威脅很快消失，中國的威脅則逐漸退散。美國至今仍是世界最強，雖然美國人仍憂心忡忡。

齊漢的論點較不從歷史觀點，而是從典型的地緣政治觀點。他陳述美國的人口密度和根本的人口優勢。齊漢指出，歐洲和中國都從人口高峰直線下墜，人口都從高生產力年齡層老化到極低生產力的年齡層，嚴重限制了成長。俄羅斯和日本還更嚴重，兩國都已超過人口總生育能力；俄羅斯和日本的人口減少已無法逆轉，兩國經濟都已注定沒落。在主要經濟體中，只有美國擁有適宜的人口與移民組合，可以提供足夠的人口成長和經濟成長。

齊漢也詳細解說水路運輸比較卡車的經濟優點。美國擁有遠超過其他國家的最大、分布最廣的可航行河流系統和沿岸航道，以做為農產品、能源和製造品低廉的運輸。不僅大西洋和太平洋使美國不容易從東方或西方入侵，與加拿大的友好邊界以及與墨西哥間的沙漠與山脈，也讓美國不易從北方或南方被入侵。沒有其他國家有如此安全的屏障和在國界內創造資本的能力。這些理由已足夠充足。

我的夥伴方慧蘭提出的批評不是根據科技或地緣政治的卓越條件，而是社會正義。她描述美國的中產階級被擠壓到難以生存。所有人雨露均霑的好光景已經不再，而是富人變得更富，窮人走投無路的景況。美國已分裂成就讀長春藤名校和渴望到華爾街銀行工作的菁英階級，和幾乎目不識丁的貧賤階級。在兩者中間的其他人都因房貸和學生貸款而債台高築，並因為全球化和二十一世紀的競爭情勢而實質薪資減少。政治對立緊跟著經濟兩極化出現，有如黑夜跟隨白日。從媒體、民調和政治程序每天都能看到分裂。類似的分裂和衰敗曾摧毀從羅馬共和到威瑪德國的代議制度。現在分裂已成為美國的常態。

我是最後一位上台的辯論者。我說我們的對手說得對。喬飛正確地指出以前「美國之死」的說法都言過其實。齊漢說對了資源和人口結構帶給美國勝過對手的長期優勢。這些都不容爭辯。

我的攻擊重點是，一百年對預測崩潰來說太過短暫。歷史充滿屹立數世紀的王國突然崩潰的例子，它們基本上是複雜的社會體系。了解美國的沒落需要更長的觀點。

黑斯廷斯戰役（battle of Hastings）的破曉觀察家應該會預期英王哈羅德（Harold）戰勝——他有更多兵力、占據高地以及主場優勢。到了近中午時，這個觀點應該更進一步強化。征服者威廉（William the Conqueror）的弓箭手未造成決定性的傷害。到了下午，哈羅德的陣線穩穩地撐住威廉再三的攻勢。夜幕逐漸低垂，哈羅德只須再堅守一會兒。威廉的軍隊在無望獲得後續補給下，原本可能撤退，讓哈羅德和他的子嗣保有英國王位。威廉用側翼戰術發動最後一波攻擊，英國防線突然破裂，哈羅德和他最親近的支持者遭殺害。威廉奪得英國王位。哈羅德的王國崩潰得很快，完全出乎意料。這是複雜性的特質。

喬飛對美國成功的自滿並未減少我對突然逆轉的憂慮，他舉的歷史小片段並不足以當論據。喬飛專注於日正當中的哈羅德，我強調暮色中的威廉。

齊漢的論證也忽略了美國真正的威脅。他的歷史和地理觀都有缺陷。不過，沒有人預期兩棲部隊登陸澤西海灘（Jersey shore）或墨西哥的武裝縱隊侵入超越亞利桑納州。美國不擔心這類威脅，因這類威脅無足輕重。二〇一六年三月一日，國家安全局局長兼美國網戰司令部羅傑斯（Michael S. Rogers）上將說：「重要的是……你將看到一個國家、一個團體或一個行動者，對美國的關鍵基礎設施進行破壞。」[2] 齊漢的大洋無法讓美國免於飛彈、衛星和電腦病毒的威脅。

齊漢的論點說美國的水路運輸網是資本創造的巨大來源也很正確，但如果資本因為無效率和貪腐的公共政策而浪費，那麼創造資本有何益處？從美國豐饒的自然資源獲得的利益，在聯準會利率政策造成的資產泡沫和投機中再三被浪費。美國的財富被轉移給少數人，而非讓多數人雨露均霑。

在辯論前，我考慮細數債務和赤字為害美國前景的種種惡行。列舉國會預算處（CBO）的預測將很容易，包括美國的債務對GDP比率、社會安全制度即將破產、目前復甦的成長比起一九五〇年代到一九九〇年代的強健成長微不足道、下滑的勞動力參與率、停滯的實質薪資、日益擴大的所得不平等，還有更多例子。這些趨勢與喬飛所陳述的不一樣，它們是新的而且具有威脅性。

然而我採取一種不同的、更理論性的方法。我並非預測長期、緩慢的沒落。我的警告是立即的衰亡，也就是我在本書中所提的災難性崩潰。這種衰亡讓喬飛和齊漢的論點變得無關緊要。根據比較趨勢，美國到二〇二五年的展望可能比現在好。我的論點是，我們可能撐不了那麼久。

崩潰可能來得很快，其後果將嚴重到讓美國對俄羅斯或日本的人口優勢變得不重要。美國可能有更多人可以收拾善後；但花瓶仍會粉碎。

我帶領聽眾認識一個簡化的複雜性模型，利用聽眾本身來說明，少數幾個驚慌的參加者就能導致全部聽眾驚慌並逃跑。恐懼是有傳染性的，像病毒一樣。我下一個論點是說明，當一個系統以線性方式成長時，系統的不穩定卻以級數性方式成長。

我說明銀行資產集中、衍生性金融商品成長，以及資產交換合約、槓桿和影子銀行導致密度升高，已使系統以級數性方式提高。我挑戰聽眾說，系統崩潰不僅可能，而且無法避免。它將是有史以來最大的崩潰，因為它以最大的規模開始。

在主張美國正在沒落的結辯中，我描述下一次崩潰會接著發生什麼。聯準會將無法像在過去的危機中那樣印鈔票，因為它的資產負債表仍然過度膨脹。從二〇〇八年以來已印的四兆美元若再增加四兆美元，可能把信心推到超過折斷點。緊急流動性將來自ＩＭＦ發行的ＳＤＲ。ＩＭＦ的救援將導致中國、俄羅斯和德國擴大對國際貨幣體系的控制。這種美元霸權的終結將宣告美國的沒落，其明確將有如布列敦森林協議終結了大英帝國霸權。

當我提到ＳＤＲ時，現場聽眾有人大笑起來。究竟是覺得可笑、緊張，或恍然大悟的震撼，我無從得知。

帶領聽眾認識複雜性、規模和崩潰的後果後，我為美國正在沒落的論點做結論。我相信聽眾知道這一切在過去都發生過，且未來還會再發生。

複雜理論是了解未來的指南，但終究最好的指南還是過去。在土耳其南方海岸烏魯布倫（Uluburun）近海約五十碼處，發現一個歷來最重要的考古遺址之一。在兩千呎海底發現一艘沉船和散落在遺址四處的貨物，據可靠的年代鑑定可追溯到西元前一三〇〇年。這艘沉船被當地採集海綿的潛水人卡喀爾（Mehmed Cakir）發現，他向官方報告。

當局安排考古專家從一九八四年開始潛水探勘沉船。結果潛水員發現了形形色色貿易、文化和經濟的大雜燴，從青銅時代交會連結的許多文化揀選出來。他們發現的證據說明了三千三百年前的金融複雜性，和現今金融家所經歷的沒有兩樣。

貨物包括十噸銅和一噸錫，可以合金冶煉製造青銅武器。同時發現的還有黑檀木、象牙、黃金、鈷藍玻璃錠和琥珀等珍貴材料。武器有劍、矛和匕首。貨物中的食物有無花果、橄欖和葡萄。最可觀的發現是一隻黃金聖甲蟲，上面雕刻著埃及皇后娜芙蒂蒂（Nefertiti）的名字。

讓考古學家印象最深刻的是貨物的來源。銅來自賽普勒斯，錫來自土耳其。琥珀來自兩千多哩外的波羅的海地區。鈷藍玻璃錠將運往備受讚賞的埃及。食物來自現今的以色列和敘利亞地區。這是現今全球化系統的貿易和金融的古代版。

那艘沉船是東地中海沿岸利用盛風貿易的一部分——沿著非洲海岸的西風，和沿著土耳其海岸的東風——形成一個反時鐘方向的迴圈，經過現在所知的埃及、敘利亞、賽普勒斯、土耳其和希臘。

沉船的貨物揭露一個廣大的貿易網絡，從北方的波羅的海延伸到南方的蘇丹，從東方的印度河到西方的西班牙——超過一千六百萬平方哩。這個網絡的財富、複雜和密度，即使到現今仍難以估量。

然後它突然崩潰了。

青銅時代文明約在一二〇〇年崩潰——烏魯布倫沉船後一世紀——來得出乎意料的迅速。在五十年內，幾乎每個主要王國和帝國都滅亡。

崩潰不只影響一個文化，而是所有文化——西臺人（Hittites）、埃及人、美索不達米亞人等，都陷於混亂。城市遭焚毀、貿易停止、侵略者入侵，以及財富流失。城市人逃到村落，放棄城市生活的複雜性，改採農業生活方式。開始一段三百年的黑暗時代，持續直到雅典人和羅馬人崛起。

三千年前的青銅時代崩潰和黑暗時代來臨，類似較廣為人知約一千五百年前的羅馬帝國崩潰和隨後的黑暗時代。這兩次崩潰教導我們的是：文明不是線性的，而是週期的。社會不會無止境地變得更富裕和更複雜。許多東西會定期崩潰。那不是世界末日，而是一個時代的結束。

青銅時代和羅馬崩潰發生的時間相隔一千五百年。從上次崩潰至今一千五百年，另一場災難是否正在蘊釀？

我們很難確知，只能說，文明的複雜性是它自身崩潰的原因。在一個階層化的社會，菁英要求更多輸入（inputs）以維持他們的特權地位。在古代社會，這些輸入是貢品、稅、強徵勞力、奴隸和戰利品；在後工業社會，這些輸入是能源和金錢。當碳類能源稀少時，我們鑽得更深、開採更偏遠的地方；我們尋找替代品，例如核能。當貨幣變稀少時，我們印更多鈔票，或尋找像交換合約和SDR之類的替代品。社會規模愈來愈大，不穩定以級數性增加。複雜性衍生複雜性。

青銅時代文明和古羅馬崩潰並非因為單一原因。促成一個文明興起的連結會加速它滅亡。帝國部分地方的抗稅會鼓勵野蠻人入侵。入侵導致運輸路線破壞，切斷食物的補給。沿著路線的商務萎縮，使傷害遍及遠離侵略的地方。

歷史學家可能辨識這些因素之一——稅負、侵略、運輸、商務——並指出它是文明滅亡的原因。事實上，所有這些因素都是原因，因為它們緊密連結成一個網絡。一旦網絡被擾亂，節點會因為似乎是外來的原因而死亡。節點的死亡實際上是因為網絡的貿易、商務或貨幣等能量的枯竭。擾亂導致原本對外來因素就已脆弱的每個節點，突然變成致命的弱點。

當年文明的網絡和現今的網絡一樣緊密連結。以各種形式存在的巨大能量，是維持複雜系統所不可或缺。這些以貨幣做為形式的能量輸入，已合成為使用信用卡和衍生性金融商品來取代貨幣式的真實財富。新的網絡是難以永續的，因為合成貨幣的基礎是信心，和經濟學家所說的貨幣幻覺，兩者都難以抵擋觀感的突然轉變。現今的網絡規模意謂當崩潰來臨，它將具有史無前例的破壞力。

每位辯論者有兩分鐘結辯時間。喬飛和齊漢重申他們的肯定論點。方慧蘭闡述她關心被社會遺忘的弱勢者。我在主辯中談論複雜系統動力可能的嚴重後果後，決定舉一個真實世界的例子。

我問聽眾有多少人那天晚上用走的到戲院。我知道有些人會這麼做；那家戲院位於一個熱鬧的街區。我猜想走到戲院的人會平安抵達，這是很保險的猜測。紐約是全球最安全的都市之一，犯罪率從一九九〇年代以來大幅下降。

我說，如果戲院是在幾哩外的布魯克林，而觀眾從貝德福德－斯泰弗森特區走到戲院，他們的步行將不會毫無風險。對貝德福德－斯泰弗森特區居民來說，不受干擾的走路已不是絕對保證的事。很可能警察會騷擾你，抓著你的頭撞牆，把你戴上手銬，強押你上警車，而且車上還有其他被拘捕的無辜民眾。坐上車繞了幾個小時後，這批人口貨物將被卸貨到一個搜身檢查區。這稱為攔截與搜身，實際上是毆打與掠奪。

攔截與搜身聽起來很合理。在貧困的社區，一個符合警方描述的路人會遭到攔截和搜查；如果找到槍，這個人會被逮捕；如果沒有，他可以離開。這可能違憲，但大多數紐約人坐視這種濫權行為——尤其是上西邊的居民——只要能掃除街上的槍和讓紐約維持安全。

和任何與魔鬼的交易一樣，魔鬼永遠是贏家。攔截與搜身已變形成勒索行動，有配額和收入目標，以協助紐約彌補預算。偶爾會發現槍枝，但更常發生的是無辜的受害者遭到傳訊，原因是像阻礙人行道之類的莫須有指控，通常是在人行道幾乎空蕩的半夜一點鐘。

受害者必須出庭應訊，由指定的公共辯護人辯護，往往也必須支付二百五十美元罰款，因為證明無辜的成本太過高昂。罰款歸入市府財庫，以避免財政破產。這套制度無異於對窮人、黑人、移民，或在錯誤的時間出現在錯誤地點的人課稅。

距離貝德福德－斯泰弗森特區一哩遠就是摩根大通總部，有史以來最腐敗的企業之一。摩根大通和它的同類，包括花旗、高盛、美國銀行，從二〇〇九年以來為一連串民事和刑事訴訟，總共支付逾三百億美元的罰款、懲罰金、賠償、遵循成本和還給不當得利。這些支付包括證券詐騙，以及哄抬利率、匯率、能源、白銀和黃金價格。新的控訴還不斷增加。

這些銀行的主管沒有一個受到刑事起訴。美國司法部避免提出刑事控告，擔心連帶後果嚴重，包括主管被起訴的銀行發生擠兌。貝德福德－斯泰弗森特區的無辜受害者也承受連帶後果，包括丟掉工作、負擔不起罰款，以及被定罪的紀錄。沒有人在乎。

不公義一直存在。窮人向來在法庭上為自己辯護時比富人居於劣勢。不過，現今發生的情況——不只在紐約，而是遍及美國——是新現象。這不僅不公義，而且系統的不公義在軍事級武裝和技巧支持下已經體制化。這種不公義不僅是由意圖驅動，也是因為對金錢的需求。這個系統現在驅動自己，但無法支應它的需求。輸入超過輸出，邊際報酬是負值。隨著情勢發展，壓榨財富取代了創造財富。這正是複雜動力系統超過無法逆轉點的結局。

喬飛和齊漢並沒有錯，但他們疏忽了美國沒落的重點。正如方慧蘭解釋的，美國的沒落不在於物質，而是社會。我明白指出，美國的敵人不會從陸上或海上攻擊，而會用黃金和資料處理器。我們兩個人都指出內部的敵人——貪婪、私心自用的菁英，以及對系統風險的渾然不覺。

辯論結束了，觀眾投票，自滿的一方獲勝。

美國並沒有沒落，至少曼哈頓上西邊的人不這麼覺得。方慧蘭和我向喬飛、齊漢道賀。我們坐上豪華轎車前往附近一家閣樓享受ＶＩＰ晚餐。菁英泡沫安然無恙，至少當天晚上是如此。

感謝

本書是計畫中討論國際金融體系及其對投資人影響的四本書中的第三本。這個計畫及本書若非我的超級經紀人 Melissa Flashman 和發行人 Adrian Zackheim，就不可能存在。感謝 Melissa 和 Adrian，讓我們繼續合作愉快。

電影是一種綜合藝術，每部影片背後有數百人貢獻心力；書籍的形成也是一樣。作者得到讚譽，但我從沒寫過一本手稿是未經編輯大幅改的。很幸運有兩位超棒的編輯一路陪著我走來。Portfolio/Penguin 執行編輯 Niki Papadopoulos，和自由編輯 Will Rickards。Niki 和 Will 採用不同的做法，而我從他們兩人中獲益良多。Leah Trouwborst 提供寶貴的編輯指導，衷心感謝他；Bruce Giffords 則以耐心和優秀的職業技巧管理製作編輯。

有時候作者最大的挑戰不是寫作，而是找時間寫作。我對我的企業經理人和媒體顧問 Ali Rickards 的組織才能，充滿讚嘆和感激。沒有她過濾和安排媒體要求順序的能力，我的日程表可能像飄浮在大海的一片葉子。有了她，事情就能搞定。

本書的試金石之一是闡述經濟學家兼銀行家索馬里（Felix Somary）在他的回憶錄《蘇黎世渡鴉》中使用的分析法。非常感謝在維也納的朋友 Ronni Stoeferle 和 Mark Valek 提醒我索馬里的研究法。《蘇黎世渡鴉》已絕版逾三十年。如果不是 Ronni 和 Mark 的推薦，我懷疑我會看見這本書。它提供的幫助非言語所能形容。

我希望馬晉（John Makin）能親自聽到我對他的感謝，遺憾的是他在我剛完成本書初稿時去世。他以一位經濟學家、導師以及重要朋友的身分，對我產生極大的影響。由馬晉聰慧的妻子 Gwendolyn van Paasschen，以及我的連絡人在 Darien 和 Georgetown 安排的晚餐會，與在紐約的一對一談話，對指引和組織我雜亂的觀點提供了莫大的協助。

馬晉有超凡的預測金融危機與衰退的能力，早自他一九八四年的經典著作《*The Global Debt Crisis*》就展露無遺。這本書領先時代數十年，描述過高的債務與成長減緩的關係。他是第一位警告二〇〇七年衰退的知名經濟學家；這場衰退演變成二〇〇八年金融恐慌。以馬晉綜合經濟、銀行和市場的能力，他堪稱 Felix Somary 的繼承人。我們非常想念他。

我的家人讓我沒有後顧之憂，調和作家對獨處與連絡外界的需求。我所有的愛與感激之情歸於我妻子 Ann，以及我仍在增加的家人 Scott、Dominique、Thomas、Sam、James、Ali、Will、Abbey，和可愛的狗兒 Ollie 與 Reese。

上述提到的每位，以及更多沒有提到的人，都對本書做出貢獻；任何錯誤則是我個人的疏失。

Tuohy, Brian. *Disaster Government: National Emergencies, Continuity of Government and You*. Kenosha, WI: Mofo Press LLC, 2013.

Turner, Adair. *Between Debt and the Devil: Money, Credit, and Fixing Global Finance*. Princeton, NJ: Princeton University Press, 2016.

Viera, Edwin Jr. *Pieces of Eight: The Monetary Powers and Disabilities of the United States Constitution*, Second Revised Edition, Volume I and Volume II. Chicago: R. R. Donnelley & Sons, Inc./GoldMoney Foundation, 2011.

Vonnegut, Kurt. *Cat's Cradle*. New York: Dial Press, 2010.

Waldrop, M. Mitchell. *Complexity: The Emerging Science at the Edge of Order and Chaos*. New York: Simon & Schuster, 1992.

Wallas, Graham. *Human Nature in Politics*. Middletown, CT: The Perfect Library, reprint, 1920.

Zeihan, Peter. *The Accidental Superpower: The Next Generation of American Preeminence and the Coming Global Disorder*. New York: Twelve, 2014.

Schelling, Thomas C. *Micromotives and Macrobehavior*. New York: W. W. Norton & Company, Inc., 2006.

Schumpeter, Joseph A. *Capitalism, Socialism and Democracy*. New York: Harper Perennial, 2008.

———. *Ten Great Economists: From Marx to Keynes*. New York: Galaxy Books, 1965.

Shlaes, Amity. *The Forgotten Man: A New History of the Great Depression*. New York: Harper Perennial, 2007.

Silber, William L. *When Washington Shut Down Wall Street: The Great Financial Crisis of 1914 and the Origins of America's Monetary Supremacy*. Princeton, NJ: Princeton University Press, 2007.

Silverglate, Harvey A. *Three Felonies a Day: How the Feds Target the Innocent*. New York: Encounter Books, 2011.

Somary, Felix. *The Raven of Zurich: The Memoirs of Felix Somary*. New York: St. Martin's Press, 1986.

Sorkin, Andrew Ross. *Too Big to Fail*. New York: Penguin Books, 2010.

Spiro, David E. *The Hidden Hand of American Hegemony: Petrodollar Recycling and International Markets*. Ithaca, NY: Cornell University Press, 1999.

Steil, Benn. *The Battle of Bretton Woods: John Maynard Keynes, Harry Dexter White, and the Making of a New World Order*. Princeton, NJ: Princeton University Press, 2013.

Surowiecki, James. *The Wisdom of Crowds: Why the Many Are Smarter Than the Few and How Collective Wisdom Shapes Business, Economics, Societies, and Nations*. New York: Anchor Books, 2005.

Taibbi, Matt. *The Divide: American Injustice in the Age of the Wealth Gap*. New York: Spiegel & Grau, 2014.

Taylor, Frederick. *The Downfall of Money: Germany's Hyperinflation and the Destruction of the Middle Class*. New York: Bloomsbury Press, 2013.

Temin, Peter. *Lessons from the Great Depression*. Cambridge, MA: MIT Press, 1991.

———, and David Vines. *The Leaderless Economy: Why the World Economic System Fell Apart and How to Fix It*. Princeton, NJ: Princeton University Press, 2013.

Tett, Gillian. *Fool's Gold: The Inside Story of J. P. Morgan and How Wall St. Greed Corrupted Its Bold Dream and Created a Financial Catastrophe*. New York: Free Press, 2009.

Miller, John H., and Scott E. Page. *Complex Adaptive Systems: An Introduction to Computational Models of Social Life*. Princeton, NJ: Princeton University Press, 2007.

Minsky, Hyman P. *Stabilizing an Unstable Economy*. New York: McGraw Hill, 2008.

Mitchell, Melanie. *Complexity: A Guided Tour*. New York: Oxford University Press, 2011.

Murray, Charles. *In Our Hands: A Plan to Replace the Welfare State*. Washington, DC: AEI Press, 2016.

Noah, Timothy. *The Great Divergence: America's Growing Inequality Crisis and What We Can Do About It*. New York: Bloomsbury Press, 2012.

Palley, Thomas I. *From Financial Crisis to Stagnation: The Destruction of Shared Prosperity and the Role of Economics*, 1st edition. New York: Cambridge University Press, 2012.

Piketty, Thomas. *Capital in the Twenty-First Century*. Cambridge, MA: Belknap Press, 2014.

Popper, Karl R. *The Open Society and Its Enemies: Volume 1, The Spell of Plato*. Princeton, NJ: Princeton University Press: 1971.

———. *The Open Society and Its Enemies: Volume 2, The High Tide of Prophecy: Hegel, Marx, and the Aftermath*. Princeton, NJ: Princeton University Press, 1971.

Rappleye, Charles. *Herbert Hoover in the White House: The Ordeal of the Presidency*. New York: Simon & Schuster, 2016.

Reinhart, Carmen M., and Kenneth S. Rogoff. *This Time Is Different: Eight Centuries of Financial Folly*. Princeton, NJ: Princeton University Press, 2009.

Ricardo, David. *The Principles of Political Economy and Taxation*. Mineola, NY: Dover Publications, 2004.

Rickards, James. *Currency Wars: The Making of the Next Global Crisis*. New York: Portfolio/Penguin, 2011.

———. *The Death of Money: The Coming Collapse of the International Monetary System*. New York: Portfolio/Penguin, 2014.

Roberts, Richard. *Saving the City: The Great Financial Crisis of 1914*. Oxford: Oxford University Press, 2013.

Rodrik, Dani. *Economics Rules: The Rights and Wrongs of the Dismal Science*. New York: W. W. Norton & Company, Inc., 2015.

Rogoff, Kenneth S. *The Curse of Cash*. Princeton, NJ: Princeton University Press, 2016.

———. *Monetary Reform*. New York: Harcourt, Brace and Company, 1924.

Kindleberger, Charles P. *The World in Depression 1929–1939*. Berkeley: University of California Press, 1986.

King, Mervyn. *The End of Alchemy: Money, Banking, and the Future of the Global Economy*. New York: W. W. Norton & Company, 2016.

Kissinger, Henry. *World Order*. New York: Penguin Press, 2014.

Klein, Naomi. *The Shock Doctrine: The Rise of Disaster Capitalism*. New York: Picador, 2007.

Kuhn, Thomas S. *The Structure of Scientific Revolutions*. Chicago: University of Chicago Press, 1996.

Lenin, V. I. *Imperialism: The Highest Stage of Capitalism*. Mansfield Center, CT: Martino Publishing, 2011.

Lindsay, Lawrence B. *Conspiracies of the Ruling Class: How to Break Their Grip Forever*. New York: Simon & Schuster, 2016.

Lowenstein, Roger. *When Genius Failed: The Rise and Fall of Long-Term Capital Management*. New York: Random House, 2000.

Makin, John H. *The Global Debt Crisis: America's Growing Involvement*. New York: Basic Books, 1984.

Mandelbrot, Benoit B. *The Fractal Geometry of Nature*. New York: W. H. Freeman and Company, 1983.

Martin, Felix. *Money: The Unauthorized Biography*. New York: Alfred A. Knopf, 2014.

Marx, Karl. *Selected Writings*. Edited by David McLellan. New York: Oxford University Press, 1977.

McGrayne, Sharon Bertsch. *The Theory That Would Not Die: How Bayes' Rule Cracked the Enigma Code, Hunted Down Russian Submarines, and Emerged Triumphant from Two Centuries of Controversy*. (New Haven, CT: Yale University Press, 2011).

Mian, Atif, and Amir Sufi. *House of Debt: How They (and You) Caused the Great Recession, and How We Can Prevent It from Happening Again*. Chicago: University of Chicago Press, 2014.

Milanovic, Branko. *Global Inequality: A New Approach for the Age of Globalization*. Cambridge, MA: Belknap Press, 2016.

Friedman, Milton, and Anna Jacobson Schwartz. *A Monetary History of the United States, 1867–1960.* Princeton, NJ: Princeton University Press, 1993.

Friedman, Thomas L. *The World Is Flat: A Brief History of the Twenty-first Century.* New York: Farrar, Straus and Giroux, 2005.

Gardner, Dan, and Philip E. Tetlock. *Superforecasting: The Art and Science of Prediction.* New York: Crown, 2015.

Gilder, George. *The Scandal of Money: Why Wall Street Recovers but the Economy Never Does.* Washington, DC: Regnery, 2016.

Goldberg, Jonah. *Liberal Fascism: The Secret History of the American Left from Mussolini to the Politics of Meaning.* New York: Doubleday, 2008.

Grant, James. *The Forgotten Depression: 1921: The Crash That Cured Itself.* New York: Simon & Schuster, 2014.

Hayek, F. A. *The Fortunes of Liberalism: Essays on Austrian Economics and the Ideal of Freedom.* Indianapolis: Liberty Fund, 1992.

———. *Good Money Part I: The New World.* Indianapolis: Liberty Fund, 1999.

———. *Good Money Part II: The Standard.* Indianapolis: Liberty Fund, 1999.

Hudson, Michael. *Killing the Host: How Financial Parasites and Debt Destroy the Global Economy.* Bergenfield, NJ: ISLET, 2015.

Hudson, Richard L., and Benoit Mandelbrot. *The (Mis)behavior of Markets: A Fractal View of Risk, Ruin, and Reward.* New York: Basic Books, 2004.

Hui, Pak Ming, Paul Jefferies, and Neil F. Johnson. *Financial Market Complexity: What Physics Can Tell Us About Market Behavior.* Oxford: Oxford University Press, 2003.

Jensen, Henrik Jeldtoft. *Self-Organized Criticality: Emergent Complex Behavior in Physical and Biological Systems.* Cambridge: Cambridge University Press, 1998.

Joffe, Josef. *The Myth of America's Decline: Politics, Economics, and a Half Century of False Prophecies.* New York: Liveright, 2015.

Johnson, Neil. *Simply Complexity: A Clear Guide to Complexity Theory.* London: Oneworld, 2012.

Kahneman, Daniel. *Thinking, Fast and Slow.* New York: Farrar, Straus and Giroux, 2011.

Keynes, John Maynard. *The General Theory of Employment, Interest, and Money.* New York: Harvest/Harcourt Inc., 1964.

Bernanke, Ben S. *Essays on the Great Depression*. Princeton, NJ: Princeton University Press, 2000.

Böhm-Bawerk, Eugen von. *The Positive Theory of Capital*. Translated by William Smart. New York: G. E. Stechert & Co., 1930.

Bruner, Robert F., and Sean D. Carr. *The Panic of 1907: Lessons Learned from the Market's Perfect Storm*. Hoboken, NJ: John Wiley & Sons, Inc., 2007.

Calomiris, Charles W., and Stephen H. Haber. *Fragile by Design: The Political Origins of Banking Crises and Scarce Credit*. Princeton, NJ: Princeton University Press, 2014.

Casti, John. *X-Events: The Collapse of Everything*. New York: William Morrow, 2012.

Chumley, Cheryl K. *Police State U.S.A.: How Orwell's Nightmare Is Becoming Our Reality*. Washington, DC: WND Books, 2014.

Cline, Eric H. *1177 B.C.: The Year Civilization Collapsed*. Princeton, NJ: Princeton University Press, 2014.

Conway, Ed. *The Summit, Bretton Woods 1944: J. M. Keynes and the Reshaping of the Global Economy*. New York: Pegasus Books LLC, 2014.

Dam, Kenneth W. *The Rules of the Game: Reform and Evolution in the International Monetary System*. Chicago: University of Chicago Press, 1982.

DiMicco, Dan. *American Made: Why Making Things Will Return Us to Greatness*. New York: Palgrave Macmillan, 2015.

Eichengreen, Barry. *Golden Fetters: The Gold Standard and the Great Depression, 1919–1939*. New York: Oxford University Press, 1995.

———. *Hall of Mirrors: The Great Depression, the Great Recession, and the Uses— and Misuses—of History*. New York: Oxford University Press, 2015.

Eliot, T. S. *The Waste Land*. New York: W. W. Norton & Company, Inc., 2000.

Fleming, Ian. *Thunderball*. Las Vegas: Thomas & Mercer, 2012.

Fletcher, Ian. *Free Trade Doesn't Work: What Should Replace It and Why*. Sheffield, MA: Coalition for a Prosperous America, 2011.

Freeland, Chrystia. *Plutocrats: The Rise of the New Global Super-Rich and the Fall of Everyone Else*. New York: Penguin Press, 2012.

Friedman, Allan, and P. W. Singer. *Cybersecurity and Cyberwar: What Everyone Needs to Know*. New York: Oxford University Press, 2014.

參考資料

文章

De Martino, Benedetto, John P. O'Doherty, Debajyoti Ray, Peter Bossaerts, and Colin Camerer. "In the Mind of the Market: Theory of Mind Biases Value Computation during Financial Bubbles." *Neuron* Vol. 79, 1222–31, September 18, 2013.

Henriksson, Roy D., and Robert C. Merton. "On Market Timing and Investment Performance. II. Statistical Procedures for Evaluating Forecasting Skills." *The Journal of Business*, Vol. 54, No. 4, October 1981.

Lorenz, Edward N. "Deterministic Nonperiodic Flow." *Journal of the Atmospheric Sciences*, Vol. 20, January 7, 1963.

Merton, Robert C. "On Market Timing and Investment Performance. I. An Equilibrium Theory of Value for Market Forecasts." *Journal of Business*, Vol. 54, No. 3, July 1981.

Rickards, James. Studies in Intelligence, Vol. 50, No. 3, September 2006. *Journal of the American Intelligence Professional*, Central Intelligence Agency, CLASSIFIED EDITION.

Whitehead, Lorne A. "Domino 'Chain Reaction'." *American Journal of Physics*, Vol. 51, No. 2, February 1983.

著作

Ahamed, Liaquat. *Lords of Finance: The Bankers Who Broke the World*. New York: Penguin, 2009.

———. *Money and Tough Love: On Tour with the IMF*. London: Visual Editions, 2014.

Alpert, Daniel. *The Age of Oversupply: Overcoming the Greatest Challenge to the Global Economy*. New York: Portfolio/Penguin, 2013.

Ariely, Dan. *Irrationally Yours: On Missing Socks, Pickup Lines and Other Existential Puzzles*. New York: Harper Perennial, 2015.

Bak, Per. How *Nature Works: The Science of Self-Organized Criticality*. New York: Copernicus, 1999.

Balko, Radley. *Rise of the Warrior Cop: The Militarization of America's Police Forces*. New York: PublicAffairs, 2013.

8 **This was demonstrated by the Nobelist:** Robert C. Merton, "On Market Timing and Investment Performance. I. An Equilibrium Theory of Value for Market Forecasts," *The Journal of Business*, Vol. 54, No. 3, July 1981, accessed August 9, 2016, www.people.hbs.edu/rmerton/onmarkettimingpart1.pdf.

9 **On September 10, 2009, I testified:** Details of this hearing including witnesses, written statements, and a video of the testimony are available at: Committee on Science, Space & Technology, Subcommittee on Investigations and Oversight, "The Risks of Financial Modeling: VaR and the Economic Meltdown," September 10, 2009, accessed August 9, 2016, https://science.house.gov/legislation/hearings/subcommittee-investigations-and-oversight-hearing -risks-financial-modeling-var.

結論

1 **The debate proposition was a loaded gun:** The debate proceedings including participants, audience participation, outcome, and moderator are available at: "Declinists Be Damned: Bet on America," Intelligence2 Debates, February 11, 2015, accessed August 9, 2016, http://intelligencesquaredus.org/debates/past-debates/item/1251-declinists-be-damned-bet-on-america.

2 **On March 1, 2016, Admiral Michael S. Rogers:** Laura Hautala, "We're Fighting an Invisible War—in Cyberspace," *CNET*, March 5, 2016, accessed August 9, 2016, www.cnet.com/news/were-fighting-an-invisible-war-in-cyberspace/.

30 **Insight into fascism's nonideological nature:** Ibid.

31 **Goldberg summarizes Wilson's regime:** Ibid., 80–81.

32 **Writer and social critic Waldo Frank:** Frank quote found in ibid, 161.

33 **Schumpeter clearly foresaw the end of capitalism:** Schumpeter, *Capitalism, Socialism and Democracy*, 134.

34 **He presciently said:** Ibid., 131.

Chapter 9

1 **"There is a high likelihood":** Buttiglione, et al., "Deleveraging? What Deleveraging?," 81.

2 **An official joint staff report:** Joint Staff Report, "The U.S. Treasury Market on October 15, 2014," U.S. Department of the Treasury, Board of Governors of the Federal Reserve System, Federal Reserve Bank of New York, U.S. Securities and Exchange Commission, U.S. Commodity Futures Trading Commission, July 13, 2015, accessed August 9, 2016, www.treasury.gov/press-center/press-releases/Documents/Joint_Staff_Report_Treasury_10-15-2015.pdf, 1 (emphasis added).

3 **As recently as the month before revaluation:** Press release, "Swiss National Bank Introduces Negative Interest Rates," Swiss National Bank, December 18, 2014, accessed August 9, 2016, www.snb.ch/en/mmr/reference/pre_20141218/source/pre_20141218.en.pdf.

4 **One prominent foreign exchange market participant:** Peter Spence, "Swiss Franc Surges After Scrapping Euro Ceiling," *The Telegraph*, January 15, 2015, accessed August 9, 2016, www.telegraph.co.uk/finance/currency/11347218/Swiss-franc-surges-after-scrapping-euro-peg.html.

5 **The wisdom of crowds concept:** See James Surowiecki, *The Wisdom of Crowds: Why the Many Are Smarter Than the Few and How Collective Wisdom Shapes Business, Economics, Societies, and Nations* (New York: Anchor Books, 2005).

6 **This move was followed by an IMF study:** "Staff Note for the G20: The Role of the SDR—Initial Considerations," International Monetary Fund, July 15, 2016, accessed August 9, 2016, www.imf.org/external/np/pp/eng/2016/072416.pdf.

7 **As if on cue, the World Bank:** Daniel Stanton, Frances Yoon, and Ina Zhou, "China to Lead Way with Landmark SDR Bond Offerings," *Reuters*, August 1, 2016, www.reuters.com/article/china-debt-bonds-idUSL3N1AI2L7.

16 **Author Radley Balko in his book:** Radley Balko, *Rise of the Warrior Cop: The Militarization of America's Police Forces* (New York: PublicAffairs, 2013).

17 **One account by Balko:** Ibid., 116–17.

18 **Balko relates one example:** Ibid., 317.

19 **Balko gives the account of one eyewitness:** Ibid., 246.

20 **Author Matt Taibbi, in his book:** Matt Taibbi, *The Divide: American Injustice in the Age of the Wealth Gap* (New York: Spiegel & Grau, 2014), 101–2.

21 **He begins with the fact that:** Ibid., 117.

22 **"You're paying the fine not for what you did":** Ibid., 118.

23 **Reporter Dara Lind explains the disparity:** Dara Lind, "The NYPD 'Slowdown' That's Cut Arrests in New York by Half, Explained," *Vox*, January 6, 2015, accessed August 9, 2016, www.vox.com/2015/1/6/7501953/nypd-mayor-arrests-union.

24 **Cheryl K. Chumley, author of Police State U.S.A.:** Cheryl K. Chumley, *Police State U.S.A.: How Orwell's Nightmare Is Becoming our Reality* (Washington, DC: WND Books, 2014), 70–71.

25 **In an award-winning series called:** Robert O'Harrow Jr., Steven Rich, Michael Sallah, and Gabe Silverman, "Stop and Seize," *The Washington Post*, September 6, 2014, accessed August 9, 2016, www.washingtonpost.com/sf/investigative/2014/09/06/stop-and-seize/.

26 **Blurring of public and private:** Robert O'Harrow Jr., Steven Rich, and Michael Sallah, "Police Intelligence Targets Cash," *The Washington Post*, September 7, 2014, accessed August 9, 2016, www.washingtonpost.com/sf/investigative/2014/09/07/police-intelligence-targets-cash/.

27 **Cash confiscation became so pervasive:** Robert O'Harrow Jr. and Steven Rich, "D.C. Police Plan for Future Seizure Proceeds Years in Advance in City Budget Documents," *The Washington Post,* November 15, 2014, accessed August 9, 2016, www.washingtonpost.com/investigations/dc-police-plan-for-future-seizure-proceeds-years-in-advance-in-city-budget-documents/2014/11/15/7025edd2-6b76-11e4-b053-65cea7903f2e_story.html.

28 **"The President, is at liberty":** Wilson quote found in Jonah Goldberg, *Liberal Fascism: The Secret History of the American Left from Mussolini to the Politics of Meaning* (New York: Doubleday, 2008), 86.

29 **"Government does now whatever experience permits":** Ibid.

Chapter 8

1 **"There is little reason to believe":** Schumpeter, *Capitalism, Socialism and Democracy*, 375.

2 **"Show me the man":** As quoted in "The Criminalization of Almost Everything," *Cato Institute Policy Report*, January/February 2010, accessed August 9, 2016, www.cato.org/policy-report/januaryfebruary-2010/criminalization-almost-every thing.

3 **This was succinctly stated by Schumpeter:** Schumpeter, *Capitalism, Socialism and Democracy*, 82–83.

4 **"In analyzing . . . business strategy":** Ibid., 88–89.

5 **In the words of his biographer:** Ibid., Introduction, x.

6 **In the United States, median household income:** Justin Fox, "Where Median Incomes Have Fallen the Most," Bloomberg, August 19, 2016, accessed August 25, 2016, www.bloomberg.com/view/articles/2016-08-19/where-median-incomes-have-fallen-the-most.

7 **A McKinsey Global Institute study:** Richard Dobbs, Anu Madgavkar, James Manyika, Jonathan Woetzel, Jacques Bughin, Eric Labaye, and Pranav Kashyap, "Poorer Than Their Parents? A New Perspective on Income Inequality," McKinsey Global Institute, July 2016, accessed August 9, 2016, www.mckinsey.com/global-themes/employment-and-growth/poorer-than-their-parents-a-new-perspective-on-income-inequality, Preface, viii.

8 **The McKinsey study highlights:** Ibid.

9 **"Success in conducting a business enterprise":** Schumpeter, *Capitalism, Socialism and Democracy*, 388.

10 **And Schumpeter perfectly anticipated:** Ibid., 386.

11 **Schumpeter summarized the endgame:** Ibid., 398.

12 **His description of Russia:** Ibid., 404.

13 **Finally, Schumpeter foresaw:** Ibid., 401–2.

14 **Criminalization of the quotidian:** Harvey A. Silverglate, *Three Felonies a Day: How the Feds Target the Innocent* (New York: Encounter Books, 2011).

15 **"An average, busy professional":** "The Criminalization of Almost Everything," *Cato Institute Policy Report*, January/February 2010.

Chapter 7

1 **"The tragedy of bad economic ideas":** Thomas I. Palley, *From Financial Crisis to Stagnation: The Destruction of Shared Prosperity and the Role of Economics*, 1st ed. (New York: Cambridge University Press, 2012), 9.

2 **The theoretical foundation for free trade:** See David Ricardo, *The Principles of Political Economy and Taxation* (Mineola, NY: Dover Publications, 2004).

3 **This somewhat counterintuitive idea:** Ian Fletcher, *Free Trade Doesn't Work: What Should Replace It and Why*, 2nd ed. (Sheffield, MA: Coalition for a Prosperous America, 2011), 97 (emphasis in original).

4 **Joseph A. Schumpeter, in his 1942 classic:** Joseph A. Schumpeter, *Capitalism, Socialism and Democracy*, (New York: Harper Perennial, 2008), 103.

5 **Economist Thomas I. Palley summarizes:** Palley, *From Financial Crisis to Stagnation*, 46.

6 **The United States had average tariffs:** See Fletcher, *Free Trade Doesn't Work*, 135–41.

7 **In 1989, the cold war ended:** John Williamson, "What Washington Means by Policy Reform," in John Williamson (ed.), *Latin American Adjustment: How Much Has Happened?* (Washington, DC: Institute for International Economics, Conference Volume, 1989), accessed August 9, 2016, https://piie .com/commentary/speeches-papers/what-washington-means-policy-reform.

8 **In a definitive 2014 study (the "Geneva Report"):** Buttiglione, et al., "Deleveraging? What Deleveraging?," 11.

9 **The Geneva Report describes this dangerous mix:** Ibid., 19.

10 **The report shouts alarm at:** Ibid., 22.

11 **A useful taxonomy of crises:** Ibid., Appendix 3A, 27–34.

12 **According to the data shown:** Ibid., 21.

13 **As defined by Keynes:** John Maynard Keynes, *The General Theory of Employment, Interest, and Money* (New York: Harvest/Harcourt Inc., 1964), 249.

14 **In the words of the Geneva Report:** Buttiglione, et al., "Deleveraging? What Deleveraging?," 34.

.com/2008/3/bear-stearns-bsc-did-ceo-alan-schwartz-lie-on-cnbc-.

11 **The advice was sent as an email:** The original email text of this written proposal is retained by the author among his private papers and in digital form (emphasis added).

12 **This was my first public effort:** James G. Rickards, "A Mountain, Overlooked," *The Washington Post*, October 2, 2008, accessed August 8, 2016, www.washingtonpost.com/wp-dyn/content/article/2008/10/01/AR2008 100101149.html.

Chapter 6

1 **"No single incident can really be imagined":** Eric H. Cline, *1177 B.C.: The Year Civilization Collapsed* (Princeton, NJ: Princeton University Press, 2014), 174.

2 **"If the crowded, interconnected, urbanized":** Ian Morris, "The Dawn of a New Dark Age," *Stratfor*, July 13, 2016, accessed August 9, 2016, www.stratfor.com/weekly/dawn-new-dark-age.

3 **One infamous example was prominent economist:** *The New York Times*, October 16, 1929, accessed August 9, 2016, http://query.nytimes.com/mem/archive/pdf?res=9806E6DF1639E03ABC4E52DFB6678382639EDE.

4 **Bayesians solve problems:** For a detailed history of the debate between frequentist and Bayesian statistical methods, see McGrayne, *The Theory That Would Not Die*.

5 **In 2014, gold on deposit at the Fed:** International Summary Statistics, "Selected Foreign Official Assets Held at Federal Reserve Banks (3.31)," Board of Governors of the Federal Reserve System, July 2016, accessed August 9, 2016, www.federalreserve.gov/econresdata/releases/intlsumm/forassets20160731 .htm.

6 **over half that decline:** Koos Jansen, "Federal Reserve Bank New York Lost 47t of Gold in November," BullionStar.com, December 29, 2014, accessed August 9, 2016, www.bullionstar.com/blogs/koos-jansen/federal-reserve-bank-new-york-lost-47t-of-gold-in-november/.

7 **Scholar Barry Eichengreen brilliantly laid out:** Barry Eichengreen, *Golden Fetters: The Gold Standard and the Great Depression, 1919–1939* (New York: Oxford University Press, 1995).

8 **In "The Hollow Men," T. S. Eliot:** T. S. Eliot, "The Hollow Men," 1925, All Poetry, accessed August 9, 2016, https://allpoetry.com/The-Hollow-Men.

6 **In February 1999, just months after:** Joshua Cooper Ramo, "The Three Musketeers," *Time*, February 15, 1999, accessed August 8, 2016, http://content.time.com/time/covers/0,16641,19990215,00.html.

Chapter 5

1 **"A financial market is riddled with feedback":** Johnson, *Simply Complexity*, 114.

2 **My early theoretical advances were compiled:** *Studies in Intelligence*, Vol. 50, No. 3, September 2006, *Journal of the American Intelligence Professional*, Central Intelligence Agency, CLASSIFIED EDITION, accessed August 8, 2016, www.cia.gov/library/center-for-the-study-of-intelligence/csi-publications/csi-studies/studies/vol50no3/index.html.

3 **Between June 30, 2001, and June 30, 2007:** "Statistical Release, OTC Derivatives Statistics at End-June 2013," Monetary and Economic Department, Bank for International Settlements, November 2013, accessed August 8, 2016, www.bis.org/publ/otc_hy1311.pdf, Graph 1, 6; Table A, 9.

4 **Over the same period, the Herfindahl index:** Ibid., Table 9a, 31.

5 **Cramer told colleague Erin Burnett:** The Jim Cramer interview with Erin Burnett quoted is available in video format. The quotation was transcribed from the video, accessed August 8, 2016, www.youtube.com/watch?v=rOVXh4xM-Ww.

6 **At the Federal Open Market Committee (FOMC) on June 28, 2007:** Press release, Board of Governors of the Federal Reserve System, Federal Open Market Committee, June 28, 2007, accessed August 8, 2016, www.federalreserve .gov/newsevents/press/monetary/20070618a.htm.

7 **Shortly before, on March 28, 2007:** Ben S. Bernanke, "The Economic Outlook," Statement before the Joint Economic Committee, U.S. Congress, March 28, 2007, accessed August 8, 2016, www.federalreserve.gov/newsevents/testi mony/bernanke20070328a.htm.

8 **I presented a detailed written analysis:** This written proposal is retained by the author among his private papers and in digital form.

9 **On December 21, 2007, the major banks:** David Ellis and Ben Rooney, "Banks to Abandon 'Super-SIV' Fund," *CNN Money*, December 21, 2007, accessed August 8, 2016, http://money.cnn.com/2007/12/21/news/companies/super_siv/index.htm?postversion=2007122116.

10 **On Wednesday, March 12:** Henry Blodget, "Did Bear Sterns CEO Alan Schwartz Lie on CNBC?," *Business Insider*, March 19, 2008, accessed August 8, 2016, www.businessinsider

10 **Lagarde also says she is "quite pleased":** Christine Lagarde, "Transcript: Press Briefing of the Managing Director," International Monetary Fund, April 14, 2016, accessed August 8, 2016, www.imf.org/en/News/Articles/2015/09/28/04/54/tr041416.

11 **An unnamed ECB official tells Reuters:** Balazs Koranyi, "ECB Not Aiming to Weaken Euro Against Dollar: Sources," *Reuters*, April 15, 2016, accessed August 8, 2016, www.reuters.com/article/us-imf-g20-currency-ecb-idUSKCN0XC2RS.

12 **Adaptive behavior arises in many:** This discussion of adaptive behavior in complex social systems, including crowd and anticrowd behavior, is based on similar examples and related experiments presented in Neil Johnson, *Simply Complexity: A Clear Guide to Complexity Theory* (London: Oneworld, 2012), 72–85.

13 **Research conducted by physicists Neil Johnson, Pak Ming Hui, and Paul Jefferies:** Pak Ming Hui, Paul Jefferies, and Neil F. Johnson, *Financial Market Complexity: What Physics Can Tell Us About Market Behavior* (Oxford: Oxford University Press, 2003), 19–54.

14 **Neil Johnson and other physicists:** See Johnson, *Simply Complexity*, 115–24.

15 **Professor Neil Johnson puts the matter starkly:** Ibid., 117.

Chapter 4

1 **"I have reflected a long time":** Stanley Fischer, "General Discussion: Has Financial Development Made the World Riskier? Chair: Malcolm D. Knight," Proceedings—Economic Policy Symposium—Jackson Hole, Federal Reserve Bank of Kansas City, August 25–27, 2005, accessed August 8, 2016, www.kansascityfed.org/publicat/sympos/2005/pdf/GD5_2005.pdf, 392.

2 **LTCM's story was told in detail:** Roger Lowenstein, *When Genius Failed: The Rise and Fall of Long-Term Capital Management* (New York: Random House, 2000).

3 **A coming-out announcement for LTCM:** Saul Hansell, "John Meriwether Rides, Again, Without Salomon This Time," *The New York Times*, Septem-ber 5, 1993, accessed August 8, 2016, www.nytimes.com/1993/09/05/business/john-meriwether-rides-again-without-salomon-this-time.html.

4 **LTCM coinvented the sovereign credit default swap market:** Gillian Tett, *Fool's Gold: The Inside Story of J. P. Morgan and How Wall St. Greed Corrupted Its Bold Dream and Created a Financial Catastrophe* (New York: Free Press, 2009).

5 **To illustrate, imagine an office desk:** The following example using file drawers is based on highly similar examples from Johnson, *Simply Complexity*, 21–24, 41–50.

Chapter 3

1 **"Keynes asked me what I was advising":** Somary, *The Raven of Zurich*, 146–47.

2 **LANL is the crown jewel:** Extensive information about Los Alamos National Laboratory, including history, operations, security protocols, and a virtual tour, is available at the laboratory's website, "Los Alamos National Laboratory," accessed August 9, 2016, http://lanl.gov.

3 **In a seminal 1963 paper, Lorenz:** Edward N. Lorenz, "Deterministic Nonperiodic Flow," *Journal of the Atmospheric Sciences*, Vol. 20, January 7, 1963, accessed August 8, 2016, http://eaps4.mit.edu/research/Lorenz/Deterministic_63.pdf, 133.

4 **A starting place for:** For a comprehensive history of Bayes' theorem including numerous contemporary applications, see Sharon Bertsch McGrayne, *The Theory That Would Not Die: How Bayes' Rule Cracked the Enigma Code, Hunted Down Russian Submarines, and Emerged Triumphant from Two Centuries of Controversy* (New Haven, CT: Yale University Press, 2011).

5 **Before the G20 meeting was quite over:** Lael Brainard, "What Happened to the Great Divergence?," Board of Governors of the Federal Reserve System, February 26, 2016, accessed August 8, 2016, www.federalreserve.gov/newsevents/speech/brainard20160226a.htm.

6 **At the conclusion of the Shanghai G20:** David Keohane, "Did the G20 Agree a Currency Accord and Does It Matter?" *Financial Times: FT Alphaville*, April 12, 2016, accessed August 8, 2016, http://ftalphaville.ft.com/2016/04/12/2159112/did-the-g20-agree-a-currency-accord-and-does-it-matter/.

7 **Also at the Shanghai G20 meeting:** "G20 Promises to Promote Economic Growth, Avoid Devaluations," Voice of America, February 27, 2016, accessed August 8, 2016, www.voanews.com/content/g20-promises-to-promote-economic-growth-avoid-devaluations/3210931.html.

8 **Federal Reserve chair Janet Yellen makes:** Janet Yellen, "The Outlook, Uncertainty, and Monetary Policy," Board of Governors of the Federal Reserve System, March 29, 2016, accessed August 8, 2016, www.federalreserve.gov/newsevents/speech/yellen20160329a.htm.

9 **Luc Everaert, the IMF's mission chief:** Toru Fujioka, "IMF Sees No Cause for Japan to Intervene Now in FX," *Bloomberg*, April 13, 2016, accessed August 8, 2016, www.bloomberg.com/news/articles/2016-04-13/imf-sees-no-cause-for-japan-to-intervene-now-in-currency-market-imyf459k.

9 **The G7 use the Organisation for Economic Co-operation and Development:** For extensive information on the OECD's global tax project on base erosion and profit shifting (BEPS), see the OECD website, at "OECD, Base Erosion and Profit Shifting," accessed August 7, 2016, www.oecd.org/tax/beps/.

10 **Here's what the G7 leaders:** "G7 Ise-Shima Leaders' Declaration / G7 Ise-Shima Summit, 26–27 May 2016," G7 Ise-Shima Summit, May 27, 2016, accessed August 7, 2016, www.mofa.go.jp/files/000160266.pdf, 6–7.

11 **In particular, Piketty advanced the thesis:** French economist Thomas Piketty advanced the thesis that high tax rates have been associated with strong economic growth and equitable income distribution, while low tax rates have been associated with weaker growth and extremes of income inequality. See Thomas Piketty, *Capital in the Twenty-First Century* (Cambridge, MA: Belknap Press, 2014).

12 **Henry Kissinger offers a brilliant overview:** For an in-depth history and analysis of the Westphalian state system, other historical forms of world order, and implications for policy today, see Henry Kissinger, *World Order* (New York: Penguin Press, 2014). The historical discussion of world order in this book draws heavily on Kissinger's thesis.

13 **One such attack virus:** Michael Riley, "How Russian Hackers Stole the Nasdaq," *BloombergBusinessweek*, July 21, 2014, accessed August 7, 2016, www.bloomberg.com/news/articles/2014-07-17/how-russian-hackers-stole-the-nasdaq.

14 **In October 2015, the UN issued:** For a detailed study in the relationship between climate change and the use of public finance for global climate change infrastructure spending, see "The Financial System We Need," United Nations Environment Program, October 2015, download available, accessed August 7, 2016, www.unep.org/newscentre/Default.aspx?DocumentID=26851&ArticleID = 35480, ix.

15 **UN project adviser Andrew Sheng:** Xiao Geng and Andrew Sheng, "How to Finance Global Reflation," *Project Syndicate*, April 25, 2016, accessed August 7, 2016, www.project-syndicate.org/commentary/sdr-reserve-currency-fight-deflation-by-andrew-sheng-and-xiao-geng-2016-04.

16 **Naomi Klein's 2007 book, *The Shock Doctrine:*** Naomi Klein, The Shock Doctrine: *The Rise of Disaster Capitalism* (New York: Picador, 2007).

17 **Shock doctrine is an ideal tool:** Popper, *The Open Society and Its Enemies: Volume 1, The Spell of Plato*, 157–59.

18 **the Open Society Foundations:** Ibid.

26 **The United States has been under a state of emergency:** President George W. Bush, Proclamation 7463, Declaration of National Emergency by Reason of Certain Terrorist Attacks, September 14, 2001, accessed August 7, 2016, www.gpo.gov/fdsys/pkg/WCPD-2001-09-17/pdf/WCPD-2001-09-17-Pg1310.pdf.

27 **T. S. Eliot had a vision:** T. S. Eliot, *The Waste Land* (New York: W. W. Norton & Company, Inc., 2000).

Chapter 2

1 **"Massive progress has been made":** Remarks of Christine Lagarde, managing director of the International Monetary Fund, at a Bloomberg Panel, World Economic Forum, Davos, Switzerland, January 22, 2015, accessed August 7, 2016, www.bloomberg.com/news/videos/2015-01-22/lagarde-cohn-summers-botin-dalio-on-bloomberg-panel.

2 **"You never want a serious crisis to go to waste":** Rahm Emanuel, as quoted in Gerald F. Seib, "In Crisis, Opportunity for Obama," *The Wall Street Journal,* November 21, 2008, accessed August 7, 2016, www.wsj.com/articles/SB122721278056345271.

3 **It first appeared in Fleming's 1961 novel:** Ian Fleming, *Thunderball* (Las Vegas: Thomas & Mercer, 2012).

4 **While Soros is not the unofficial chairman:** For an extended explanation of the concept of piecemeal engineering, see Karl R. Popper, *The Open Society and its Enemies: Volume 1, The Spell of Plato* (Princeton, NJ: Princeton University Press, 1971), 157–59.

5 **John Maynard Keynes, an adviser to the Treasury:** For a detailed examination of Keynes's view of the role of gold in the Panic of 1914, see Roberts, *Saving the City*, 125–28.

6 **Friedman built his academic reputation:** Milton Friedman and Anna Jacobson Schwartz, *A Monetary History of the United States, 1867–1960* (Princeton, NJ: Princeton University Press, 1993).

7 **This economic conundrum was posed by:** For more background on Triffin's dilemma, including reference to Triffin's congressional testimony and the relationship between deficits and reserve currencies, see "System in Crisis (1959–1971): Triffin's Dilemma," International Monetary Fund, accessed August 7, 2016, www.imf.org/external/np/exr/center/mm/eng/mm_sc_03.htm.

8 **"We're actually quite open to that":** Ben Smith, "Geithner 'Open' to China Proposal," *Politico*, March 25, 2009, accessed August 7, 2016, www.politico.com/blogs/ben-smith/2009/03/geithner-open-to-china-proposal-017088.

system, see Richard Roberts, *Saving the City: The Great Financial Crisis of 1914* (Oxford: Oxford University Press, 2013).

17 **On Monday, August 3, 1914:** For a detailed and colorful account of the closing of the New York Stock Exchange in 1914, and the rise of the Curb Market, including the source of this quotation, see William L. Silber, *When Washington Shut Down Wall Street: The Great Financial Crisis of 1914 and the Origins of America's Monetary Supremacy* (Princeton, NJ: Princeton University Press, 2007), 104–15.

18 **Research conducted by William L. Silber:** Ibid., 110–15.

19 **The conference itself was the end result:** See Benn Steil, *The Battle of Bretton Woods: John Maynard Keynes, Harry Dexter White, and the Making of a New World Order* (Princeton, NJ: Princeton University Press, 2013).

20 **It warned that markets were "euphoric":** "84th Annual Report, 2013/14," Bank for International Settlements, June 29, 2014, accessed August 7, 2016, www.bis.org/publ/arpdf/ar2014e.htm.

21 **The BIS report was followed on September 20, 2014:** "Communiqué—Meeting of G20 Finance Ministers and Central Bank Governors, Cairns, 20–21 September 2014," G20, September 21, 2014, accessed August 7, 2016, www.oecd.org/tax/transparency/automatic-exchange-of-information/implemen tation/communique-G20-finance-ministers-central-bank-governors-cairns.pdf.

22 **Just a few days later:** Luigi Buttiglione, Philip R. Lane, Lucrezia Reichlin, and Vincent Reinhart, "Deleveraging? What Deleveraging? Geneva Reports on the World Economy 16," International Center for Monetary and Banking Studies, September 2014, accessed August 7, 2016, http://cepr.org/content/deleveraging-what-deleveraging-16th-geneva-report-world-economy.

23 **The head of the IMF's powerful policy committee:** Transcript of the IMFC Press Conference, International Monetary Fund, October 11, 2014, accessed August 7, 2016, www.imf.org/en/news/articles/2015/09/28/04/54/tr101114a.

24 **The U.S. Treasury's Office of Financial Research:** Office of Financial Research 2014 Annual Report, United States Department of the Treasury, December 2, 2014, accessed August 7, 2016, https://financialresearch.gov/annual-reports/files/office-of-financial-research-annual-report-2014.pdf, i.

25 **Claudio Borio, head of the monetary department:** Claudio Borio, "On-the-Record Remarks," *BIS Quarterly Review*, December 2014—media briefing, December 5, 2014, accessed August 7, 2016, www.bis.org/publ/qtrpdf/r_qt1412_ontherecord .htm.

7 **The report says bank losses:** Ibid., 5 (emphasis added).

8 **On Wednesday, July 23, 2014, the U.S. Securities and Exchange Commission:** See "SEC Adopts Money Market Fund Reforms," Harvard Law School Forum on Corporate Governance and Financial Regulation, August 16, 2014, accessed August 7, 2016, https://corpgov.law.harvard.edu/2014/08/16/sec-adopts-money-market-fund-reforms/.

9 **On December 8, 2014, *The Wall Street Journal*:** See Kirsten Grind, James Sterngold, and Juliet Chung, "Banks Urge Clients to Take Cash Elsewhere," *The Wall Street Journal*, December 7, 2014, accessed August 7, 2016, www.wsj .com/articles/banks-urge-big-customers-to-take-cash-elsewhere-or-be-slapped-with-fees-1418003852.

10 **On February 11, 2016, Federal Reserve chair Janet Yellen:** Jon Hilsenrath, "Yellen Says Fed Should Be Prepared to Use Negative Rates if Needed," *The Wall Street Journal*, February 11, 2016, accessed August 7, 2016, www.wsj.com/articles/yellen-reiterates-concerns-about-risks-to-economy-in-senate-testimony-1455203865.

11 **On February 16, 2016, former secretary of the treasury Larry Summers:** See Lawrence H. Summers, "It's Time to Kill the $100 Bill," *The Washington Post*, February 16, 2016, accessed August 7, 2016, www.washingtonpost.com/news/wonk/wp/2016/02/16/its-time-to-kill-the-100-bill/?postshare=8671455627637815&tid=ss_tw.

12 **On August 30, 2016, Kenneth Rogoff:** Kenneth S. Rogoff, *The Curse of Cash* (Princeton, NJ: Princeton University Press, 2016).

13 **On November 10, 2014, the Financial Stability Board:** See "Adequacy of Loss-Absorbing Capacity of Global Systemically Important Banks in Resolution," Financial Stability Board, November 10, 2014.

14 **On May 3, 2016, the Federal Reserve:** "Restrictions on Qualified Financial Contracts of Systemically Important U.S. Banking Organizations and the U.S. Operations of Systemically Important Foreign Banking Organizations; Revisions to the Definition of Qualifying Master Netting Agreement and Related Definitions—Notice of Proposed Rulemaking," Board of Governors of the Federal Reserve System, May 3, 2016, accessed August 7, 2016, www.federal reserve.gov/newsevents/press/bcreg/20160503b.htm.

15 **Yet, in an extraordinary speech on May 24, 2016, David Lipton:** David Lipton, "Can Globalization Still Deliver?" International Monetary Fund, May 24, 2016, accessed August 7, 2016, www.imf.org/en/News/Articles/2015/09/28/04/53/sp052416a.

16 **A small sign posted on the members' entrance:** For a detailed and highly readable account of the financial panic of 1914 from the perspective of London banks and the U.K. financial

註解

前言

1 **The English-language translation of Somary's memoir:** Felix Somary, *The Raven of Zurich: The Memoirs of Felix Somary* (New York: St. Martin's Press, 1986).

2 **A vivid example is a chapter:** Ibid., 40–43.

3 **"The Russian-French alliance had reacted":** Ibid., 41.

4 **"Europeans found the Chinese amusing":** Ibid., 68.

5 **"Doubtless the King too had spoken in good faith":** Ibid., 74.

6 **Churchill once sent a cable to Keynes:** Noel F. Busch, "Close-Up: Lord Keynes," *Life*, September 17, 1945, accessed August 7, 2016, https://books.google.com/books?id=t0kEAAAAMBAJ&q=%22a+cable%22&hl=en#v=snippet&q=%22a%20cable%22&f=false.

7 **For example, Kahneman's experiments show:** This example illustrates a cognitive bias Kahneman called "risk aversion." See Daniel Kahneman, *Thinking, Fast and Slow* (New York: Farrar, Straus and Giroux, 2011), 434–36.

Chapter 1

1 **"Nice, nice, very nice":** Kurt Vonnegut, *Cat's Cradle* (New York: Dial Press, 2010), 3.

2 **Under Larry Fink's direction, BlackRock emerged:** Some descriptions of Larry Fink's management style and work habits in this material are from Carol J. Loomis, "BlackRock: The $4.3 Trillion Force," *Fortune*, July 7, 2014, accessed August 7, 2016, http://fortune.com/2014/07/07/blackrock-larry-fink/.

3 **"Fink . . . is a strong Democrat":** Ibid.

4 **In the 1963 dark comedic novel:** Vonnegut, *Cat's Cradle*, 44–51.

5 **The meeting's final communiqué includes reference:** See "G20 Leaders' Communiqué, Brisbane Summit, 15–16 November 2014," November 16, 2014, accessed August 7, 2016, www.mofa.go.jp/files/000059841.pdf.

6 **Behind that bland language is a separate:** See "Adequacy of Loss-Absorbing Capacity of Global Systemically Important Banks in Resolution," Financial Stability Board, November 10, 2014, accessed August 7, 2016, www.fsb.org/2014/11/adequacy-of-loss-absorbing-capacity-of-global-systemically-important-banks-in-resolution/.

全球視野79

下一波全球金融危機：揭露權勢階級的大陰謀

2018年1月初版
2020年4月初版第四刷
有著作權・翻印必究
Printed in Taiwan.

定價：新臺幣420元

著者	James Rickards
譯者	吳國卿
叢書主編	鄒恆月
校對	吳永豐
封面設計	黃聖文
內文排版	林婕瀅

出版者	聯經出版事業股份有限公司
地址	新北市汐止區大同路一段369號1樓
編輯部地址	新北市汐止區大同路一段369號1樓
叢書主編電話	(02)86925588轉5315
台北聯經書房	台北市新生南路三段94號
電話	(02)23620308
台中分公司	台中市北區崇德路一段198號
暨門市電話	(04)22312023
郵政劃撥帳戶	第0100559-3號
郵撥電話	(02)23620308
印刷者	文聯彩色製版印刷有限公司
總經銷	聯合發行股份有限公司
發行所	新北市新店區寶橋路235巷6弄6號2F
電話	(02)29178022

副總編輯	陳逸華
總經理	陳芝宇
社長	羅國俊
發行人	林載爵

行政院新聞局出版事業登記證局版臺業字第0130號

本書如有缺頁，破損，倒裝請寄回台北聯經書房更換。 ISBN 978-957-08-5059-8 (平裝)
聯經網址 http://www.linkingbooks.com.tw
電子信箱 e-mail:linking@udngroup.com

國家圖書館出版品預行編目資料

下一波全球金融危機：揭露權勢階級的大陰謀/
James Rickards著．吳國卿譯．初版．新北市．聯經．2018年
1月（民107年）．384面．14.8×21公分（全球視野：79）
譯自：The road to ruin: the global elites' secret plan for the next
financial crisis
ISBN 978-957-08-5059-8（平裝）
[2020年4月初版第四刷]

1.貨幣政策 2.金融危機

561.18 106023441